体育学术研究文丛

政府购买体育公共服务的理论与实证研究

戴俭慧 著

北京体育大学出版社

策划编辑　李志诚　郭英俊
责任编辑　李志诚
责任校对　赵红霞
版式设计　李沙沙

图书在版编目(CIP)数据

政府购买体育公共服务的理论与实证研究 / 戴俭慧著. --北京:北京体育大学出版社,2024.1
ISBN 978-7-5644-3931-6

Ⅰ.①政…　Ⅱ.①戴…　Ⅲ.①群众体育-社会服务-政府采购制度-研究-中国　Ⅳ.①G812.4②F812.2

中国国家版本馆 CIP 数据核字(2023)第 210000 号

政府购买体育公共服务的理论与实证研究
ZHENGFU GOUMAI TIYU GONGGONG FUWU DE LILUN YU SHIZHENG YANJIU　　戴俭慧　著

出版发行:北京体育大学出版社
地　　址:北京市海淀区农大南路 1 号院 2 号楼 2 层办公 B-212
邮　　编:100084
网　　址:http://cbs.bsu.edu.cn
发 行 部:010-62989320
邮 购 部:北京体育大学出版社读者服务部 010-62989432
印　　刷:三河市龙大印装有限公司
开　　本:710mm×1000mm　1/16
成品尺寸:170mm×240mm
印　　张:16.25
字　　数:276 千字
版　　次:2024 年 1 月第 1 版
印　　次:2024 年 1 月第 1 次印刷
定　　价:99.00 元

(本书如有印装质量问题,请与出版社联系调换)

序　言

在世界各国，由政府出资向社会力量购买公共服务，是一种普遍且日益通行的做法。但在我国，政府购买体育公共服务的实践要晚于国内其他公共服务领域。戴俭慧教授从国外和国内其他领域的政府购买公共服务的做法中敏锐地意识到，政府购买体育公共服务作为一种新的公共服务提供方式，今后在我国体育领域将会有很大的推广空间。

作为她的师长和同行，这么多年来，我一直看着她在这一学术领域里不断地辛勤耕耘并产生了一系列有价值的研究成果，从参与政府有关政策的研制、指导研究生完成一系列专题的学位论文、发表科研成果、主持课题研究，一直到这本专著的完成。我非常欣赏她对研究的专注和坚持，以及勤奋好学的态度。得知这本体现她多年研究积累的专著即将出版，我由衷地为她高兴。希望她作为国内体育学科中最早关注这一领域研究的学者之一，借由这本专著的出版，为推动我国政府购买体育公共服务实践的开展提供有力的理论支撑，并期望更多的学者加入政府购买体育公共服务的研究中来，为政府提供更优质的体育公共服务、满足人们不断增长的体育需求、为推动社会的全面发展做出贡献。

目前我国政府购买体育公共服务的实践尚处在起步、探索和尝试的阶段，政府购买体育公共服务的工作主要是通过密集颁布的一系列宏观政策来推动的。随着政府购买体育公共服务政策的执行与推进，各级体育部门逐步认识到购买体育公共服务工作的重要性。但在政策执行过程中还有一些难题迫切需要去解决。这些难题集中体现在制度建设、主体建构及责权配置、购买运行和流程等环节的缺陷和缺失等方面。从理论研究的角度看，这些难题和问题既与缺乏对地方政府购买体育公共服务实践经验的总结有关，也与缺乏对政府购买体育公共服务的理论指导有关。然而，目前关于政府购买体育公共服务的实践和理论的研究还非常薄弱，因此我们学术界必须积极开展研究，更好地提升政府购买体育公共服务实践的规范性、科学性，为深化政府治理改革和优化体育公共服务供给机制提供有价值的研究成果。

戴俭慧教授的《政府购买体育公共服务的理论与实证研究》作为一本系统研究体育领域中政府购买公共服务理论与实践的专著，从我国深化政府治理改革和优化体育公共服务供给机制的视角出发，围绕购买主体结构和运行方式两个方面，较全面地从“为何购买”“谁来购买”“向谁购买”“为谁购买”“购买什么”“怎样购买”等方面反映了政府购买体育公共服务活动的全过程，在体育学领域中为政府购买体育公共服务研究搭建了基础性理论分析框架体系，提出了判断政府购买体育公共服务边界的基本标准及从不同层级政府角度明确政府主体职责等新的观点；同时，通过对目前政府购买体育公共服务实践中最具有代表性案例的研究分析，为如何更好地运用政府购买体育公共服务转变政府体育职能、提升政府体育公共资源配置效能提供了理论支持。该成果对完善我国政府购买体育公共服务的理论，指导我国政府购买体育公共服务的实践具有重要的价值。

作为一本研究政府购买体育公共服务的专著，尽管此书借鉴了很多学者的研究成果，戴俭慧教授也想把该研究做到尽量完美，并为之做出了不懈努力，但在目前该领域研究基础较为薄弱的情况下，此书难免还存在这样那样的问题。这也为这一领域今后的研究留下了巨大的空间。希望她的研究能起到抛砖引玉的作用，吸引更多的学者开展该领域更深入的研究，不断促进我国政府购买体育公共服务的理论和实践的完善。

前　言

随着中国以更快的步伐融入全球治理体系，政府公共管理的实践逐步进入治理时代。体育公共服务（公共体育服务与体育公共服务是当前体育研究领域两种不同的称谓，本书引用资料较多，无法对此统一，两者的含义相同）的制度建构与国家治理方式变革也存在着一定的同构关系，其突出表现为政府在追求公共利益最大化和改善治理绩效的过程中，以新的治理范式处理体育系统与经济社会发展之间的关系，解决体育系统内部公平与效率等结构性问题。政府购买体育公共服务是我国深化政府治理改革和优化体育公共服务供给机制的重要路径。这一路径具有深厚的改革含义，是满足人民群众日益增长的多元化、多层次体育需求和化解社会矛盾、转变政府体育职能、激发社会活力、提升政府体育公共资源配置效能、推动事业单位改革和实现社会公平正义的重要途径。

在这样的社会背景下，围绕着政府购买体育公共服务这一理论问题，2013 年我们承担了教育部人文社会科学研究规划基金项目“政府购买体育公共服务的理论与实证研究”。若干位对我国政府购买体育公共服务的理论和实践命题充满兴趣的同行，以政府购买体育公共服务的主体结构和运行方式为视角，运用案例研究、文献研究和访谈调查等方法展开了对政府购买体育公共服务的理论与实证问题的系统研究。

一、对政府购买体育公共服务动因的研究，主要解释了“为何购买”的问题

购买动因既有现实层面的动因，也有理论层面的动因，因此主要围绕这两个层面展开研究。

研究认为，现实动因主要是为了满足破解体育公共服务供需失衡的需要、实现政府体育职能转变的需要和创新体育公共服务提供方式的需要；而理论动因则非常复杂，不同的学科、不同的学者都从不同的角度来解释政府购买体育公共服务这一行为。因此本部分从理论层面系统梳理了政府购买体育公共服务的基础理论，着重阐述了公共产品与新公共服务的理论、公共服务供给主体多元化的理论和政府购买公共服务的其他相关理论等支撑理论的基本观点，以及各理论对政府购买体育公共服务的启示，以阐释当前政府购买体育公共服务的必要性、可行性和紧迫性，也为后续探究政府购买体育公共服务理论架构提供理论支撑。

同时，本部分还对政府购买体育公共服务这一核心概念进行了界定。这是研究政府购买体育公共服务必须首先予以思考和解答的问题。

研究认为，政府购买体育公共服务是政府以财政资金转移为形式，通过平等地订立合同契约等方式，向其他组织和个人购买体育公共服务的活动。其目的在于提供低成本、高质量的体育公共服务，履行服务社会公众的责任与职能。政府购买体育公共服务的基本特征主要表现在：购买主体、购买客体和购买内容是政府购买体育公共服务的三要素，政府购买体育公共服务以满足人们的体育需求为目的，政府购买体育公共服务通过“掌舵”实现体育公共服务供给。

二、对政府购买体育公共服务相关主体的研究，主要是解释了“谁来购买”“向谁购买”“为谁购买”等问题

政府购买体育公共服务的相关主体是政府购买体育公共服务的主要责任者与行为实现者。本部分着重解析政府购买体育公共服务的主体结构。

首先，本部分探讨了我国政府购买体育公共服务由“二元主体”到“三元主体”的演变过程，进而深入分析了政府购买体育公共服务“三元主体”的理论内涵与要素构成。研究认为政府购买体育公共服务活动涉及三个基本环节，即体育公共服务的供给、生产和消费，与之对应的作用主体分别是体育公共服务购买主体、承接主体和消费主体。政府、体育社会组织和社会公众作为购买活动中三大作用主体的现实载体，共同在政府购买体育公共服务中构成了“三元主体”关系的分析框架。

其次，本部分分别对政府购买体育公共服务的购买主体、承接主体和消费主体的范围、职责进行了深入系统的分析并进行了界定，同时对我国“三元主体”的基本情况及存在的问题进行了分析。

最后，本部分建立了一个分析政府购买体育公共服务主体间关系的理论模型，并对“三元主体”间的关系进行了较为全面深入的理论阐释。

三、对政府购买体育公共服务运行实施各环节的研究，主要解释了“购买什么”“怎样购买”等问题

政府购买体育公共服务相关主体的分析是从静态结构的视角探讨政府购买体育公共服务的要素组成，这些要素构建的具体运作及其互动关系构成了政府购买体育公共服务的动态过程。本部分着重探讨了政府购买体育公共服务的内容、方

式、监督评估和制度等实施环节，力图真实呈现政府购买体育公共服务运行的过程。就政府购买体育公共服务的制度环境而言，中央层面的制度和地方层面的制度构成了指导政府购买体育公共服务有效运行的主要制度环境，为购买流程的顺利运行提供了制度基础、规则约束与物质支持；就政府购买体育公共服务的具体实施过程而言，政府购买体育公共服务的内容和范围的确定、购买方式的选择、对购买过程的监督和对购买结果的评估，有机构成了政府购买体育公共服务的实际运行过程。这四个方面都是为了解释“购买什么”“怎样购买”等问题。

四、对政府购买体育公共服务的地方实践的研究，主要解释了现阶段政府购买体育公共服务的个性特点和共性规律

目前，政府购买体育公共服务这项政策的执行尚处在起步、探索和尝试阶段，因此我国政府购买体育公共服务尚未形成统一的实践模式。本部分通过对小样本的个案深度描述式的研究，按照“三元主体”分析框架对购买运行环节和要素进行分析，了解了目前我国不同地区、不同类型体育公共服务的购买过程，剖析了政府购买体育公共服务流程的各环节中存在的问题，为今后其他地区开展政府购买公共体育服务提供参考借鉴。

五、研究思考

政府购买体育公共服务是政府职能转变、创新社会管理的新型方式。随着我国社会主义市场经济的发展，市场经济的主体也会建立与健全起来，体育社会组织也会越来越多，政府购买体育公共服务的运行模式会越来越规范，政府购买主体与承接主体的多元化、购买方式的多样化、购买体育公共服务的范围明晰化、购买体育公共服务的程序可操作化，都将会极大地推进我国体育社会事业的发展，

满足人民群众日益增长的多元化、多层次体育需求。

但是我们也要意识到，在我国政府体育职能没有理顺、体育公共服务需求压力增大的背景下，政府购买体育公共服务方式的确可能解决了一些问题，各地都在大力推行中。而通过政府购买体育公共服务的方式实践证明，完全依赖市场提供体育公共服务，既不可行，也存在“市场失灵”的困境。政府购买体育公共服务只是把部分政府职能推向市场，引入竞争机制，充分利用市场作为资源配置的基础性作用。因此，应辩证地对待政府购买体育公共服务。在实践中运用这一方式应注意一些原则。一是坚持适度原则。这首先表现在体育公共服务领域的适用范围。政府购买的服务不是越多越好，相反，政府购买服务也是有条件的。对那些既不能推向市场，体育社会组织也无能力解决的体育公共服务就不能用购买的方式解决。这其次表现在政府主体责任方面。诚然，政府购买体育公共服务导致政府的责任有所改变，但是，政府作为体育公共服务提供者的责任主体地位并没有改变，政府机构还是体育公共服务的第一责任人，依然对满足体育公共服务需求负有不可推卸的责任。同时要从实际出发，因地制宜。由于经济、政治和社会发展水平的差异性和特殊性，政府购买体育公共服务方式没有统一的模式可用，但也并不意味着只有某种特定的方式是最适合主流发展方向的方式，因此，应结合当地实际，因地制宜采取适合的方式。二是质量效率原则。政府购买体育公共服务目的是提供更优质的体育公共服务，因此，服务质量和效率高低直接影响人民群众的满意度。三是公开透明原则。在政府购买体育公共服务时，政府与体育社会组织的身份不同，地位也不一样，这种“委托—代理”关系存在信息不对称，容易产生暗箱操作、腐败、弄虚作假等问题，不利于公平竞争。因此，坚持公开透明原则、加强社会监督，对政府购买体育公共服务模式的健康发展至关重要。

总之，政府购买体育公共服务作为我国社会服务改革的尝试，虽处于探索阶段，但前景较好。只有对其深刻认识和把握，从我国实际出发，合理规划，规范操作，才能应用得当，充分发挥其最大效用。

书中不足、不当之处，诚挚地希望得到各位的批评、指正，让我们共同促进我国政府购买体育公共服务工作的开展。

目录 Contents

第一章 导 论

第一节 研究缘起与研究意义

一、研究缘起

政府购买公共服务是欧美国家社会福利制度改革的产物，反映了政府在供给社会福利中的地位和作用，体现了福利价值和福利理念的变迁。西方“福利国家”在经历了福利危机后，纷纷走上了福利改革的道路，主张通过“第三条道路”，实现由“福利国家”到“社会投资国家”的变革，实行国家、集体和个人共同参与、共担风险的积极福利政策。目前，政府向社会力量购买公共服务，是当今世界诸多国家和地区政府供给基本公共服务采用的机制。在世界各国，由政府出资购买，社会组织承接并提供社会服务，是一种普遍且日益通行的做法。事实上，在大多数发达的工业化国家里，政府对社会组织的这种依赖如此普遍，以至于政府资助已经成为社会组织经费的主要来源，社会组织也已经成为政府资助的广泛的公共服务的主要载体[1]。政府购买公共服务，即通过发挥市场机制作用，把政府直接向社会公众提供的一部分公共服务事项，按照一定的方式和程序，交由具备条件的社会力量承担，并由政府根据服务数量和质量向其支付费用，由此使得相关公民获得优质公共服务。

我国政府购买公共服务的实践发端于上海。1995 年，上海浦东新区社会发展局兴建了罗山市民休闲中心，为了提高休闲中心管理效率，该局不是依靠街道办事处和居委会等既有的基层管理模式，而是通过协商，委托上海基督教青年会出面管理，并于 1998 年接受政府养老服务的委托，政府购买公共服务由此第一次进入我国实践领域[1]。此后，全国一些城市陆续进行了这方面的探索实践，政府购买公共服务的内容和范围逐渐扩大到医疗卫生服务、教育服务、社区服务、培训服务、计划生育服务等诸多公共服务领域，其中也包括体育公共服务领域。但我国体育公共服务领域的政府购买实践要晚于其他公共服务领域。2006 年，上海市静安区政府为探索推进学校体育场地向社区开放的途径，开始尝试向社会组织购买体育场馆服务。随后，我国很多省、市地方政府陆续开始了政府购买体育公共服务的探索，如广东佛山、湖南长沙、湖北武汉、北京石景山区等地开展的购买体育场馆服务；吉林长春、辽宁阜新、安徽马鞍山等地开展的购买体育指导员公益岗位服务；江苏常州、苏州、南通等地开展的购买体育场馆、赛事、培训等综合性体育公共服务。政府购买体育公共服务供给方式的改革，将政府从体育公共服务的微观生产领域解脱出来，使政府从“无限政府”向“有限政府”转变，既满足人们多元化的体育需求，又整合、优化体育资源，还缓解政府公共财政压力。

目前，我国政府购买体育公共服务工作还处于政策推动阶段。自 2013 年以来，国家密集颁布了一系列宏观政策，对我国政府购买体育公共服务工作的开展起到了巨大的推动作用。

2013 年 9 月，国务院出台《关于政府向社会力量购买服务的指导意见》（以下简称《指导意见》），对政府向社会力量购买公共服务工作进行了规范和要求。作为我国政府购买公共服务的纲领性文件，《指导意见》对购买主体、承接主体、购

〔1〕 王浦劬，莱斯特·M. 萨拉蒙．政府向社会组织购买公共服务研究——中国与全球经验分析［M］．北京：北京大学出版社，2010.

买内容、购买机制等相关内容进行了规范性的说明，强调“教育、就业、社保、医疗卫生、住房保障、文化体育及残疾人服务等基本公共服务领域，要逐步加大政府向社会力量购买服务的力度”，明确了体育领域政府购买服务的方向。《指导意见》提出：到 2020 年，在全国基本建立比较完善的政府向社会力量购买服务制度。《指导意见》的出台，标志着我国向政府购买公共服务上升为国家行为，我国政府购买公共服务从局部试点阶段转向全面推广阶段、从地方政府的实际工作转向中央政府的宏观职能。因此，政府购买体育公共服务也将由此步入全面推广阶段。

2013 年 11 月，党的十八届三中全会通过的《中共中央关于全面深化改革若干重大问题的决定》（以下简称《决定》），对政府购买体育公共服务起到了重要的引领作用。《决定》指出，“政府加快服务职能的转变，不断增强社会活力”，要“建立健全现代公共文化服务体系，引入竞争机制，鼓励社会力量、社会资本参与公共文化服务体系建设，推动公共文化服务社会化发展”，要求“推广政府购买服务，凡属事务性管理服务，原则上都要引入竞争机制，通过合同、委托等方式向社会购买”。同时，在加快事业单位分类改革进程中，“加大政府购买公共服务力度”。《决定》把政府购买公共服务确定为转变政府职能、创新治理模式和推进社会事业深化改革创新的重要内容。体育公共服务是现代公共文化服务体系的重要组成部分，是满足人民群众不断增长的体育需求的关键着力点。政府购买体育公共服务将成为转变政府职能、提高体育公共服务质量和实现社会公平、公正的重要途径，从而使得政府购买体育公共服务具有体育改革发展的重要意义。

2014 年 12 月，为了进一步鼓励促进体育产业的发展，满足公众日益增长的体育需求，国务院出台了《关于加快发展体育产业促进体育消费的若干意见》。其中指出要充分发挥市场在资源配置中的决定性作用，在体制机制上要进一步凸显政府服务职能，鼓励社会资本开办康体、体质测定和运动康复等各类机构，同时政府可以以购买服务等方式予以支持，旨在促进群众体育与竞技体育全面发展，满足人民群众日益增长的体育需求。这项政策的颁布，一方面肯定了体育产业发展的重要性，鼓励健康体育的发展；另一方面强调发挥市场的资源配置作用，明确表示政府购买体育公共服务在促进体育产业发展中的价值，进一步推动了我国政府购买体育公共服务的全面开展。

2015 年 5 月，文化部、财政部、新闻出版广电总局、体育总局等部委出台了

《关于做好政府向社会力量购买公共文化服务工作的意见》，并颁布了《政府向社会力量购买公共文化服务指导性目录》，对建立健全政府向社会力量购买公共文化服务机制，完善公共文化服务供给体系，提高公共文化服务效能做出重要部署，并对政府向社会力量购买公共文化服务的购买主体、承接主体、购买内容、购买机制、资金保障、监管机制、绩效评价等内容做出了规定，同时明确提出了目标：到 2020 年，在全国基本建立比较完善的政府向社会力量购买公共文化服务体系，形成与经济社会发展水平相适应、与人民群众精神文化和体育健身需求相符合的公共文化资源配置机制和供给机制，社会力量参与和提供公共文化服务的氛围更加浓厚，公共文化服务内容日益丰富，公共文化服务质量和效率显著提高。这一政策的出台对体育公共服务领域的政府购买工作给出了更加明确和具体的指导。

2016 年 6 月，国务院办公厅发布《关于成立政府购买服务改革工作领导小组的通知》（以下简称《通知》）。《通知》指出，“为加快推进政府购买服务改革，加强对有关工作的组织领导和政策协调，国务院决定成立政府购买服务改革工作领导小组”，负责“统筹协调政府购买服务改革，组织拟订政府购买服务改革重要政策措施，指导各地区、各部门制订改革方案、明确改革目标任务、推进改革工作，研究解决跨部门、跨领域的改革重点难点问题，督促检查重要改革事项落实情况”，由此标志着政府购买公共服务被提上全面落实的改革日程，政府购买公共服务进入中央政府组织领导和政策协调、加快推进政府购买公共服务改革的时期，这为政府购买体育公共服务工作的开展进一步明确了方向。

随着政府向社会力量购买公共服务的政策的执行与推进，各级体育部门逐步认识到购买体育公共服务工作的重要性，一些地方政府立足实际，积极探索政府购买体育公共服务，把购买体育公共服务与机构改革、简政放权和职能转变联系起来，采取措施加以推进并取得了良好效果，积累了宝贵经验。但目前这项政策执行尚处在起步、探索和尝试阶段。政策执行中面临着一些难题和问题，主要表现在：主体关系不明确、相关法律不健全、监管机制不完善、评价体系不完善等。概括地说，这些问题集中体现为制度建设、主体建构及责权配置、购买运行和流程等环节的缺陷和缺失。从理论研究的角度看，这既与缺乏对地方政府购买体育公共服务实践经验的总结有关，也与缺乏对政府购买体育公共服务的理论指导有关。作为一种新的体育公共服务供给方式，在推进政府购买体育公共服务过程中，

既需要从理论上找到支撑，又急需在实践中不断总结并调整操作策略。然而，目前关于政府购买体育公共服务的实践和理论的研究还非常薄弱。一方面，目前政府购买体育公共服务的研究以个案研究和可行性研究为主，总结性研究相对较少，对地方政府开展的购买体育公共服务的实践还缺乏经验性总结；另一方面，有关政府购买体育公共服务的基本理论研究还非常不足，已有的研究更多的是借用政府购买公共服务的一般理论来解释体育领域中的政府购买现象，缺乏专门的政府购买体育公共服务的理论成果，而目前对为什么要购买体育公共服务、哪些体育公共服务需要政府购买以及政府怎样购买等一系列基本理论问题急需做出解释。因此，基于我国政府购买体育公共服务的发展现状，针对深入推进政府购买体育公共服务的重点困难和主要难题，本研究选择从理论和实证两个角度来研究政府购买体育公共服务的问题，系统地研究政府购买体育公共服务中的内涵、理论基础、主体结构和运行方式等基本理论问题，总结政府购买体育公共服务的实践经验以及存在的问题，以更好地提升政府购买体育公共服务实践的规范性、科学性，从而优化体育公共服务的供给效能，满足人们日益增长的体育需求。

二、研究意义

（一）理论意义

为了不断提高我国体育公共服务的质量与效率，满足人民群众日益增长的多元化、多层次体育需求，本研究通过对政府购买体育公共服务这种新理念、新机制、新方法的系统规范的研究，把握其科学内涵，认识其应用规律，以期为推动政府购买体育公共服务在实践中的应用提供理论参考依据。

（1）通过对政府购买体育公共服务的内涵、理论基础、主体结构和运行方式等基本理论的研究以及现有地方政府购买体育公共服务典型案例的实证研究这两个层面，探讨政府购买体育公共服务的基本理论，总结地方政府购买体育公共服务的经验、实施效果和存在的问题及原因，把握政府购买体育公共服务的运行规律。

（2）为推动政府购买公共服务这一新的供给方式在体育领域中的应用提供理论指导。

（3）为政府购买体育公共服务的研究提供一种新的研究视角，丰富体育公共服务的理论以及政府购买体育公共服务的理论。

（二）实践意义

政府购买体育公共服务是提高政府职能的有效途径之一。近年来政府出台的一系列政策要求加强政府购买能力，政府购买体育公共服务对建立小政府、大社会，建设廉洁高效政府有着重要意义。此外，政府购买体育公共服务可以根据群众实际需求为群众提供更加灵活多样的体育公共服务，对节约社会成本、促进体育社会组织快速健康发展方面也具有重要的作用。

（1）通过对政府购买体育公共服务的主体及责权配置、购买运行和流程环节等实践操作程序等方面的探讨，为政府购买体育公共服务方式的实施提供具体操作模式。

（2）总结政府购买体育公共服务先行先试地方的创新经验以及存在的问题，为推动政府购买体育公共服务在其他地方的实践提供指导。

（3）为有关部门制定相关政策提供参考依据，有助于政府对这一新的供给方式的选择，以使有限的政府财政投入在一定的条件下获得最大效益，提高政府提供高质量体育公共服务的能力。

第二节　研究目标、分析框架和研究方法

一、研究目标

本研究对政府购买体育公共服务发展状况展开研究，研究以理论分析和实证研究为基础，以专题性研究方式进行，这些专题包括政府购买体育公共服务的理

论基础、现实动因、购买主体、实施运行和购买实践。研究基于我国政府向社会力量购买体育公共服务的实践经验，系统梳理既有文献和资料，从政府购买体育公共服务的现实动因和理论基础出发，阐述和分析政府购买体育公共服务的立论逻辑，通过实地座谈、访谈和典型案例调查方式展开研究，由此了解我国政府购买体育公共服务的实际发展情况，解构政府购买体育公共服务的实际操作环节和流程，分析政府购买体育公共服务的主体结构和运行状况，构建我国政府购买体育公共服务的理论框架。本研究还针对地方政府购买体育公共服务的典型案例，从中发现和剖析相关理论和实践问题，把握政府购买体育公共服务的运行规律。针对这些问题，提出完善我国政府购买体育公共服务的具体对策，为政府购买体育公共服务提供理论支持。

二、分析框架

政府购买体育公共服务是一个多动因、多主体、多要素、多机制复合构成的复杂体系和运行过程，其涉及购买动因、购买主体、购买内容、购买方式以及对购买过程和结果的监督和评估等各种具体问题。本研究旨在对政府购买体育公共服务的基本理论和实践进行研究，解释政府购买体育公共服务的现实动因和理论动因，分析政府购买体育公共服务的主体结构及运行过程中的理论和实践问题，提出完善政府购买体育公共服务的对策建议。为此，本研究从四个层面分析政府购买体育公共服务的体系结构和实际运行过程。

（一）购买动因

政府购买体育公共服务的动因是政府采用购买体育公共服务这一新的供给方式的依据。购买动因既有现实层面的动因，也有理论层面的动因，本部分的分析也从这两个层面展开。首先，从现实层面探讨了政府购买体育公共服务的动机及意义，以阐释当前政府购买体育公共服务的必要性和紧迫性；其次，从理论层面系统梳理了政府购买体育公共服务的基础理论，以及各理论对政府购买体育公共服务的启示，以阐释政府购买体育公共服务的理论动因，并为后续探究政府购买体育公共服务理论架构和实践分析提供理论依据。

（二）主体结构

在我国政府购买公共服务的研究领域，从政府向社会组织购买公共服务的过程来看，这一过程中有三个基本环节，即公共服务的供给、生产和消费。这三个环节相应地涉及三类主体，即公共服务的供给者、生产者和消费者。运用这三个环节和三类主体，可以构建政府向社会组织购买公共服务的“购买者—承接者—使用者”的“三元主体”分析框架[1]。

政府购买体育公共服务的过程也应包含这3个基本环节，即体育公共服务的供给、生产和消费，分别对应体育公共服务的购买者（政府）、承接者（体育社会组织）和使用者（也称消费者，社会公众）3个主体，即所谓的“三元主体”，构成了政府购买体育公共服务的主体结构，见图1-1。

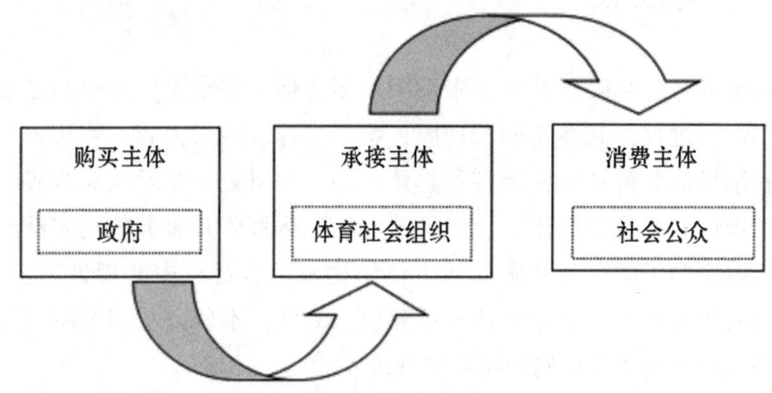

图1-1　政府购买体育公共服务的“三元主体”框架

（三）运行环节

政府购买体育公共服务的整个过程包含着购买内容的确定、购买方式的选择、对购买过程的监督和对购买结果的评估等多个运行环节和要素，以保证政府购买

[1] 王浦劬，莱斯特·M. 萨拉蒙. 政府向社会组织购买公共服务研究——中国与全球经验分析[M]. 北京：北京大学出版社，2010.

体育公共服务行为的完成。

购买内容是政府购买的首要问题，主要回答“购买什么”的问题。购买内容和范围的确定，是购买运行的起点。

购买方式是政府购买的具体方法，主要回答“如何购买”的问题。

购买内容的确定和购买方式的选择都属于购买者的购买环节和要素。在生产者向消费者提供公共服务的过程中，购买者与消费者同时负有对生产者监督的职责。

购买服务的控制环节和要素，是对所购买的公共服务的绩效评估。评估的结果往往是购买者终结项目、进行资金结算的依据。

购买主体、购买运行环节及其之间的相互关系，构成了本研究的基本分析框架，见图 1-2。

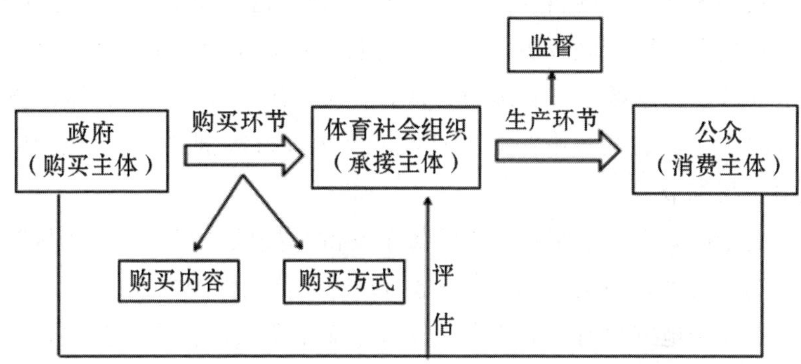

图 1-2 购买主体与购买运行环节之间相互关系的分析框架

（四）案例研究

本研究以上海、长春和张家港三地政府购买体育公共服务为个案，描述了政府购买体育公共服务的地方实践过程。探讨三地政府购买体育公共服务的产生背景和具体做法，探索三地政府购买体育公共服务的个性特点和共性规律，为政府购买体育公共服务在不同地方政府的运用提供参考。具体内容包括地方政府购买体育公共服务的背景、基本情况、购买过程、基本经验和存在问题等。

三、研究方法

（一）案例研究法

由于我国不同地区经济社会发展状况的多样性和复杂性，以及目前政府购买体育公共服务这项政策的执行尚处在起步、探索和尝试阶段，因此我国政府购买体育公共服务尚未形成统一的实践模式。本研究选取上海、吉林、江苏等较早实施政府购买体育公共服务且购买机制相对健全的省、市，通过对小样本的个案深度描述式的研究，了解目前我国不同地区、不同类型体育公共服务的购买过程，剖析政府购买体育公共服务流程的各环节中存在的问题。为了使得案例具有特定的代表性，我们选择的案例涵盖省（直辖市）、市、区（县）等不同层级政府，具体包括上海市购买市民大联赛服务、吉林省长春市购买“社区体育管理员”公益岗位服务、江苏省张家港市（县级市）体育社会组织承接政府购买体育公共服务 3 个案例。在每个案例的调查中，力图对特定个案进行解剖式调查与总结，以获得更微观的事实与细节。

就调查的指向来看，本研究调查的每个案例都按照“模式”“领域”“主体”与“问题”这四个维度展开。“模式”是指政府以什么样的方式来购买体育公共服务。比如，在我国地方政府的实践中，日益形成了购买岗位和购买项目两种模式，因此本研究分别选取了代表这两种模式的案例。“领域”是指政府购买的是什么样的体育公共服务，如赛事服务、岗位服务、场馆服务、培训服务等。“主体”是指从不同主体角度分析政府购买体育公共服务的过程，如从购买主体角度的分析与从承接主体角度的分析。“问题”是指典型案例所涉及的购买过程中的问题，如竞标问题、监管问题、体育社会组织培养问题、公众参与问题等。

除了对政府购买体育公共服务的相关主体和运行环节进行总体分析以外，对调查的每个案例也都进行了相关研究分析，每个案例都按照“三元主体”分析框架对购买运行环节和要素进行分析。关于“三元主体”，分别是作为购买者的政府、作为承接者的体育社会组织和作为消费者的公众；关于购买运行环节和要素，主要指购买内容、购买方式、购买政策、监督评估等。

具体分析内容包括：分析政府购买体育公共服务的背景；描述政府购买体育公共服务的基本情况，包括购买的原因、购买的总体状况；梳理政府购买体育公共服务的过程或体育社会组织承接政府购买服务的过程，包括购买目的、购买主体、承接主体、消费主体、购买内容、购买方式、资金支持、监督评估等情况；分析政府购买体育公共服务中取得的基本经验以及存在的主要问题等。

（二）文献研究法

文献研究的目的在于掌握研究对象的最新研究进展，找到科学论证的依据和深入研究的方向。本研究主要对国内外政府购买体育公共服务的相关法律、政策、各种类型的期刊文献资料进行收集、分类、整理与分析，为本研究提供认识、分析、研究的事实性依据。同时针对调查案例所在地的相关政府部门获取提供的书面资料（或电子版本），包括政府购买体育公共服务的有关文件、政策；关于购买体育公共服务的指导目录，购买体育公共服务的相关数据、工作总结及其他相关资料。

（三）访谈调查法

由于本项目属于探索性研究，因此访谈基本采用半结构方式进行，以便于从被研究者那里收集第一手资料。访谈主要针对体育公共服务的购买者即体育行政部门、民政部门和财政部门的工作人员，体育公共服务的承接者即体育社会组织的代表，体育公共服务的消费者即街道、社区居民等。

除以访谈为主外，本研究组成员还采用实习的方式，在张家港市体育局实习一年，以获得更多的相关资料，同时参与体育行政部门购买体育公共服务的相关工作，为本研究提供更多的实践经验。

第三节　理论研究动态

一、国内研究动态

（一）政府购买公共服务研究

从 20 世纪 90 年代开始，伴随着政府购买公共服务实践的逐步开展，国内对政府购买服务的研究也逐步增多，对这一主题进行系统性理论梳理与概念分析是正确认识政府购买公共服务研究的前提，也为我们进行政府购买体育公共服务的研究提供了重要的参考依据。目前，有关政府购买公共服务的研究主要集中在以下几个方面。

1. 政府购买公共服务的内涵和性质研究

什么是政府购买公共服务？这是研究政府购买公共服务必须首先予以思考和解答的问题。关于政府购买公共服务的概念的研究主要分为 3 个部分：①从政府购买公共服务的词源意义上进行了定义；②从政府购买的不同领域和不同角度对政府购买公共服务进行定义；③从有关政策规定的角度进行了定义。

从词源意义上讲，将公共服务和政府购买分别进行定义界定然后组合起来即可。运用此方法，易志坚、汪晓林、王丛虎将政府购买公共服务定义为：政府以财政转移为形式，通过平等订立合同契约等方式向其他组织和个人购买公共服务的活动[1]。无独有偶，贺巧知运用此法将政府购买公共服务定义为：政府为了更有效地满足社会公共服务需求，以建立契约关系的方式，利用财政资金向社会力

〔1〕 易志坚，汪晓林，王丛虎．政府购买公共服务的几个基本概念界定［J］．中国政府采购，2014（4）：23-25.

量（营利部门、非营利组织及个人）购买，由承购方具体运作从而向公民提供公共服务的一系列活动[1]。

从不同领域和角度对政府购买公共服务进行定义的概念相对较多。有从契约角度来进行定义的，如曾永和认为“政府购买公共服务”应是“政府为了履行服务社会公众的职责，通过政府财政向各类社会服务机构支付费用，用以购买其以契约方式提供的、由政府界定种类和品质的全部或部分公共服务”，是一种“政府出资、定向购买、契约管理、评估兑现”的政府公共服务的供给方式[2]。该概念只是对政府购买公共服务的性质即“契约式”进行了解释，没有从供给和承担角度以及采取的具体手段方面加以说明。徐家良和赵挺则从多角度进行了阐述，认为政府购买公共服务是指政府通过公开招标、定向委托、邀标等形式，将原本由自身承担的公共服务转交给社会组织、企事业单位履行，以提高公共服务供给的质量和财政资金的使用效率，改善社会治理结构，满足公众的多元化、个性化需求[3]。还有一些学者们将“政府购买公共服务”与“公共服务合同外包”“公共服务社会化”“公共服务民营化”等概念等同使用对政府购买公共服务进行相关界定。例如：萨瓦斯（Savas）认为，合同外包就是政府通过与私营企业、非营利组织签订关于物品与服务的合同，由私营企业与非营利组织来组织生产公众所需的服务，而政府只是服务的提供者[4]。王浦劬等认为，政府购买公共服务是指政府将原来直接提供的公共服务事项，通过直接拨款或者公开招标方式，交给有资质的社会服务机构来完成，最后根据择定者或者中标者所提供的公共服务数量和质量，来交付服务费用[5]。罗观翠、王军芳提出，政府购买公共服务是指政府在社会福利的预算中拿出经费，向各类提供社会公共服务的社会服务机构，直接拨款

〔1〕 贺巧知．政府购买公共服务研究［D］．北京：财政部财政科学研究所，2014.

〔2〕 曾永和．城市政府购买服务与新型政社关系的构建——以上海政府购买民间组织服务的实践与探索为例［J］．上海城市管理职业技术学院学报，2008（1）：41-43.

〔3〕 徐家良，赵挺．政府购买公共服务的现实困境与路径创新：上海的实践［J］．中国行政管理，2013（8）：26-30，98.

〔4〕 E. S. 萨瓦斯．民营化与公私部门的伙伴关系［M］．周志忍，等译．北京：中国人民大学出版社，2002.

〔5〕 王浦劬，莱斯特·M. 萨拉蒙．政府向社会组织购买公共服务研究——中国与全球经验分析［M］．北京：北京大学出版社，2010.

资助服务或公开招标购买社会服务[1]。冯俏彬等认为，政府购买服务的实质是公共产品的私人生产，是公私合作（PPP）的一种具体形式[2]。苏明、贾西津等认为，政府提供资金、社会组织承包服务、合同关系实现特定公共服务目标的机制，其本质上是公共服务的契约化提供模式[3]。

从有关政策规定角度进行的定义。2013 年国务院公布的《关于政府向社会力量购买服务的指导意见》（以下简称《指导意见》）中将政府向社会力量购买服务定义为，"通过发挥市场机制作用，把政府直接向社会公众提供的一部分公共服务事项，按照一定的方式和程序，交由具备条件的社会力量承担，并由政府根据服务数量和质量向其支付费用"；2014 年，财政部、民政部、工商总局颁布的《政府购买服务管理办法（暂行）》中对政府购买又进行了明确的定义，"通过发挥市场机制作用，把政府直接提供的一部分公共服务事项以及政府履职所需服务事项，按照一定的方式和程序，交由具备条件的社会力量和事业单位承担，并由政府根据合同约定向其支付费用"。

2. 政府购买公共服务理论依据的研究

政府购买公共服务主要涉及 3 个方面：购买内容（公共物品）、购买主体（政府）和购买的可行性论述。因此，对政府购买公共服务的理论依据的研究也多从以下角度展开，即公共物品理论、公共管理理论、多中心治理理论、福利多元主义等理论。王春婷将政府购买公共服务理论来源分为 3 种：第一种观点侧重以公共物品理论作为政府购买的理论依据；第二种观点侧重从新制度经济学和新公共管理的相关理论的角度出发论述政府购买公共服务的动因与可行性；第三种观点侧重从新公共服务理论论述政府购买公共服务的必然性[4]。许芸将政府购买理论依据分为：公共选择理论、公共物品多元供给理论、福利多元主义理论[5]。赖建锋

---

〔1〕 罗观翠，王军芳．政府购买服务的香港经验和内地发展探讨［J］．学习与实践，2008（9）：125-130.

〔2〕 冯俏彬，郭佩霞．我国政府购买服务的理论基础与操作要领初探［J］．中国政府采购，2010（7）：70-73.

〔3〕 苏明，贾西津，孙洁，等．中国政府购买公共服务研究［J］．财政研究，2010（1）：9-17.

〔4〕 王春婷．政府购买公共服务绩效与其影响因素的实证研究［D］．武汉：华中师范大学，2012.

〔5〕 许芸．从政府包办到政府购买——中国社会福利服务供给的新路径［J］．南京社会科学，2009（7）：101-105.

将政府购买公共服务的理论概括为：新公共管理理论、新公共服务理论和多中心治理理论[1]。史砺将政府经济学理论作为政府购买公共服务的理论依据[2]。

政府购买公共服务的理论依据经历了公共物品理论到新公共管理理论，再到新公共服务理论，反映了不同的时代背景。公共物品理论从纯公共物品和准公共物品的角度、物品生产与提供分离机制的角度，论述了公共服务购买或外包的可行性。新公共管理理论从经济、成本、效率的角度，阐述了政府购买公共服务的动因。新公共服务理论基于公众需求的视角，论述了购买公共服务的必然性。然而政府购买公共服务并不是单一理论所能阐释清楚的，而是以多种理论作为依据，是多种理论共同作用的结果。它不仅包括公共选择理论、公共物品理论、新公共管理理论，而且包括新公共服务理论、民主理论及社会选择理论等。上述理论层次不同，但共同作用于服务购买的实践，且在西方发达国家呈现出超越意识形态之争的发展趋势。在这些理论框架支持下，政府购买公共服务可以提高效率、节约成本，较快地达到服务目标和满足服务受众的需求，避免官僚系统的种种弊病[3]。

3. 政府购买公共服务范围的研究

国内对政府购买公共服务的范围和内容的讨论，总体以理论分析、实践总结和政策规定三种方式进行，并归纳出几类大的购买领域。

理论上的分析，一般都是突出市场与政府的分工条件。例如：冯俏彬、郭佩霞认为，技术的非排他性及实施成本决定公共产品是否可以由私人生产，技术进步和经济成本的大幅度降低往往能将市场提供的范围扩大[4]；苏明、贾西津、孙洁等指出，政府购买的公共服务一般是准公共产品，由政府直接生产其效率不高或供给不足，才可以采用政府购买的方式[5]。

根据国内外实践来总结分类的也有不少。如鲍芳修认为，美国大体将外包服

---

〔1〕 赖建锋．地方政府购买公共服务的路径选择［D］．广州：广州大学，2012.

〔2〕 史砺．政府购买公共服务：理论和实践研究［D］．成都：西南财经大学，2010.

〔3〕 何平，吴楠．政府购买公共服务法律规制研究［M］．合肥：合肥工业大学出版社，2014.

〔4〕 冯俏彬，郭佩霞．我国政府购买服务的理论基础与操作要领初探［J］．中国政府采购，2010（7）：70-73.

〔5〕 苏明，贾西津，孙洁，等．中国政府购买公共服务研究［J］．财政研究，2010（1）：9-17.

务项目分为3类：一是与多数服务对象不直接发生关系的技术类服务外包；二是与某些特定的服务对象相联系的服务外包；三是涉及普通民众公共服务类的服务外包[1]。曾永和指出，上海政府购买服务的主要领域包括行业性服务与管理类、社区服务与管理类和行政事务与管理类三类[2]。不同地区的分类虽然表现出一定的差别，但是实际在基本的指导思想和基本内容上都相差不大。

目前，我国无论从地方政策还是中央政策层面都有了对购买范围的明确要求和界定。例如，2012年5月，广东省政府就印发实施了《政府向社会组织购买服务暂行办法》，对购买类型、范围进行了明确规定。2013年9月国务院出台《关于政府向社会力量购买服务的指导意见》（以下简称《指导意见》）提出购买内容包括基本公共服务和非基本公共服务。由于我国仍处于经济体制改革不断深化和社会发展转型时期，政府提供服务的内容和社会力量承接服务的能力也在不断调整变化之中；同时，我国区域间发展很不平衡，各地需求及社会力量承接服务的能力不尽相同，明确全国统一的购买服务项目范围不切实际。因此，《指导意见》没有列举购买服务的具体范围，而是做了原则性的规定，即为适合采取市场化方式提供社会力量能够承担的公共服务，突出公共性和公益性。这样既有利于各地根据实际情况，合理划分服务类别、制定购买范围目录，又能为将来购买范围的动态调整留有余地。此外，为了防止向社会力量购买有些明显不属于政府职能范围，或只能由政府直接提供的服务项目，《指导意见》对购买内容明确提出了禁止性要求。

4. 政府购买公共服务方式的研究

关于政府购买的方式研究较多，但基本方式主要包括：合同承包、合同出租、发放服务券等。王春婷从购买主体与供应主体两者关系的角度将政府购买公共服务分为直接购买与间接购买，其中，合同出租等方式为直接购买，政府分别采用对消费者和供给者提供补贴为间接购买[3]。许芸根据购买性质和政府购买采用的

---

〔1〕 鲍芳修．公共服务外包中政府成本控制的可能性及其条件［J］．领导科学，2012（5）：17-20.

〔2〕 曾永和．城市政府购买服务与新型政社关系的构建——以上海政府购买民间组织服务的实践与探索为例［J］．上海城市管理职业技术学院学报，2008（1）：41-43.

〔3〕 王春婷．政府购买公共服务绩效与其影响因素的实证研究［D］．武汉：华中师范大学，2012.

支付手段将政府购买方式概括为：合同出租、公私合作、使用者付费和补贴制度等形式[1]。王浦劬等根据政府与社会组织的关系、购买是否具有竞争性两点将政府向社会组织购买公共服务划分为4种模式：独立关系竞争性购买模式、独立关系非竞争性购买模式、依赖关系非竞争性购买模式、依赖关系竞争性购买模式，并指出在中国最重要的是前面3种模式[2]。戴俭慧等指出我国政府购买体育公共服务的形式可以采用合同外包制、直接资助制和项目申请制[3]。

5. 政府购买公共服务评价的研究

王洁指出，政府购买公共服务可以推动政府职能转变，实现政府角色转变、公共服务质量相应提高，对政府部门起到了示范性作用、扩展了社会组织成长的社会空间[4]。许芸认为，政府购买服务体现了新形势下我国政府转型和政府职能转换的要求；政府购买服务实现了政府、营利机构和非政府组织共赢的局面；政府购买服务降低了服务成本、提高了服务效率和服务质量[1]。此外，贾西津等认为：政府购买公共服务促进社会组织发展，实现公共服务均等化，从而达到社会和谐与持续发展[5]。还有学者认为政府购买服务有利于实现政府职能转变；是一种制度创新，是公共服务制度变迁过程中实现从行政范式向契约范式转换的一种表现；有利于解决公共服务领域中的某些难题；有利于促进非营利组织的发展壮大；为事业单位改革提供了新思路等[6]。

(二) 政府购买体育公共服务研究

1. 政府购买体育公共服务概念的研究

当前我国在政府购买体育公共服务领域尚处于起步阶段，加强对这一领域的

---

[1] 许芸．从政府包办到政府购买——中国社会福利服务供给的新路径［J］．南京社会科学，2009(7)：101-105.

[2] 王浦劬，莱斯特·M. 萨拉蒙．政府向社会组织购买公共服务研究——中国与全球经验分析［M］．北京：北京大学出版社，2010.

[3] 戴俭慧，高斌．政府购买体育公共服务的行为分析［J］．体育学刊，2013，20 (2)：35-38.

[4] 王洁．政府购买公共服务理论初探［J］．中国政府采购，2011 (4)：37-39.

[5] 贾西津，苏明．中国政府购买公共服务研究终期报告［Z］．北京：亚洲开发银行，2009.

[6] 陈志华．政府购买服务——社会公共服务改革创新途径［D］．厦门：厦门大学，2006.

研究具有重要的理论意义和实践价值。目前，对政府购买体育公共服务概念的理论研究较少。高斌、戴俭慧、井志侠等根据对体育公共服务和政府购买服务概念的理论研究，把政府购买体育公共服务定义为：政府为了履行服务社会公众的职责，通过政府财政向各类社会体育服务机构支付费用，用以购买其以契约方式提供的、由政府界定种类和品质的全部或部分体育公共产品和服务，是一种“政府出资、定向购买、契约管理、评估兑现”的体育公共服务的供给方式〔1〕〔2〕。

目前，一些学者在相关研究中提及政府购买体育公共服务的定义，但并未做更深入的界定。例如汪波认为政府购买公共体育服务，即通过政府购买改变传统的公共体育服务直接由政府供给的方式，把一部分公共体育服务交由体育非营利组织等社会或市场力量提供，由政府根据所提供的公共体育服务数量和质量向社会和市场组织支付费用，实现公共体育服务的供给〔3〕。郑志强、郑娟认为政府购买体育公共服务，即指政府利用市场机制，把政府直接向社会公众提供的一部分体育公共服务事项，按照合同外包、公私合作、政府补助、凭单制等方式，交由具备条件的社会力量承担，并由政府根据服务数量和质量通过财政资金向其支付费用〔4〕。赵蕊等认为政府购买体育公共服务是打破政府对公共体育服务的直接供给的方式，把属于政府的部分公共体育服务职能通过契约化的方式移交给体育协会、民办非企业单位等社会体育服务组织，政府财政根据其提供公共体育服务的质量和数量支付相应费用，从而实现对于公共体育服务供给的一种新型模式〔5〕。

尽管具体的概念陈述并不一致，解释的深度也不够，但学者们对于政府购买体育公共服务的定义与政府购买公共服务的定义类似，同样包含着一些基本的要素，即政府购买体育公共服务的主体、客体和方式，也就是购买体育公共服

---

〔1〕 高斌．政府购买体育公共服务的可行性研究［D］．苏州：苏州大学，2010.

〔2〕 高斌，戴俭慧，井志侠，等．政府购买体育公共服务的可行性及实施构想［J］．安徽科技学院学报，2013，27（5）：125-128.

〔3〕 汪波．政府购买公共体育服务：国际经验与我国推进路径［J］．上海体育学院学报，2014，38（6）：25-30.

〔4〕 郑志强，郑娟．政府购买体育公共服务的经济效应与推进策略［J］．体育学刊，2015，22（5）：49-53.

〔5〕 赵蕊，程华，戴健．体育社团在政府购买公共体育服务中的作用及优化路径研究［J］．武汉体育学院学报，2016，50（5）：26-30，40.

务的委托主体是政府，受托主体是各种社会力量，具体形式表现为一种通过政府财政支付全部或部分费用的契约化购买行为，购买的客体或对象是体育公共服务。

2. 政府购买体育公共服务理论依据的研究

我国政府购买体育公共服务活动正处于探索阶段，还没有形成自己特有的理论，主要是借鉴国内外其他学科的相关理论。

高斌认为政府购买体育公共服务的主要理论依据是新公共管理理论、政府经济学理论、政府购买理论、公共服务型政府理念〔1〕。

新公共管理是政府行为和政府管理的新理念、新方法和新模式。新公共管理的理论基础是公共选择理论、交易费用理论、委托代理理论。新公共管理强调政府主要从政策和战略层次上进行管理，具体的执行事务交给市场解决，改变传统上所有的公共产品都由政府直接提供的模式，主张签约合同等市场化方案，青睐于绩效评估、弹性的组织模式、人力资源开发等手段，形成了重视结果、以顾客为导向的管理理念〔2〕。

美国经济学家斯蒂格列茨提出的“政府经济学”新理论认为，政府的职能是为大众提供公共物品，政府可以作为公共物品的购买者来体现其职能，从而摆脱直接生产高成本、低效率的困境。政府作为购买者，可以依靠市场的规律，选择价格低、产品质量好的公共物品提供给社会；政府在直接生产公共物品的领域退出，促使非政府组织生产公共物品，从而形成良好的竞争态势，竞争的良性机制又可促使提供公共物品的机构努力降低成本〔3〕。

政府购买理论认为政府购买就是政府采购，也称公共采购，是指各级政府及其所属机构以法定方式、方法和程序，利用国家财政资金和政府贷款，从国内外市场上购买商品、工程和服务的消费行为〔4〕。WTO《政府采购协议》1994 年 4 月

---

〔1〕 高斌．政府购买体育公共服务的可行性研究［D］．苏州：苏州大学，2010.

〔2〕 欧文·E. 休斯．公共管理导论（第四版）［M］．张成福，王学栋，韩兆柱，等译．北京：中国人民大学出版社，2001.

〔3〕 吕美行．政府购买服务的理论探究［J］．卫生经济研究，2003（12）：9.

〔4〕 史晔明，王绍双，蔡建明．美国政府采购政策及制度概况［J］．中国政府采购，2004（5）：69-71.

经缔约方签字通过后，于1996年1月1日正式生效[1]。政府采购有3种方式：一是竞争性购买。采用公开招标程序，任何有兴趣的提供者均可参加投标。程序为公共招标信息、招标程序、评审程序、招标文件要求和授予合同程序。二是选择性购买。选择性招标程序是由购买方挑选并邀请部分合格的提供者参加投标，也称为邀请招标。如果购买方从已有的合格提供者名单上选取投票人，应保证公平、机会均等。三是确定性购买。确定性招标是单向的购买方式，由购买方与确定的提供者协商谈判，不经过竞争[2]。我国长期以来中央和基层政府对体育公共服务投入偏少，而且其投入模式单一，政府购买理论确定了政府承担购买服务的责任，某种程度上引入了市场竞争的运行机制，为解决我国体育公共服务的困境提出了理论上的思路。

公共服务型政府理念是在20世纪80年代新公共管理运动的背景下首先由西方国家提出来的。其主张管理就是服务，政府的存在是为了满足社会的需求，政府应该尽可能地为社会提供满意的公共物品，服务型政府的建设需要政府主导、公民和社会广泛参与。公民和社会的参与不仅能弥补政府公共服务提供的不足，而且对政府的公共服务提供起到监督和评价的作用。政府购买服务，政府将原本应由它提供的公共服务转交给有资质的社会组织来完成，使社会组织有机会参与到公共服务的供给中来，这不仅提高了供给效率，满足了公众的多元化需求，而且为社会组织的发展与壮大提供了更广阔的空间，很好地诠释了服务型政府的理念。

秦小平、周茜等对政府购买体育教育服务进行理论上的探讨，认为政府购买体育教育服务是公共服务供给机制改革的重要内容，其理论基础包括公共选择理论、委托代理理论及治理理论[3]。“公共选择理论之父”、诺贝尔经济学奖得主——布坎南认为，在公共部门与私人部门、政府与市场、政治与经济之间均无明显的界限，我们不能仅仅停留在对市场中的各个个体间的简单交易行为进行研

---

〔1〕 史际春，邓峰．经济（政府商事）合同研究——以政府采购合同为中心［J］．河南大学学报（社会科学版），2000（4）：12-19.

〔2〕 曹富国．政府采购方法的选择、适用与程序设计［J］．中国法学，2000（4）：70-81.

〔3〕 秦小平，周茜，陈云龙，等．政府购买体育教育服务理论与实践研究［J］．教学与管理，2015（33）：14-17.

究，还可以延伸交易经济学的方法，而运用交易范例能够观察政治与政治过程[1]。20世纪30年代，美国经济学家伯利和米恩斯因为洞悉企业所有者兼具经营者的做法存在着极大的弊端，于是提出委托代理理论（Principal-agent Theory），倡导所有权和经营权分离，企业所有者保留剩余索取权，而将经营权利让渡。治理是政府、各种组织以及个人为了实现基本的秩序或解决公共问题，通过正式或者非正式的制度安排，相互之间进行协调与合作而形成的持续的互动管理过程。

宗素素从公共选择理论、公共物品多元供给理论、福利多元主义理论、社会治理理论、新公共管理与新公共服务理论五个角度对政府购买社会体育指导员服务进行理论分析[2]。

3. 政府购买体育公共服务政策的研究

早在2006年7月11日，国家体育总局印发的《"十一五"群众体育事业发展规划》就已经提出，为"加快解决公共体育设施严重欠缺问题""进行使用公共财政在营利性体育场所中购买一定场地或一定时段，为居民提供公共体育服务的试点"的政策措施。尽管当时政府购买作为一个新的提供体育公共服务的方式在政府规划中提出，不过这一文件中的规定相对比较原则，在当时并未引起体育理论界和各级体育行政部门对这一新的政策措施的真正关注。

就目前而言，政府购买体育公共服务仍处于探索阶段，还存在一系列的问题。秦小平、王格格等认为当前政府购买体育公共服务存在相关法律、法规缺失，体育公共服务政府购买的法律程序还不完善，政府购买体育公共服务的监督体系和机制还不健全等问题[3]。刘建武认为，从我国政府购买体育公共服务法律依据情况看，相应的法律、法规还存在着严重不足。2003年1月颁布的《政府采购法》是当前唯一一部有法可依的法律条文，但是《政府采购法》也只是从理论层面进行宏观的表述，具体的可操作性不强，所以只能对政府购买体育公共服务过程起到引领作用。而在1995年8月29日颁布的、在体育系统具有"宪法"地位的

---

〔1〕 王春婷．政府购买公共服务绩效与其影响因素的实证研究：基于深圳市和南京市的分析［D］．武汉：华中师范大学，2012.

〔2〕 宗素素．政府购买社会体育指导员服务的探索研究［D］．北京：北京体育大学，2012.

〔3〕 秦小平，王格格，王健，等．政府购买体育公共服务法律缺失与对策研究［J］．山东体育学院学报，2016，32（2）：1-5.

《体育法》，无论在群众体育、竞技体育还是学校体育法律条文中，都没有规定政府购买体育产品的行为如何操作[1]。政府购买体育公共服务需要建立保障体系。方旭、李俊峰认为，我国在推进社会主义市场经济体制改革的同时，也应十分重视并积极推进政府购买公共服务体系的建立，购买体育公共服务是转变政府职能的必然要求[2]。

对于当前存在的问题，秦小平等认为目前还需在《政府采购法》的框架之下，建立政府购买体育公共服务地方性法规为补充的体系，健全政府购买体育公共服务的法律程序，完善多元化的政府购买体育公共服务监督体制，坚持依法行政等。刘建武认为应该研究制定专门性的有关政府购买体育公共服务的法律、法规。汪全胜、黄兰松对政府购买体育公共服务的法律关系进行了分析，认为关于政府购买体育公共服务的立法势在必行，并就如何进行政府购买体育公共服务立法，提出首先要理顺政府购买公共体育服务的法律关系，从而整体规范有效的政府购买体育公共服务的法律制度[3]。

4. 政府购买体育公共服务方式的研究

胡科等从政府与服务生产者的关系角度出发，将购买模式分为非竞争性购买、体制内外混合购买、部分购买而非买断模式[4]。冯欣欣从政府购买的程序的竞争性和类型角度出发，提出了竞争性软服务购买、竞争性硬服务购买、非竞争性软服务购买、非竞争性硬服务购买 4 种模式[5]。江龙从购买的方式角度提出了形式性购买、委托性购买、契约化购买模式[6]。黎欣荣从政府购买体育公共服务的参与度出发，提出直接性、间接性、参与性 3 种政府购买公共体育服务模式。政府直接性购买体育公共服务模式主要是针对某些特定项目，由于其供给能力远远落后

---

〔1〕 刘建武．政府购买体育公共服务法律规制探讨［J］．长沙大学学报，2015，29（6）：73-75.

〔2〕 方旭，李俊峰．政府购买体育公共服务的理论基础和政策支撑［J］．河北体育学院学报，2015，29（4）：17-19.

〔3〕 汪全胜，黄兰松．政府购买体育公共服务的法律关系析论［J］．成都体育学院学报，2015，41（5）：23-28.

〔4〕 胡科，虞重干．政府购买体育服务的个案考察与思考——以长沙市政府购买游泳服务为个案［J］．武汉体育学院学报，2012，46（1）：43-51.

〔5〕 冯欣欣．政府购买公共体育服务的模式研究［J］．体育与科学，2014，35（5）：44-48，71.

〔6〕 江龙．上海市政府购买体育公共服务模式研究［J］．体育科研，2015，36（2）：76-81.

于群众的需求，通过政府在资金上直接资助、管理上直接管理的一种购买模式，而间接性购买模式和参与性购买模式与直接性购买模式最大的区别在于管理方式的不同，间接性购买模式主要体现间接管理，而参与性购买模式主要体现部分管理[1]。高斌认为当前政府购买体育公共服务方式主要包括“合同出租、公私合作、使用者付费和补贴制度等形式”。合同出租（也称服务外包）是指政府决定某种公共服务的数量和质量标准，将公共服务转包出去，由私营部门或非营利部门与政府签订提供公共服务的供给合同，而政府则以纳税人的税收去购买承包商提供的公共服务，并依据合同对承包商的活动进行监督和管理。公私合作是一种特殊形式的合同出租，与合同出租不同的是，政府不需要出资购买私营部门提供的服务，而是以政府特许或其他形式吸引中标的私营部门参与基础建设或提供某项公共服务，并允许承包商有投资收益权。使用者付费这一模式要求服务消费者在使用政府提供的服务时必须向政府支付部分成本费用。按“谁享用，谁付费”的原则，对公共服务实行适当的使用付费，其目的在于通过付费把价格机制引入到公共服务中来。补贴制度，即政府对于需要鼓励的收费公共服务进行的补贴。补贴通常以两种不同的方式实施，即补助（grant）和凭单（vouchers）[2]。还有一些学者专门针对实践中某一类特殊的购买方式进行了研究，如李克敏、刘春华指出，目前在体育购买服务中以项目制方式居多，并针对社会制度变迁中社会治理方式的变化分析了体育购买服务选择项目制而非社区制的原因以及体育项目制的特征[3]。张杨婧雅从体育公共服务视角入手，对政府购买体育公共服务中特许经营方式进行了分析，提出了符合我国国情的切实可行的有关体育公共服务特许经营的措施[4]。这些研究对了解政府购买体育公共服务方式的理论及现状具有重要的指导意义。

---

〔1〕 黎欣荣．地方政府购买体育公共服务可行性与模式研究［J］．阴山学刊：自然科学版，2017，31（1）：50-52.

〔2〕 高斌．政府购买体育公共服务的可行性研究［D］．苏州：苏州大学，2010.

〔3〕 李克敏，刘春华．政府购买体育服务的项目制选择与治理成效［J］．北京体育大学学报，2016，39（11）：1-8.

〔4〕 张杨婧雅．体育公共服务中政府购买特许经营及其法律保障［D］．西安：西安体育学院，2014.

5. 政府购买体育公共服务行为的研究

组织行为是指组织内部要素的相互作用以及组织与外部环境的相互作用过程中所形成的行动和作为。政府购买体育公共服务的行为属于政府这一组织为实现购买体育公共服务与体育社会组织和公众之间形成的各种行动和作为，因此，政府购买体育公共服务属于组织行为。

戴俭慧、高斌对政府购买体育公共服务行为的四要素进行了分析，明确界定了政府购买体育公共服务的行为目标、行为主体、行为对象、行为方式，为进一步实施政府购买体育公共服务提供了理论依据。研究认为提高体育公共服务供给的质量与效率是政府购买体育公共服务的行为目标；各级政府和体育行政部门是体育公共服务购买的责任主体，企业、体育社会组织和体育事业单位是体育公共服务购买的供应主体，体育消费者是政府购买的体育公共服务对象；准体育公共服务是政府购买的行为对象；政府购买体育公共服务的行为方式主要有合同外包制、直接资助制和项目申请方式〔1〕。石伟伟在《政府购买体育公共服务行为的研究》一文中也从政府购买体育公共服务的行为目标、行为主体、行为对象和行为方式等方面进行了实证研究〔2〕。

6. 政府购买体育公共服务实践与经验总结的研究

政府购买体育公共服务处于初级探索阶段，对于实践方面的研究主要是个案层面的研究。通过对有代表性的地区政府购买体育公共服务实践的探讨，指出当前中国面临的问题，归纳出实践经验，并提出建设性意见，对推进政府购买体育公共服务的发展具有理论上和实践上的指导意义。如高斌、戴俭慧、井志侠等对上海静安区中小学体育场馆对外开放的政府购买模式进行了研究，分析了政府购买的效果及存在的问题，并提出了健全相关政策、法规，建立完善的监督评估机制，制定税收政策，提高非营利组织的独立性以及承接能力，提高群众参与度，

〔1〕 戴俭慧，高斌．政府购买体育公共服务的行为分析［J］．体育学刊，2013，20（2）：35-38.

〔2〕 石伟伟．政府购买体育公共服务行为的研究［D］．苏州：苏州大学，2015.

建立反馈机制等建议[1][2][3]。湖南省早在2008年就号召“学校及企事业单位体育场地设施免费向公众开放”，被社会各界称为体育公共服务的“湖南模式”。胡科、虞重干从有限政府理论、社会福利化、公共服务提供者与生产者分离三个角度对长沙市政府购买游泳服务进行了较深入的个案分析[4]。李寡乐主要从湖南模式背后的理论基础进行研究，探讨了湖南政府购买体育公共服务模式的合理性和科学性[5]。

2013年底常州市财政局会同体育局在全国率先出台了《常州市关于购买公共体育服务的实施办法（暂行）》，2014年完成全国政府购买体育公共服务首单。因此，常州市也为政府购买体育公共服务的重点研究对象，其政府购买方式被称为“常州模式”并被其他地区学习和模仿。谢正阳等以常州市购买体育公共服务的实践个案探索体育公共服务多元化供给方式，通过实地调研，认为常州市购买体育公共服务采用明确购买主体、确定承接主体和规定购买内容等制定政府购买体育公共服务的实施办法，建立以会商协调、监督检查、绩效评价和信息公开为主的政府购买体育公共服务的运行机制的购买模式[6]。

李震等对武汉政府购买游泳服务进行了个案研究，介绍了武汉政府购买出资主体、参与方式及开放日期、筛选游泳馆的依据及免费培训的现状。李震等通过分析此次政府购买公共体育服务的组织行为，认为武汉市政府购买游泳服务有利于加快政府职能转变；降低成本，提高资金使用效率；提高民营机构参与的积极性；满足群众健身需求；促进公共体育服务均等化。其对于此次政府购买公共体育服务中出现的问题给出了一些建议，例如引入招投标机制、健全监督考核机制、

---

[1] 高斌．政府购买体育公共服务的可行性研究［D］．苏州：苏州大学，2010.

[2] 井志侠，高斌，戴俭慧．我国地方政府购买体育公共服务的实证研究——以上海静安区为例［J］．安徽理工大学学报：社会科学版，2011，13（2）：64-67.

[3] 高斌，井志侠，秦纪强，等．上海静安区中小学体育场馆对外开放的政府购买模式分析［J］．滁州学院学报，2011，13（2）：73-75.

[4] 胡科，虞重干．政府购买体育服务的个案考察与思考——以长沙市政府购买游泳服务为个案［J］．武汉体育学院学报，2012，46（1）：43-51.

[5] 李寡乐．政府购买体育公共服务的湖南模式研究——基于理论与经验的分析［J］．体育科技，2016，37（4）：68-70.

[6] 谢正阳，汤际澜，刘红建．政府购买体育公共服务模式的实践与探索——以常州为研究对象［J］．成都体育学院学报，2015，41（5）：29-33，54.

创新政府补贴机制、争取税收优惠政策[1]。

二、国外研究动态

(一) 国外政府购买体育公共服务的发展历程

西方国家政府购买公共服务发展较早。20 世纪 70 年代美国就开始政府购买公共服务；20 世纪 80 年代英国、澳大利亚、新西兰等国家也相继开展政府购买公共服务，制定了政府购买制度和法律并形成相对完善的购买机制；20 世纪 90 年代日本也开始政府购买公共服务，近年来发展迅速。

发达国家政府购买公共体育服务是随着经济和社会的发展，公众对公共体育服务的需求日益增加，公共体育成为政府提供公共服务的重要内容之一。早在 1992 年欧盟就颁布《公共服务采购指令》，将休闲、文化及体育等在内的 27 类公共服务全部纳入政府购买的范围，政府购买公共体育服务，对传统政府公共体育服务供给具有重要意义[2]。但是受到行政管理学理论："政府是提供公共体育服务的唯一主体" 的影响，政府提供公共体育服务的能力逐渐难以满足公众的需求。节约政府财政支出，减轻政府财政负担是各国政府购买公共服务的初衷。20 世纪六七十年代美国社会出现了从农村到城市的移民潮、福利权利运动、老龄化趋势等现象，这些因素使美国社会对社会福利项目的需求急增。为了应对这种情况，美国政府不得不对公共部门进行数额巨大的补贴，造成了沉重的财政负担。政府购买公共服务的探索是对这种处境的一种突破。美国政府希望通过优胜劣汰的竞争机制最终实现提高公共服务质量、降低公共服务成本、减轻财政负担的目标[3]。此时，新公共服务理论和新管理理论把生产和供给分离的思想使得政府购买公共体育服务成为可能，公众对公共体育服务的需求也得到满足。

---

〔1〕 李震，陈元欣，刘倩．政府购买公共体育服务研究——以武汉市政府购买游泳服务为个案［J］．武汉体育学院学报，2014，48（7）：36-40.

〔2〕 赖其军，郇昌店，肖林鹏，等．从政府投入到政府购买——公共体育服务供给创新研究［J］．体育文化导刊，2010（10）：7-9.

〔3〕 贾西津，苏明．中国政府购买公共服务研究终期报告［Z］．北京：亚洲开发银行，2009.

政府购买公共体育服务的理论基础是新公共管理和新公共服务理论。该理论认为，政府采用购买公共服务的行为可以加快构建服务型政府的步伐，通过在购买过程中引入竞争机制可以有效降低公共服务生产的成本，社会组织因为扎根在基层可以更好地为公众提供品种多样、更专业和高质量的公共服务；政府通过购买活动，可以有效避免机构臃肿，降低政府机构运营的成本。但是也需要注意，政府购买公共体育服务不是把公共体育服务推给社会上的体育非营利组织就可以高枕无忧了。政府仍然是提供公共体育服务的主体，只是政府不再是生产者了。政府在体育非营利组织提供服务时，要通过各种手段去监督其服务的质量，评估其服务的效果〔1〕。

1979年，英国撒切尔政府提出以市场为导向，以经济和效率为目标，率先在公共部门中引入竞争机制，展开了公共服务市场化改革。20世纪80年代末，许多国家政府都开始进行行政体制改革，探索提供公共服务的新途径，形成了公共服务的政府购买制度，日本政府购买公共服务也是改革的产物〔2〕。

英国体育公共服务经历了从“强制性竞标”模式到“最佳价值”的演变〔3〕。“强制性竞标”模式就是在公共服务领域引入市场竞争机制，通过市场竞争来降低政府在公共服务领域的成本，提高公共服务的效率，减少行政干预和垄断。“强制性竞标”政策要求政府注重服务成本的降低，通过市场竞争增加服务者的选择，原本由政府直接提供或支持的服务，改为以竞标的方式向包括私营机构在内的服务提供者出售。“强制性竞标”政策实际上就是政府通过市场来购买服务，只是这种政府购买服务的行为是以立法的形式加以确定，强制性地规定相关服务领域。“强制性竞标”政策意味着公共体育服务领域正式引入市场竞争，并将降低成本作为重要的标准；而“最佳价值”政策则是更为包容性的发展模式，以实现公共服务最佳价值为标准，形成以最佳价值为标准的公共体育服务多元发展模式〔4〕。

---

〔1〕 朱毅然．发达国家政府购买公共体育服务的经验及启示［J］．天津体育学院学报，2014，29（4）：20-25.

〔2〕 韩丽荣，盛金，高瑜彬．日本政府购买公共服务制度评析［J］．现代日本经济，2013（2）：15-21.

〔3〕 谢叶寿，阿英嘎．英国政府购买公共体育服务的实践与启示［J］．体育与科学，2016，37（2）：66-70.

〔4〕 姜熙．从“强制性竞标”到“最佳价值”——英国政府公共体育服务政策发展、改革与启示［J］．天津体育学院学报，2014，29（6）：478-483.

日本政府购买公共服务的实践始于20世纪80年代末90年代初开始的政府规制改革。政府规制改革中最重要的内容之一就是进行市场化试验，即“把一直由政府垄断的公共服务领域的一部分事业，通过政府和民间企业平等竞标的方式，委托给在成本和服务质量方面都具有优势的中标者经营”的制度。从1996年开始，日本开始推行公共服务供给民营化。日本通过试验不断地修正完善法律法规并出台了连续的支持政策，在这种情况下，政府和民间力量合力逐步推进，政府购买服务不断发展。

（二）国外政府购买体育公共服务的政策

政府购买体育公共服务的理论基础是新公共管理和新公共服务理论。发达国家的公民认为，政府应该提供足够的完善的体育公共服务，但是随着经济发展和社会进步，公众的体育公共服务需求日益增多，政府难以承担日益增加的公共体育服务经费的投入。新公共管理和新公共服务理论把公共服务的生产和供给分开，使政府可以从其他生产者那里购买所需要的公共服务，或者同其他组织一起共同生产公共服务成为可能〔1〕。为此，政府角色发生变化的同时，相关的政策也发生了改变。

国外重视政策的研究，从政策上保障和促进体育社会组织的发展。例如：德国从1960年到20世纪90年代制定了4个阶段的“黄金计划”，从体育社会组织的培育、开展体育节、宣传耐力运动、丰富内容4个方面促进全民健身的发展。瑞典和挪威这两个国家政府并不参与实际的管理工作，政府主要制定体育政策与预算、提供经费、协调联络等，而真正发挥和行使体育管理职能的是全国性的体育联合会组织，体育俱乐部是挪威体育组织的基础〔2〕。加拿大体育与休闲部通过《竞争投标与合同办法》对政府购买公共体育服务的内容、程序及后期的合同管理均做了明确的规定。美国、英国也有很多地方政府根据本地特点，制定了一系列的具有地方特色的公共体育服务招标制度。发达国家借助完善的招投标制度，保证了

〔1〕 朱毅然．发达国家政府购买公共体育服务的经验及启示［J］．天津体育学院学报，2014，29（4）：290-295.

〔2〕 魏来．中国体育公共服务产品供给研究［D］．北京：北京体育大学，2007.

政府购买公共体育服务的公平、公正[1]。例如：英国，曾经为降低成本、提高公共体育服务的效益，在20世纪90年代引入了强制竞标法案（Compulsory Competitive Tendering，CCT），地方公共体育服务的供给（包括体育休闲设施的运营）都必须进行公开招标，虽然较好地提高了运营的经济效益，但是同时也导致了对社会效益与服务质量的忽视。进入21世纪，英国开始用“最佳价值”（Best Value）评估与审计取代强制竞标。所谓“最佳价值”审计，就是指中央政府首先制定评估指标体系，每年评估各级地方政府的服务绩效，依据评估结果明确需要改善的地方，并在此基础上，每隔5年再进行全面评估，评估合格才能获得中央政府正常的财政拨款。“最佳价值”评估反映了政府对公共服务效益性、效率性和经济性的综合考量，特别是政府对公共服务对象满意度的重视[2]。

（三）国外政府购买体育公共服务的行为

关于政府购买体育公共服务行为的研究主要涉及购买主体、供应主体、购买内容和购买方式的研究。

关于购买行为主体的研究。政府购买的行为主体包括购买主体、供应主体、服务主体三部分。美国、英国等多数国家购买主体为政府，即政府购买公共服务的实质是政府出资让营利或非营利组织参与公共服务提供[3]。政府决定购买内容、购买程序以及监督工作。但福利多元主义认为：社会福利的提供主体可以是政府、营利机构、非政府组织、家庭与社区等，并强调各提供主体的相互配合和功能互补[4]。

供应主体也是政府购买行为主体的一个重要内容。日本将供应主体定义为民

---

〔1〕 汪波．政府购买公共体育服务：国际经验与我国推进路径［J］．上海体育学院学报，2014，38（6）：25-30.

〔2〕 DANIEL BLOYCE，ANDY SMITH. A Sport Policy and Development：an Introduction［M］．Routledge，2010.

〔3〕 陈书洁，张汝立．政府社会服务观与社会公共服务改革——英美政府购买社会公共服务的比较研究［J］．探索，2011（4）：147-151.

〔4〕 许芸．从政府包办到政府购买——中国社会福利服务供给的新路径［J］．南京社会科学，2009（7）：101-105.

间组织[1]，西方发达国家多将供应主体定义为私营公司、非政府组织或者其他社会法人团体。作为典型的资本主义国家，美国的购买机制相对成熟，内容较多，因此，将供应主体分为私人公司、研究机构和个体顾问，但美国150多万个非营利组织仍然是最主要的购买主体。虽然各国供应主体的名称不尽相同，但主要购买对象大多属于非营利组织。例如：美国的拉米兰达市的公共服务全部由60个承包商承包，政府雇员只有60名，其中绝大部分公共体育服务均由美国的著名体育非营利组织SMG公司供给。韩国政府在购买公共体育服务时，也选择了本国最大的体育非营利组织——国民体育振兴公团，目前韩国体育经费的管理、体育服务设施的运行等很多公共体育服务均由国民体育振兴公团完成[2]。国际研究数据显示：欧洲非营利组织收入中有40%~70%来自政府公共财政资源，日本这一数据为45%，中国香港为70%~80%，即使是美国这样的市场主导型国家，非营利组织收入总额中来自政府公共财政的资源仍占到其收入总额的约31%。不同国家非营利组织在公共服务中的作用不尽相同[3]。由此可见，非营利组织是政府购买服务中的主要供应主体。

服务主体可以概括为公众。根据购买内容的不同，享受服务的主体也不同，如法国针对残疾人等群体购买的公共服务，服务主体为残疾人；美国针对老年人购买的公共体育公共服务，服务主体为老年人；澳大利亚在社区购买的体育公共服务，服务主体则为社区居民[3]。因此，政府购买服务主体并不是固定不变的，通常政府提供公共服务的对象因国别、社会需求以及国家经济发展状况而异。

关于政府购买内容的研究。在美国等经济发达国家，政府资金充分、福利制度好、政府机构精简，多数公共服务（包括体育公共服务）的供给都要靠政府购买提供。1992年欧盟就颁布《公共服务采购指令》，将包括休闲、文化及体育等在内的27类公共服务全部纳入政府购买的范围[4]。澳大利亚休闲与体育部在1998

---

〔1〕 韩丽荣，盛金，高瑜彬．日本政府购买公共服务制度评析［J］．现代日本经济，2013（2）：15-21.

〔2〕 汪波．政府购买公共体育服务：国际经验与我国推进路径［J］．上海体育学院学报，2014，38（6）：25-30.

〔3〕 贾西津，苏明．中国政府购买公共服务研究终期报告［Z］．北京：亚洲开发银行，2009.

〔4〕 赖其军，郇昌店，肖林鹏，等．从政府投入到政府购买——公共体育服务供给创新研究［J］．体育文化导刊，2010（10）：7-9.

年颁布了《竞争投标与合同办法》，规定了公共体育服务不再由政府垄断，包括社区体育中心在内的很多服务内容，都要采取竞争投标的方式，平等地面向市场、面向社会开放，以全面提高公共体育服务供给质量与效率[2]。

关于政府购买方式的研究。周正指出，就公共服务购买的具体实践情况来看，主要包括合同出租、公私合作、使用者付费和补贴制度等形式[1]。王浦劬、萨拉蒙通过分析不同国家和地区的服务购买经验指出，这些国家和地区在购买或外包方式上除了合同外包，在其他方式上侧重点有所不同，如：德国和中国香港以分类财政补贴为主；匈牙利和韩国以政府拨款补助为主；英格兰以贷款和贷款担保为主；而法国、德国、荷兰和美国则更倾向于使用消费券；匈牙利和美国还通过特殊税收规定为社会组织提供参与服务购买的优势[2]。郑卫东根据西方经验将政府购买公共服务的方式归纳为合同出租、公私合作、使用者付费和补贴制度四种[3]。目前对于体育技能培训、体育健身服务等公共体育服务，大部分发达国家均采用凭单制，政府将相关公共体育服务的消费券或者优惠券发放给某些具备资格的人群，由其在政府指定的供给组织中，根据自己的需要灵活选取服务[4]。

（四）国外承接政府购买体育公共服务的体育社会组织

西方发达国家一般使用"体育非营利社会组织"一词代替我国的体育社会组织。国外提供体育公共服务的体育社会组织类型主要有三种：社团主导型，如美国和德国等；社团和政府合作型，如英国和澳大利亚等；政府主导型，如日本和韩国等[5]。

国外关于体育社会组织承接政府购买服务的研究开始比较早。20 世纪 70 年代

---

〔1〕周正．发达国家的政府购买公共服务及其借鉴与启示［J］．西部财会，2008（5）：14-18.

〔2〕王浦劬，莱斯特·M. 萨拉蒙．政府向社会组织购买公共服务研究——中国与全球经验分析［M］．北京：北京大学出版社，2010.

〔3〕郑卫东．城市社区建设中的政府购买公共服务研究——以上海市为例［J］．云南财经大学学报，2011，27（1）：153-160.

〔4〕汪波．政府购买公共体育服务：国际经验与我国推进路径［J］．上海体育学院学报，2014，38（6）：25-30.

〔5〕陈琳．世界体育发达国家体育公共服务体系的制度创新案例解析及启示［J］．沈阳体育学院学报，2016，35（2）：26-30，35.

末，英国首相撒切尔夫人开启了以经济和效率为目标的公共服务改革，在公共服务领域引入市场竞争机制，通过合同出租、公司合作、一般的用者付费制等方式将公共服务委托给市场组织和社会组织〔1〕。1979 年，英国新工党执政后，政府提倡私人、社会和政府相互协作为国民健康提供体育器材、体育技能培训、体育信息等方面的服务，政府不直接介入城市社区体育管理，作为媒介和体育部下设的体育和娱乐司，虽然直接接收财政部下拨的体育资金，但并不对资金进行直接管理，而是根据具体的资金协议交给英国体育理事会和苏格兰体育理事会，通过市场和体育非营利组织提供城市社区体育公共服务，政府在城市社区体育公共服务中的主要任务变为监督和协调〔2〕。国外政府很少直接介入体育管理。美国政府同样不是体育公共服务的直接供给者，而是充当“幕后”的管理者或是付费者〔3〕。

发达国家基本都选择体育非营利社会组织作为合作伙伴。以美国为典型的体育社团自治模式由众多的全国体育协会和学术团体组成，其中许多协会下设很多地方分会，协会下有大量的体育俱乐部支撑，承接政府委托或购买的体育公共服务。在美国，政府与体育社会组织分工明确，政府的职能主要在体育场地设施等硬件的开发和管理上，而体育活动的指导和开展由体育社会组织自己承担。例如：美国的拉米兰达市的公共服务全部由 60 个承包商承包，政府雇员只有 60 名，其中绝大部分公共体育服务均由美国的著名体育非营利组织 SMG 公司供给〔4〕。美国《联邦采购法》等相关法律明确规定政府采取公开招标或者竞争性谈判的方式与民间机构签订合同。公开招标的程序大致上分为确定招标的服务种类、准备招标合同细则、发布招投标说明、投标、评估标书和决标六个阶段〔5〕。韩国政府在购买公共体育服务时，也选择了本国最大的体育非营利社会组织——国民体育振兴公

〔1〕 周宝砚，吕外 . 英国政府购买公共服务特点及启示［J］. 中国政府采购，2014（11）：72-74.

〔2〕 汤际澜 . 英国公共服务改革和体育政策变迁［J］. 南京体育学院学报：社会科学版，2010，24（2）：43-47.

〔3〕 刘玉 . 发达国家体育公共服务社会化改革实践及启示［J］. 成都体育学院学报，2011，37（3）：1-5.

〔4〕 BOIX C，POSNER D. Social Capital：Explaining Its Origins andEffects on Government Performance［J］. British Journal of Political Science，1998（3）：686-693.

〔5〕 DAVID C. Moore：Government Contracting：How to Bid，Administer，and Get Paid［M］. New York：Wiley，1995.

团，目前韩国体育经费的管理、体育服务设施的运行等很多公共体育服务均由国民体育振兴公团完成[1]。日本为典型的政府主导下的体育社会组织自行运作模式的国家，同时政府通过委托、购买，将具体的体育公共服务交由体育社会组织承办。

三、研究述评

（一）国内政府购买体育公共服务研究的总体状况

目前，国外对政府购买公共服务的相关研究相对比较系统和深入，但在体育领域中，我国政府购买体育公共服务还是一项新兴事物，目前对政府购买体育公共服务的研究还处于起步阶段。在中国学术期刊网络出版总库（CNKI）中检索相关文献，检索式为"'篇名=政府购买 AND 篇名=体育服务' OR'篇名=政府购买体育' OR'篇名=政府购买体育公共服务'"，检索条件为"精确"，文献来源年限为1997—2016年，文献来源类别为全部期刊，截至2016年12月，共检索出期刊论文160篇，总体发文量还较少。根据论文年代分布情况，可将研究划分为开始关注期（2010—2013年）和形成热潮期（2014—2016年）。

在开始关注期（2010—2013年），该时段只有18篇研究成果。这一时段是国内学界处于刚刚开始关注和探索政府购买体育公共服务研究的初期，总体发文量很少。

尽管可查到的研究成果是从2010年开始的，但关于政府购买体育公共服务这一方式早在2005年时苏州大学的董新光先生就已提出。2005年，董新光先生作为课题负责人承担了国家体育总局"'十一五'群众体育发展研究"课题的研究工作，在课题研究过程中，董新光先生向作为课题组成员的笔者提出了政府购买体育公共服务的想法，用以"解决公共体育设施严重欠缺问题"，并最终成为2006年7月11日国家体育总局印发的《"十一五"群众体育事业发展规划》中的一个

[1] 汪波．政府购买公共体育服务：国际经验与我国推进路径［J］．上海体育学院学报，2014，38（6）：25-30.

重要政策措施，遗憾的是，这一政策在当时的实践中并没有广泛执行起来。

2010 年，笔者所带的研究生高斌以《政府购买体育公共服务的可行性研究》为题完成了硕士毕业论文〔1〕，成为国内最早对政府购买体育公共服务进行专门研究的论文。随后，为了进一步探索政府购买体育公共服务这一领域的有关问题，戴俭慧等也专门撰文《政府购买体育公共服务的行为分析》〔2〕，探讨了政府购买体育公共服务行为的有关问题。2013 年在获得本研究课题立项后，笔者根据本研究的研究需要指导了 3 位研究生完成了《我国体育社会组织承接政府购买服务的研究》〔3〕、《政府购买体育公共服务行为的研究》〔4〕以及《杭州市高校体育场馆“政府购买服务”模式的可行性分析》〔5〕3 篇硕士论文，但这些研究仅是对我国政府购买体育公共服务的可行性、购买行为、承接主体等基本问题的探讨，相关研究领域有待进一步扩大和深入。

在形成热潮期（2014—2016 年），国内学界对政府购买公共服务的研究关注度呈突然上升的趋势，这从 2014 年至 2016 年突然递增的发文量可以看出（从 2013 年时仅有的 18 篇突然增加到 2016 年的 160 篇）。在这一时间段，学者们对政府购买体育公共服务的研究范围逐渐扩展，研究内容愈显丰富。从这一时段的政策背景来看，在国家政策层面，2013 年 9 月国务院办公厅颁布了指导政府购买公共服务实践的专项政策管理文件《关于政府向社会力量购买服务的指导意见》；2014 年底财政部、民政部等多部门联合出台了目前法律位阶最高的政府购买公共服务规范性文件《政府购买服务管理办法（暂行）》；2015 年 10 月《关于制定国民经济和社会发展第十三个五年规划的建议》，继续要求“创新公共服务提供方式，能由政府购买服务提供的，政府不再直接承办”。在地方政策层面，在国家一系列政策措施推动引导下，截至 2014 年底，全国已有 23 个省份出台了政府购买服务的指导文件，其中大部分制定的指导目录都有公共体育服务项目〔6〕，江苏省及所辖常

〔1〕 高斌．政府购买体育公共服务的可行性研究［D］．苏州：苏州大学，2010.

〔2〕 戴俭慧，高斌．政府购买体育公共服务的行为分析［J］．体育学刊，2013，20（2）：35-38.

〔3〕 张晓微．我国体育社会组织承接政府购买服务的研究［D］．苏州：苏州大学，2015.

〔4〕 石伟伟．政府购买体育公共服务行为的研究［D］．苏州：苏州大学，2015.

〔5〕 张海琳．杭州市高校体育场馆“政府购买服务”模式的可行性分析［D］．苏州：苏州大学，2014.

〔6〕 刘国永，裴立新，范广升，等．中国体育社会组织发展报告［M］．北京：社会科学文献出版社，2016.

州、苏州以及浙江金华、嘉兴等地政府还专门颁布了有关政府购买体育公共服务的相关政策，这些政策有力助推了政府购买体育公共服务研究热潮的形成，同时上海、北京、江苏、广东、湖南等地较早开展了政府购买体育公共服务的实践探索，并逐渐向全国推广。至2016年，全国31个省、区、市都进行了政府购买体育公共服务的探索。因而政府购买体育公共服务也就理所当然地受到越来越多的学者关注。由此可以预见，政府购买体育公共服务研究在未来较长一段时间内将是我国政府体育改革的重要课题，值得国内学界持续给予重点关注。

（二）有关政府购买体育公共服务的基本理论问题有待研究

目前，关于我国政府购买体育公共服务的研究，主要是借鉴国内外其他学科的相关理论来解释我国政府购买体育公共服务这一现象，对政府购买体育公共服务的概念界定、内涵特征、实施的前提条件等一些基本理论问题的研究还不够深入。目前，国内学者对政府购买体育公共服务大多围绕着4个方面内容进行探讨：什么是政府购买体育公共服务，为什么要进行政府购买体育公共服务，购买体育公共服务存在哪些问题，如何改进政府购买体育公共服务等。尽管研究者们对这些问题进行了初步探讨，并提出了一些相应的观点，但这些观点大多停留在基础理论研究层面，还缺乏系统性和概括性，对如何定位政府在多元体育公共服务供给机制中的作用、政府为什么要购买体育公共服务、哪些体育公共服务需要政府购买、政府怎样购买，以及如何根据不同的情况和条件选择合适的购买对象、内容和方法等这些基本理论问题进行系统的、专题式的研究还较缺乏，而对这些基本理论问题的准确把握又是真正认识和掌握政府购买体育公共服务的属性和规律、解决政府购买体育公共服务怎样开展的重点。

（三）有关政府购买体育公共服务的实践经验有待总结

近年来，一些地方政府立足实际，积极探索政府购买体育公共服务的方式，取得了良好效果，积累了宝贵经验。由于缺乏理论的指导和对实践经验的总结，虽然取得了一定的成效，但是其实践往往具有一定的盲目性。尽管近两年随着各地开展政府购买体育公共服务的蓬勃发展，相关研究进一步增多，但多数尚停留在对零星个案现象的研究上，数据采集样本偏少，影响了结论的准确性，部分案

例分析和实证分析缺乏足够的理论支撑，往往局限于对实际案例的分析和可行性的研究，对政府购买体育公共服务各实践环节进行深入分析研究的成果较少，尤其是缺乏对地方政府购买体育公共服务的实践模式和特点的经验总结以及对这一现象所具有的普遍规律的探索，研究深度与广度不足，呈现出目前对政府购买体育公共服务具体实践研究的巨大空间。

（四）有关政府购买体育公共服务的国外经验有待引入

西方国家社会发展水平较高，并且较早地进行了政府购买体育公共服务方面的探索，可为我国的政府购买体育公共服务提供借鉴和参考。但目前关于国外政府购买体育公共服务的研究成果极少，总体研究不够全面和深入。现有研究中，多局限于介绍性的研究，缺少解释性的研究，尤其是缺少能针对我国实际情况而形成的应用性研究，这给我国借鉴发达国家经验带来一定困难。

总之，针对我国政府购买体育公共服务理论与实践较为薄弱的现实情况，有必要树立全局观念，要有长远眼光，加强理论研究与方法探讨，进一步厘清什么是政府购买体育公共服务、为什么购买体育公共服务、购买什么体育公共服务、如何购买体育公共服务等基本问题，进一步认识与把握政府购买体育公共服务的根本属性与基本规律，进一步提高政府购买体育公共服务的针对性、科学性、合法性与实效性。

第二章　政府购买体育公共服务的现实动因

长期以来，政府一直是体育公共服务的直接提供者，这导致出现了政府运行成本高、行政效率低以及公信力不足等问题。政府购买体育公共服务作为政府向社会提供体育公共服务的新方式、新理念，正逐渐被各级政府重视和应用。政府购买体育公共服务具备一定的动因和基础。随着理论探索和实践的不断深入，政府购买体育公共服务已经凸显其重要意义。

第一节　政府购买体育公共服务的动机

一、破解体育公共服务供需失衡的需要

随着我国社会的进步和经济的发展以及人们生活水平的提高，公众体育需求的动机、形式和内容等方面均发生了重大变化，体育越来越成为人们日常生活中不可缺少的部分。公众体育需求的内容、层次、结构、方式等都会发生相应改变。“满足公众体育需求是体育公共服务的基本要求，达成公众满意则是体育公共服务

提供的目标甚至终极目标。"[1] 但传统体育公共服务的生产与供给方式，是基于政府偏好、从政府效用最大化的视角出发，提供政府最具有生产效率的产品，这种供给方式在一定程度上忽视了公众的体育需求。基于我国公众体育需求不断膨胀和政府体育公共资源投入失衡的现象，因体育公共服务供给领域存在的供给主体单一等要素，体育公共服务供需失衡之间的矛盾已经成为主要矛盾[2]。资金有限的政府部门不可能满足公众所有的体育公共服务需求，作为单一的体育公共服务供给主体也不能够掌握足够的资源和信息，更没有能力生产出多样化的体育公共服务来满足公众日益增长的多样化的体育公共服务需求。有效化解体育公共服务供需失衡的局面是必须面对的问题，而政府购买在一定程度上能化解这种矛盾。通过政府购买体育公共服务，可以把有限的财政资金作为杠杆，吸引更多的社会资金参与体育公共服务的提供，也可以聚集社会组织所掌握的信息和技术来生产多元化和差异化的体育公共服务，既降低了财政负担，也满足了公众的体育需求。这是改革中国体育公共服务供给制度的重要措施，也是解决体育工作主要矛盾、提高公众满意度的需要。

二、实现政府体育职能转变的需要

政府职能转变是行政体制改革乃至政治体制改革的重要部分。当前，我国政府改革的重要取向之一就是通过政府职能调整，实现政事分开、管办分离。在体育领域也面临着政府职能转变的要求，在《2001—2010 年体育改革与发展纲要》中就明确提出："进一步明确政府和社会的事权划分，实现政事分开，管办分离，把不应由政府行使的职能和社会能够办的事逐步转移给事业单位、社会团体和社会中介组织。体育行政部门要把工作重点转移到贯彻国家体育方针、研究体育事业发展规划、制定体育行业政策、加强管理和提供服务上来。强化体育行政部门的宏观调控、社会行政和行业管理职能。" 在计划经济体制下，几乎所有的公共体

---

〔1〕 易剑东．中国体育公共服务研究［J］．体育学刊，2012，19（2）：7-8.

〔2〕 赖其军，郇昌店，肖林鹏，等．从政府投入到政府购买——公共体育服务供给创新研究［J］．体育文化导刊，2010（10）：7-9.

育服务，如体育设施供给、体育指导服务、体育信息服务等，从机构设置、资金筹集到具体工作的实施等全部由政府承担，政府无所不包的管理模式排除了专业组织存在的必要性，导致这一时期公共体育服务停滞不前[1]。随着我国社会主义市场经济体制的逐步完善，提供高质量的公共体育服务是社会主义市场经济对我国政府体育职能转变的本质要求，是体育强国建设的基本要求。在新公共管理理论基础上形成的政府购买公共服务新模式，主张政府借力推进社会发展，打破了政府万能的格局，激发了市场和社会力量潜能，逐渐成为政府履行公共服务管理职能的重要途径，政府购买体育公共服务，不仅是社会发展的要求，也是政府体育职能转变的必然选择。

三、创新体育公共服务提供方式的需要

党的十八届三中全会通过的《中共中央关于全面深化改革若干重大问题的决定》提出要“加大政府购买公共服务力度”。《国民经济和社会发展第十三个五年规划纲要》提出：“创新公共服务提供方式。推动供给方式多元化，能由政府购买服务提供的，政府不再直接承办；能由政府和社会资本合作提供的，广泛吸引社会资本参与。”在这种背景和要求下，政府提供体育公共服务的方式便由政府直接提供转变为政府间接提供。从理论上讲，作为准体育公共服务，可由政府、市场或二者合作提供，不同提供主体间形成互补机制是体育公共服务供给的重要趋势。但是改革开放之前，我国经济和社会发展比较缓慢，社会关系比较简单，政府机构垄断式提供体育公共服务，充当“全能型”角色，在当时国际国内环境条件下，是必要的也是必需的。随着改革开放的深入发展，市场主体多元化利益诉求增多，传统的政府垄断式提供体育公共服务的弊端日益显现，其主要表现如下。第一，服务效率低，质量不高。在以往政府大包大揽体育公共服务供给模式下，政府既是购买者又是生产者还是提供者。在这种情况下，政府自身缺乏有效的内生动力和外部监督，对外部环境变化反应迟钝，久而久之，就导致服务效率低下，服务

[1] 赖其军，郇昌店，肖林鹏，等．从政府投入到政府购买——公共体育服务供给创新研究［J］．体育文化导刊，2010（10）：7-9.

品种少且质量不高的问题，同时，还会带来整个社会体育发展速度较低的后果。第二，缺乏竞争机制，服务成本较高。由于政治经济原因，加上我国社会主义市场经济体制发展水平还不高，我国政府一直充当大政府的强势角色。如一部分官员及体育管理部门不愿丧失在体育公共服务领域对资源的垄断占有权，导致很多体育公共服务本应该引入市场竞争，却通过改革蜕化在体育管理系统内进行瓜分，这一点在单项体育协会中体现得最为明显，许多体育技能培训、比赛的举办被单项体育协会所垄断，单项体育协会行使的仍然是政府职能，市场无法有效配置资源〔1〕。传统模式虽然直线统一管理比较简单，但由于缺乏竞争，容易产生懒政，机构臃肿，人员庞杂，进而导致服务成本较高的问题。

一般认为，在应对不断增长的公共服务压力时，我国政府有如下两种方式可以选择：一是增强政府机构的自身建设，提高提供服务能力；二是利用外部资源，寻求第三方合作，“借力打力”。第一种方式面临重重困难，在短期内很难取得成效。因此，政府选择向第三方合作购买公共服务成为提高政府工作效率的不二选择〔2〕。作为政府提供体育公共服务的新方式，政府购买既不同于传统提供模式，也不属于私有化性质，而是介于这两个极端的一种理性选择。政府和社会组织的有选择性结合，共同承担社会责任，不仅可以降低社会服务成本，减轻财政负担，提高服务质量，而且也是简政放权的新途径。同时，政府工作效率高是衡量廉价政府的重要指标。

---

〔1〕 詹兴永，刘玉．体育公共服务供给的历史演进［J］．沈阳体育学院学报，2013，32（2）：14-18.

〔2〕 曹亚雄，李宏伟．政府购买公共服务的内在动因及基本原则［J］．人民论坛，2013（32）：12-15.

第二节　政府购买体育公共服务的作用

一、有利于提高体育公共服务的质量和效率

从我国目前来看，政府在体育公共服务方面还存在服务效率低、质量不高和缺乏竞争机制、服务成本较高等亟须解决的问题，在一些体育公共服务领域缺乏专业的人才和技能，决定了政府所提供的体育公共服务的质量和效率相对较低，使得政府体育公共服务缺乏应有的社会效益，也使政府在提供体育公共服务方面缺乏一种创新和动力机制。政府通过引入市场机制，充分发挥市场的调节作用，改变原来的方式，采用向体育社会组织、企业或其他社会力量购买体育公共服务，从而打破了政府垄断提供体育公共服务的局面，使体育公共服务的供给模式呈现多元化，有效地促进政府、社会和市场这三大主体的有机结合。同时，这也有力地激发了服务生产者的积极性，使体育公共服务的购买者和提供者具有内在的较强的创新动力，因此有利于体育公共服务的质量、效率的大幅度提高，使体育公共资源的配置达到最优化。

同时，政府购买体育公共服务有利于政府机构的精简，可以使得政府“有所为”和“有所不为”。根据形势的发展和现实的需要，政府的体育职能得到有效转变，充分利用了市场机制，发挥了市场的作用，把政府体育职能和市场的功能有效地结合起来。因此，政府在发挥体育公共服务功能的过程中，在保留决策者和监督者的基础上，在发挥好决策和制定规则的同时，把一定的执行权交给社会力量来完成，在一定程度上，改变了政府直接提供体育公共服务的方式，有利于政府机构的精简和职能的有效性，有助于政府激励与约束机制的构建，有利于政府在提供体育公共服务方面自觉节省开支，弥补政府财力的不足，扩大政府功能的输出能力，提高了效率，从而实现财政资源的合理配置。

二、有利于政府体育职能转变

政府职能是一个历史性的范畴，在不同的历史时期，在经济发展的不同阶段，政府职能的具体体现也有所不同。随着社会主义市场经济的不断发展，政府的体育职能定位也逐步地发生相应的变化，不断地改变过去的“全管”政府，改变以前包办一切的“全能型”政府，逐步“放权”，争取做到“有所管”“有所不管”，把政府的体育职能定位为“公共体育服务与产品的提供者、管理者”[1]，服务社会公众。在适应社会主义市场经济发展的过程中，转变政府职能，有效地实现政府向社会公众提供体育公共服务，使政府向社会力量购买服务，能按照政府主导、部门负责、社会参与、共同监督的要求，确保工作规范有序开展。地方各级人民政府可根据本地区实际情况，建立“政府统一领导，财政部门牵头，民政、工商管理以及行业主管部门协同，职能部门履职，监督部门保障”的工作机制，拟定购买服务目录，确定购买服务计划，指导监督购买服务工作。相关职能部门要加强协调沟通，做到各负其责、齐抓共管等。总之，政府购买体育公共服务在我国的探索和实践，在实现政府角色定位和职能转变的过程中，有效地实现了体育公共服务供给体制的创新。政府通过购买体育公共服务将其所承担的体育公共服务的职能进行转移，使政府从体育公共服务的生产领域退出，将其交由社会组织进行生产，以实现政府角色的转换，从而成为体育公共服务的购买者和监督者。

通过购买体育公共服务举措能推动政府由全能型向有限型转变，由生产型向服务型转变。政府从集决策者、生产者、提供者和监管者于一身的“全能型”政府，转变为体育公共服务的决策者、提供者和监督者，这样，政府就能够从大量事务性工作中脱离出来，把工作重心进一步转移到了解公众需求、规划和制定体育公共服务政策、确定体育公共服务的标准、监管社会力量对体育公共服务的提供等工作上来，更好地承担体育公共服务责任。这样，政府把体育公共服务的职能分出一部分交由社会力量来完成，但对体育公共服务提出具体要求并进行监管

〔1〕 白晋湘．从全能政府到有限政府——市场经济条件下政府体育职能转变的思考［J］．体育科学，2006（5）：7-11.

从而有效地提高了体育公共服务生产效率，同时也让政府能集中精力做好规划和监管工作，有利于体育公共服务意识的提高，其实质是促进对社会更好的服务。

在政府购买体育公共服务推行的过程中，体育公共服务的具体生产工作交给社会力量来完成。这样能够有效降低政府的体育公共服务成本，提高体育公共服务质量；能够提高政府体育公共服务的效率，专业性也往往更强、发展方向更明确；能够使体育公共服务的监管机制更有效，从而提高资金使用绩效，降低社会成本。

政府购买服务更有利于提升体育公共服务的质量，更好地满足公众的多元化需求。当前公众的体育公共服务需要越来越多元化，仅仅依靠政府已经不可能满足公众多层次、宽领域和广范围的体育公共服务需求。各类体育社会组织往往都专业性较强，他们基本上是遵循市场发展规律而成立的专业组织，具有公益性、志愿性和多样化特征，他们能够准确地捕捉市场信息，及时提供符合公众实际需要的个性服务，并且能根据公众需求来制定具体的服务方案，具有政府不具备的明显优势，从而为社会和居民提供更高效、更优质的体育公共服务。

三、有利于推动体育社会组织的发展

体育社会组织的发育程度是购买关系达成的基础。如广东省和上海市将购买体育社会组织服务和培育扶持体育社会组织有机结合，通过鼓励体育社会组织参与公开竞争、项目运作和绩效评估，极大地提升了体育社会组织规范化、专业化和职业化水平。体育社会组织功能性不强，服务性更加突出，形成了一批有较大影响力的体育社会组织品牌。各地积极探索使用财政资金、体育彩票公益金专项支持体育社会组织承接政府购买服务。国家体育总局印制的《支持体育社会组织开展全民健身公共服务经费管理办法（试行）》已在江苏、江西、宁夏、新疆 4 个省、区开展试点工作。陕西宝鸡、广东韶关、内蒙古满洲里、江苏常州的体育部门重视体育社会组织孵化基地建设，解决办公场所，提供资金扶持，培育引导体育社会组织加强能力建设。安徽省体育部门积极推动向协会购买服务，多项大型赛事及活动委托社会团体承办。惠州市政府于 2012 年向社会公布了年度购买服务目录，其中包括购买体育服务的目录。许多地方将一些重大活动或赛事通过服务购买委托给体育社会组织承办，借此培育体育社会组织组织服务能力。

总体来讲，体育社会组织已经成为我国体育事业发展的一股重要力量，但与西方发达国家相比，我国的体育社会组织力量较为薄弱，发展比较缓慢，各种举措和制度还不完善。在体育社会组织上存在诸多问题，如：体育社会组织缺乏独立性，很多体育社会组织挂靠体育行政部门，行政化倾向明显，组织管理能力有限；一些完全在民间成长起来的草根体育社会组织机构规模小，运行机制不规范，服务力量薄弱，服务意识不强，服务水平也不高[1]，不能为公民提供优质的体育公共服务，得不到足够的社会信任，甚至得不到基本的社会认可。随着政府购买体育公共服务的推行，一些体育社会组织的现状将得到较大的改观。

政府购买体育公共服务在推行的过程中，会通过制订购买体育公共服务计划、明确购买方向等，引导成立特定类型的体育社会组织，特别是一些非营利组织参与体育公共服务的提供。这些组织在承担更多的社会责任，出色地完成政府购买体育公共服务任务的过程中，在承接体育公共服务任务的过程中也锻炼了专业服务和实践能力。

由于政府购买体育公共服务的承接者是一些社会组织，特别是一些非营利的体育社会组织，他们在承接政府所转接的体育公共服务中，承担着社会自我管理和自我服务的功能，能够在一定范围内为公民提供精神寄托和服务支持。体育社会组织作为公益性、资源性、非营利性的组织机构，具有自发性和自组织能力，能够根据社会和民众的实际需要决定服务内容和服务对象，同时也有助于体育社会组织实现自我管理和自我服务。

政府作为体育公共服务的购买者，为非营利组织的生存和发展提供了必要的资金、场地、政策支持和活动项目，这是体育社会组织生存和发展的重要基础，对体育社会组织起了积极的作用。如：广东省和上海市将购买体育社会组织服务和培育扶持体育社会组织有机结合，通过鼓励体育社会组织参与公开竞争、项目运作和绩效评估，极大地提升了体育社会组织规范化、专业化和职业化水平。体育社会组织功能性和服务性更加突出，形成了一批有较大影响力的体育社会组织

[1] 王占坤，吴兰花，张现成．地方政府购买公共体育服务的成效、困境及化解对策［J］．天津体育学院学报，2014，29（5）：409-414.

品牌。政府通过向体育社会组织购买体育公共服务，在为体育社会组织提供资金支持的同时，也加强了非营利社会组织与政府或其他社会组织的合作与交流，从而获得更多的理解和支持，增强公众对他们的认同感。

政府购买体育公共服务的推行，可以把非营利组织纳入体育公共服务购买对象的范围中，积极推进民间组织登记管理体制改革，取缔双重管理，提高执行效率，赋予自下而上组织的身份合法性。同时这有利于规范非营利组织行为，对其资金使用、透明度、绩效等予以规范，对购买服务事项予以考核，从而保障其公信力。通过政府的有效监督和管理也可以促使非营利组织向着积极健康的方向发展，以保证其在体育公共服务提供方面的独特优势得到充分发挥。

政府在推进购买体育公共服务的同时，设立发展和专项基金，支持体育社会组织能力的发展；政府积极支持某类或者某个体育社会组织，甚至直接设立体育社会组织。中国政府购买体育公共服务与体育社会组织的成长同步发展，两者形成相互促进和相互依存的关系。要真正促进体育社会组织的健康发展，仅靠政府和体育社会组织自身的力量远远不够，还需要整个社会的共同努力才能实现。

第三章 政府购买体育公共服务的理论基础

第一节 政府购买体育公共服务的核心概念

一、公共服务

（一）公共服务的来源与界定

现代意义上的“公共服务”一词来源于公共产品理论。“公共产品”（public goods）一词最早在1919年由瑞典经济学家林达尔正式使用。他的宏观动态均衡理论对20世纪20年代和30年代整个西方经济理论的发展起着极为重要的推动作用。“公共产品”是指为了满足与社会个人都有利益关系的公众需求，国家运用权力保障社会每个人的最基本福祉，其从事的职责活动所产生的结果、形成的物质形态。

公共服务是指由法律授权的政府以及非政府公共组织和有关工商企业，在纯粹公共物品、混合性公共物品以及特殊私人物品的生产和供给中所承担的职责和

履行的职能，其中，政府是责无旁贷的主导者。同公共产品理论相比，“公共服务”理念更偏重国家与政府职能理论的实践。对“公共服务”首次赋予它以形式化定义，则始于美国学者保罗·萨缪尔森。保罗·萨缪尔森认为，公共产品必须是能保障集团中所有成员均等消费的商品，如果集团中的任何一个成员可以得到一个单位，那么该集团中的每一个其他成员也必须可以得到一个单位。保罗·萨缪尔森在他的《经济学》一书“政府的经济作用”这一节中写道：“政府提供某些无可替代的公共服务，没有这些服务，社会生活将是不可想象的。它们的性质决定了由私人企业提供是不合适的。”保罗·萨缪尔森把广义的公共服务的职能归结为三个方面：政府的稳定职能，主要是保持宏观经济运行的稳定；政府的效率职能，主要是提供各种狭义的公共产品和劳务；政府的平等职能，主要是实现公共服务均等化。汉斯·范登·德尔、本·范·韦尔瑟芬（1999 年）将社会服务分为福利服务、公共服务和具有社会导向的公民个人服务或称社会化的私人服务三部分，认为公共服务是有着共同需求的消费者群体，而且难以将这种服务分割到每个消费者的具有共用性质的服务产品中。

20 世纪 80 年代前后，随着新公共管理运动的兴起，公共服务成为当代公共管理研究的重要内容。埃利诺·奥斯特罗姆（2000 年）提出公共服务是指以服务形式存在的公益物品。公共服务具有以下性质：一是公共服务的非排他性与共用性；二是公共服务的不可分性；三是公共服务的不可衡量性。Grout 和 Stevens（2003 年）认为公共服务是“为大量公民提供的服务，其中存在显著的市场失灵（既包括公平方面，也包括效率方面），使政府有理由参与——不论是生产、融资或监管”。

公共服务概念在公共管理学和公共经济学中有着广泛深入的讨论，虽尚未达成共识，但对准确地把握公共服务概念提供了有益的参考。这里仅讨论 3 种具有代表性的不同观点。

1. 公共服务是公共物品的一部分

这种观点从产出形式的角度来定义公共服务。在经济学中，产出可以分为产品和服务两种形式——产品是有形的产出，服务是无形的产出；产品的生产和消费可以在时间与空间分离，而服务的生产与消费则是时空一体的。据此，这种观点认为，公共服务是公共物品的一部分，是以服务形式存在的公共物品。如徐小青（2002年）指出公共服务是一种具有非竞争性和非排他性的社会服务，公共服务具有公共物品的性质，是不具备物品的物质形态，而是以一定的信息、技术或劳务等服务的形式表现出来的一种公共物品。然而事实上，经济学中对公共物品的定义并非针对产出形式是有形还是无形，而是根据物品是否具有外部性来判断。很多研究者已指出这一点，本课题也认为这一观点过于直观片面。

2. 公共服务等于公共物品

这一观点从公共物品理论来定义公共服务，认为公共服务就是具有效用的不可分割性、消费的非竞争性和受益的非排他性三个特点的商品和劳务，将公共服务等同于公共物品。如丁元竹（2006年）认为公共服务即公共物品，包括经济性公共服务和社会性公共服务。经济性公共服务是政府为促进经济发展而直接进行各种经济投资的服务，如投资经营国有企业与公共事业、投资公共基础设施建设、对企业经营活动进行补贴等；社会性公共服务是指政府通过转移支付和财政支持对教育、社会保障、公共医疗卫生、科技补贴、环境保护等社会发展项目提供的公共服务。于凤荣（2006年）、江明融（2007年）、赵成福（2008年）在其博士论文中，也将公共服务与公共物品等同使用。目前仍有不少文献将这两个概念混用，还有研究者专门写文章来论证两者是相同的。但是，大部分研究者已抛弃这一观点，认为这一定义过于狭隘。

3. 公共服务比公共物品范畴宽泛

随着时代的变迁，公共服务的概念也有了进一步的演变。在吸收国外新公共管理理论和新公共服务理论优秀思想的基础上，结合我国的实际情况，国内研究者赋予了公共服务更新、更广泛的含义。如程谦等（2003年）认为公共服务与公共物品并不是等同的概念，公共服务范畴比公共物品更宽泛，通过公共服务可以提供公共物品，也可以提供混合物品或私人物品。冯云廷（2004年）提出，公共服务是一个很宽泛的概念，广义上的公共服务是指公共领域所提供的直接的和间接的服务的总称，具体包括科学研究、基础设施、公共交通系统、环境保护、城市规划、社会福利、警察服务、公共教育、消防救灾、信息服务等，既有物质形态的公共服务，也有非物质形态的公共服务。李军鹏（2005年）提出，公共服务

指政府为满足社会公共需要而提供的产品与服务的总称，它是由以政府机关为主的公共部门生产的，供全社会所有公民共同消费、平等享受的社会产品，他认为理解公共服务概念有两个基本点：一是满足社会公共需要；二是公民平等享受。卢映川、万鹏飞（2007 年）认为，公共服务是指政府为促进发展和维护公民权益，运用法定权力和公共资源，面向全体公民或某一类社会群体，组织协调或直接提供以共同享有为特征的产品和服务供给活动。陈昌盛、蔡跃洲（2007 年）认为，“所谓公共服务，通常指建立在一定社会共识基础上，一国全体公民不论其种族、收入和地位差异如何，都应公平、普遍享有的服务”，不仅包含通常所说的公共产品，而且也包括那些市场供应不足的产品和服务。本课题比较赞同这种观点，尽管研究者们对公共服务的概念在表述上有差别，但这一观点较为准确地概括了公共服务的内涵和外延，且体现出了公共服务的广泛性、公平性等特征，更为符合时代精神和我国当前发展的重点。

（二）公共服务的含义与特征

公共服务，我们既可以做宽泛的理解，又可以做具体的解读。在宽泛的意义上讲，只要是利用公共资源所开展的工作，都可称之为公共服务。但从实际操作的角度看，若是对公共服务进行过于宽泛的理解，就不具有实质性的意义，所以，我们在理论研究和实际的工作中，将公共服务界定在一定范围内。

为了更好地理解和把握公共服务，本课题参照学者杨颖（2010 年）的定义，把公共服务的内涵限定在具体的语境和范围之内，认为公共服务是由中央或地方政府为满足公共需求，通过使用公共权力和公共资源，向全国或辖区内全体公民或某一类公民直接或间接平等提供的产品和服务；同时认为提供公共服务是政府职能的重要组成部分。公共服务有如下特征：第一，公共服务必须满足公共需求，满足个性化的私人需求的产品和服务不属于公共服务的范畴。第二，公共服务是以公共资源或公共权力的投入为标志的，在提供服务的过程中如果没有使用公共资源、没有公共权力的介入，则不能视为公共服务。第三，提供可以是直接的，也可以是间接的。各级政府是公共服务的统筹者、安排者，可以直接生产，也可以通过安排其他主体生产来间接提供公共服务。第四，提供公共服务是政府职能的一部分而非全部，是与经济调节、市场监管、社会管理并列的政府职能。

（三）公共服务的类别

国内研究者对我国的公共服务进行了非常详细的分类，根据不同的标准，公共服务有不同的分类方法。

1. 按照公共服务的属性特征分类

基于公共物品理论，按照公共服务的特征，可以将公共服务分为纯公共服务、准公共服务以及部分具有竞争性和排他性的服务。纯公共服务是指具有完全的非竞争性与非排他性特征的公共服务，主要包括国防、外交、公共安全、义务教育、公共卫生、基础研究、公共基础设施等；准公共服务是指只具有非竞争性和非排他性其中之一特征的公共服务，如高等教育、部分医疗卫生服务、部分基础设施、公共图书馆等；还有一些如民航、邮政、电信、水电供应等服务尽管具有排他性与竞争性，由于这些服务具有垄断性，这就决定了这些垄断服务的生产者之间的弱竞争性与消费者的弱选择性，因此，政府在这些领域也承担着一定的公共服务职责。

2. 按照公共服务的功能分类

公共服务依据其功能的不同，可以分为维护性公共服务、经济性公共服务和社会性公共服务（李军鹏，2004 年）。维护性公共服务是政府为保证国家安全和国家机器正常运转而提供的公共服务，包括国防、外交、社会治安等；经济性公共服务是指政府为促进经济发展而提供的公共服务，通常是生产型的，一般具有规模经济性和自然垄断的特点，并且在一定程度上还具有竞争性和排他性，主要包括邮政、电信、水电供应等；社会性公共服务是指政府为促进社会和谐与公正，为全体社会成员提供的公共服务，包括科技、教育、医疗、公共文化体育、就业、社会保障、环境保护等，对平等目标的关注在社会性公共服务中居于重要地位。

3. 按照公共服务的水平分类

根据满足社会公共需求的水平，可以将公共服务分为基本公共服务和非基本公共服务。基本公共服务是指在一定经济和社会条件下，政府为满足社会基本公共需求，保障社会全体成员基本社会权利和基础福利水平，保持经济和社会稳定，必须向全体居民均等地提供的基础性公共服务，包括义务教育、公共卫生、公共

安全、公共交通、公共文化体育、社会保障等内容；非基本公共服务是政府为了提高社会成员的生活质量和生活水平而提供的更高层次的公共服务，旨在促进社会成员的全面发展，如高等教育、高福利等。

4. 按照公共服务的受益范围分类

公共服务根据其受益范围可分为两类（郭厚禄，2009 年）：全国性的公共服务和地区性的公共服务。全国性的公共服务受益范围是全国性的、惠及全国公众或者事关国家整体利益，一般由中央政府供给，如国防安全等；地区性的公共服务既可以由地方政府单独供给，也可以由中央与地方联合供给，依据中央和地方受益程度的不同，可进一步分为以中央供给为主、地方供给为辅和以地方供给为主、中央供给为辅两种情形，如优抚安置等。

（四）公共服务与私人服务的区别

服务可以分为私人服务和公共服务，关于二者的区分学术界已经做了大量探讨，但也存在许多争论，而这也正是导致公共服务这个概念至今难以准确界定的症结所在。汤敏轩、李习彬（2004 年）认为私人服务以营利为核心目标，公共服务则以公共利益为最终归宿；私人服务主要关注服务的质量，公共服务则主要关注社会公平。李军鹏（2006 年）认为公共服务就是指政府为满足社会公共需要而提供的产品与服务的总称。它是以政府机关为主的公共部门生产的，供全社会所有公民共同消费、平等享受的社会产品。柏良泽（2007 年）则认为公共利益才是判定公共服务的内在依据，物品只有与公共利益相联系才具有公共服务的特性。公共服务不受物品性质的限制，当社会情势或生存状态关系公共利益时，任何物品都可以作为公共服务的内容被政府提供。上述观点实际上都在某种程度上体现了公共服务的某一方面特征，但如果从准确界定公共服务范围的角度来讲，则显得过于宽泛了，或过于局限于某一学科范围之内，比如说将公共服务界定为提供公共产品就可能带有过多的经济学色彩，以至于使很多对公共服务本身的理解产生偏颇，因为公共服务提供的不仅仅有公共产品，也包括混合产品和特殊的私人产品，比如说政策扶持下的一些私人养老院等。

从理论上讲，界定公共服务可从 3 个维度，即公共物品角度、提供主体的角度

(以政府为主体) 和服务的角度。公共物品的角度上面已经论述过，虽然其符合西方传统经济学的思维逻辑，但其并不能涵盖公共服务的边界。如果从提供主体的角度来界定公共服务，则可以将其定义为政府或其他公共组织为满足社会公共需要而提供的产品和服务的总称。这种定义方法同样是不全面的，随着市场经济的不断完善，政府和公共组织作为公共服务的提供者，这种传统的观念已经被突破，特别是资本市场的建立，金融工具、融资方式的不断更新，使私人资金得以进入公共基础设施建设领域。尤其是当前，私人资本设立的大量慈善基金已经渗入公共医疗、教育以及养老等方方面面，在公共服务的提供体系当中占据了重要的位置，而且所占份额也在逐年扩大。虽然这不能影响政府及公共组织作为公共服务主要提供者的地位，但是如果从提供主体的角度来定义公共服务的范围，那么必然会显得与实际格格不入。

因此，易志坚（2014 年）认为，如果以第三种方式来界定公共服务就比较恰当。因为公共服务首先是一种特殊形式的服务，它也必须满足服务本身的特性，即公共服务首先是一种以非实物形式而满足他人需要的劳务。其次公共服务的本质在于公共利益，需要赋予更多关注的公共服务的对象和客体而非其提供主体，其内在逻辑包括两个方面：一是只要符合公共利益的需要，个人和私人组织也完全可以成为公共服务的提供主体；二是由于公共利益的本质所在，因此公共服务必然不能以营利为目的。最后，公共服务与服务概念的差异在于“公共”二字，所谓公共即是指大众化，并不限于特定的少数人，因此公共服务是指向社会的大众化服务。综上所述，可以初步给出公共服务的定义：为了公共利益的需要，而向不特定社会大众提供的兼具非营利性和非实物形式的服务。

二、体育公共服务

（一）表述之争

目前，有关体育公共服务研究的很多问题均存在一些争议，比如关于“公共体育服务”和“体育公共服务”概念的使用争议就很大。

贾文彤（2009 年）认为，使用“体育公共服务”更为妥帖，理由是“体育公共服务”概念由“公共服务”的概念体系推演而来。刘亮（2011 年）指出，“体育公共服务”的逻辑起点是重视公众体育需求，以体育公共利益为导向，其价值取向是实现公平与正义，内在目标是实现均衡发展。因此，采用“体育公共服务”较“公共体育服务”更为合适，并从体育公共利益需求与价值选择出发，重新界定了“体育公共服务”的概念。范冬云（2010 年）认为，“体育公共服务”才是唯一正确和规范的概念。理由是“公共体育服务”的构词结构有两种，分别为“公共+体育服务”和“公共体育+服务”。“公共+体育服务”强调的是体育服务的公共属性，而“公共体育+服务”则是与“私人体育+服务”相对，强调的是服务的公共体育领域。“公共体育服务”在使用中若不加特别说明就会出现歧义。“公共服务”是一个上位概念，作为抽象化的概念，其词语结构是不能随意改动的，具有不可分割性；而作为下位概念，只能采用表明差异性的词语再加上位概念的方法表达。吕树庭等（2016 年）认为，现实点上“体育公共服务”和“公共体育服务”是作为不同语词所表达的同一概念，不存在孰是孰非、谁正确谁不正确的问题，但哪一个语词更规范，有待进一步商榷。目前，“体育公共服务”与“公共体育服务”并行不悖地出现，反映了学者们在对两个概念做出一种潜意识判断后的选择性倾向和语言支配习惯，作者更倾向于使用“体育公共服务”。

但是，林显鹏（2007 年）认为，我国政府将体育与科、教、文、卫并称“五大事业”，实际上就是将体育视为公共体育的一种形式，建议用“公共体育服务”来指称体育领域的公共服务；郇昌店等（2009 年）持同样的观点，在对“体育公共服务”和“公共体育服务”两个概念进行比较分析的基础上，认为用“公共体育服务”来指称体育领域的公共服务更为规范，我国教、科、文、卫、体长期以来被并称为我国五大公共事业，普遍使用“公共教育服务”“公共体育服务”“公共卫生服务”和“公共科技服务”等指称并获得广泛认可。

研究表明，尽管学界目前依然对两个专有名词的表述和内涵存在争议，但事实上，绝大多数研究者并没有就这两个专有名词做更细致的区分，他们文中的体育公共服务和公共体育服务常指代同一个现象。

本研究认为，体育公共服务是公共服务不可或缺的重要组成部分，两个概念之间存有属种关系，体育公共服务的上位概念是“公共服务”，“公共服务”已经为国内外学术界高度认可的专门术语，同时本研究的政府购买体育公共服务也是政府购买公共服务的一个领域，其上位概念是“政府购买公共服务”，所以用“体育公共服务”一词表述更为适合。我们认为，采取统一的称谓更有利于研究，在本研究过程中，尤其是在文献综述和引用过程中为遵照个别研究者的原文原意，依然可能出现“公共体育服务”这一提法，本研究在内涵上也不对它们做任何区分，在表述上认为是可以相互借用的名词概念，但在本研究实际使用过程中，采用“体育公共服务”这一表述方式。

（二）含义之争

目前，学术界在对“体育公共服务”内容的界定上，最主要的争辩围绕体育公共服务之“公共性”展开。从既有讨论来看，宋伟、鲍东东（2016 年）认为主要有两种代表性的界定。

一种是管理学式的定义，即把体育公共服务理解为除体育公共产品或服务提供外，还包括体育政策服务（体育相关法律、法规、政策等）和体育市场监管服务（门槛认证、产业发展指导等）。该界定突破了体育公共服务单纯具化为物态层面的含义，认识到了公益体育事业与经营性体育产业的分类，以及政府或体育行政管理部门对体育市场或体育产业发展的管理，并从中可以延伸至对公共体育服务的政府公共财政投入、体育发展政策制定、体制改革与机制创新等内容。如：李丽等（2010 年）认为，体育公共服务是体育事业发展对公共财政保障的需求。李静等（2010 年）认为，关于公共体育服务的供给模式中，政府主要扮演着政策制定者、资金供应者和生产安排者的角色。这种界定存在把政府确定为公共体育服务的唯一主体之嫌，同样缩小了公共体育服务的内涵和外延。

另一种是经济学式的定义，即把体育公共服务区别于以一般市场方式提供的体育商品（产品及服务）的体育类公共产品及其相关活动。如肖林鹏等（2007）认为，公共体育服务即公共组织为满足公共体育需要而提供的公共物品或混合物品。作者运用经济学或制度经济学的相关概念，讨论公共体育服务的公共属性，将之归类于公共物品，把公共体育服务直接与具有经营性的非公共物品对应。对公共体育服务的这种经济学式认识往往造成误解，把公共体育服务简单理解为由政府或体育事业单位等公共部门或机构向社会公众提供免费享受的体育产品或服务。冯云廷（2003 年）、闽健等（2005 年）也认为，社会公共体育产品属于公共

体育服务的一种，对于体育私人产品而言，在消费和使用上都具有非竞争性和非排他性。周爱光（2012 年）在分析了公共服务的属概念和种差之后提出，体育公共服务是公共服务的一个领域，完全具有公共服务的各种特性，所不同的是体育公共服务概念的外延比公共服务概念的外延狭窄，公共服务涉及科、教、文、卫、体以及社会保障、医疗、国防等诸多领域，而体育公共服务只是诸多公共服务领域中的一个，他认为，体育公共服务是通过提供各种体育产品满足公民需要的公共服务。

本研究无意给体育公共服务下了一个定义，但是较赞同第二种界定方式，并在本研究中主要采用周爱光对体育公共服务的定义，即体育公共服务是通过提供各种体育产品满足公民需要的公共服务。

（三）体育公共服务的分类

关于体育公共服务的分类，目前许多学者从不同的角度对体育公共服务的基本内容进行了分类，其中具有代表性的有樊炳有（2010 年）、刘亮（2011 年）、周爱光（2012 年）、易峰（2013 年）所提出的分类。本研究将主要采用周爱光学者所提出的分类进行分析，尤其是在后文界定我国政府购买体育公共服务的内容范围时将主要依据周爱光学者的分类并结合其他学者的分类进行划分。周爱光（2012 年）依据不同的划分标准将体育公共服务分类如下。

1. 依据服务特征，可以将体育公共服务划分为纯体育公共服务和准体育公共服务

纯体育公共服务是指具有非竞争性和非排他性的体育公共服务，如体育法律法规和方针政策的制定、体育公共设施的建设、体育外交、体育行政管理等。政府组织是纯体育公共服务的主要供给主体，动用公共财政，消耗公共资源。准体育公共服务是指不同时或不完全具有非竞争性和非排他性的体育公共服务，如职业体育的经营管理，休闲健身俱乐部的经营管理，一般体育设施的建设，体育经纪人、社会体育指导员的培训等。政府组织、企业组织、非营利组织和社区组织共同构成准体育公共服务的供给主体，导入竞争机制，充分利用社会和市场的资源。

2. 依据服务对象，可以将体育公共服务划分为群众体育公共服务、竞技体育公共服务和学校体育公共服务等

群众体育公共服务是以广大人民群众参与体育活动为主要指向的体育公共服务，如公共体育设施的建设、社会体育指导员的培训、国民体质监测等。竞技体育公共服务是以教练员、运动员取得优异运动成绩并为大众提供高水平竞技表演等为主要指向的体育公共服务，如运动员的选材，训练条件的提供，运动员的文化教育，教练员、运动员的社会保障，大型体育赛事等。学校体育公共服务是以广大青少年学生参与体育活动、增强体质和培养高水平竞技运动人才为主要指向的体育公共服务，如学校体育设施的建设、学生体质监测、学生体育保险、体育安全保障、学校高水平运动队建设等。体育公共服务涉及领域广泛，凡是我国公民有体育需求的地方就存在着体育公共服务的问题，体育公共服务的对象是人而不是物。目前，我国群众体育和学校体育的公共服务投入严重短缺，需要加大建设和投入力度，但不能因此把竞技体育公共服务排除在外，否则就会造成体育公共服务体系的不完整。

3. 依据服务范围，可以将体育公共服务划分为全国性体育公共服务和地方性体育公共服务

全国性体育公共服务是指该服务的受益范围辐射全国各地，如大型体育赛事的转播、体育日的制定、体育法律的颁布等。地方性体育公共服务是指该服务的受益范围在一定的地域之内。由于我国幅员辽阔，不同地域之间的自然环境不同，加之城乡之间、沿海发达地区与内地欠发达地区之间在经济和社会发展水平上存在较大差别，为了满足不同地域居民的体育需求，必然会形成有地域差别和特色的体育公共服务。

4. 依据服务的层次，可以将体育公共服务划分为基本体育公共服务和一般体育公共服务

基本体育公共服务是根据国家经济和社会发展阶段的总体水平，为了满足公民基本体育需求所提供的公共服务，如公共体育场馆和基础设施建设、国民体育参与权利、必要额度的资金投入等。一般体育公共服务是指基本体育需求以外的公共服务，如高水平体育赛事的观赏、体育休闲娱乐设施的建设以及体育保险的提供等。

（四）体育公共服务的特征

易峰等（2013 年）从体育公共服务的性质和功能的角度，认为体育公共服务具有以下 5 个方面的特征。

1. 公平、均衡性

公平、均衡性是指体育公共服务要均等公平分配，均衡布局，以保障和服务于全体公民，保障人人享有基本体育公共服务的权利、条件和机会。

2. 便利性

便利性是指政府或体育组织提供的体育公共服务应该是近距离的、身边的、日常化的服务，随时随地可以获得，很方便地就能享受，易于满足公民的基本体育服务需求。

3. 多样性

多样性是指体育公共服务在提供的服务种类、产品的类型、服务的对象、服务组织的管理形式、服务信息渠道等方面的多种多样。

4. 公共福利性

公共福利性是指政府提供的体育公共服务主要是公共福利的，表现为政府对纳税人的福利承诺和在公共利益维护方面的责任。从发展的趋势来看，政府提供的体育公共服务总体是免费的，但并非完全福利的。不排除一些服务要收取一定的费用，但经过政府补贴，也具有公共福利的性质。

5. 增值性

体育公共服务是投资于人，并且是对全体国民的投资，具有人力资本再生产的特征。与一般的资本再生产相比，体育公共服务的投资收益往往是潜在的，非直接的，并且不容易量化，但并不妨碍它的整体效果的存在。

三、政府购买公共服务

从辞源的意义上讲，政府购买公共服务由政府购买和公共服务两部分组成，在公共服务的概念已经清晰的情况下，对政府购买的概念做一个界定即可。

对于政府购买，在西方国家，人们更多地把它理解为合同外包。人们对政府购买的接受或认可，是社会政治发展的必然结果，促使政府购买的要素也是多种多样的，并且随着行政环境的不断变化，政府购买的内容和形式也在不断地发生变化，政府购买公共服务实际上也正是政府购买方式发展的具体体现。易志坚等（2014 年）认为，政府购买涉及 3 个方面的问题，即资金来源、购买形式和供应方。首先就资金来源来讲，因为购买主体是政府，所以资金来源也就只能是财政资金；其次，因为在政府购买公共服务中，政府只是作为一般性的市场主体参与购买行为，依照平等主体的市场交易原则，购买的形式自然就是合同契约的形式；最后，政府购买的供应方实际也就是公共服务的供应方，即公共服务的生产者。从上述公共服务概念的探讨中可以知道，公共服务的供应方应当是相当广泛的，既有可能是个人，也有可能是私人组织，甚至可能是政府及其相关的公共组织，也就是说，政府购买的价值与使用价值交换的主体可以分离也可以统一。

政府存在的合法性和合理性决定了政府必须向社会公众提供公共服务，否则，将会失去其存在的基础。政府应该如何向社会提供公共服务，是政府直接提供，还是间接提供，即政府提供公共服务的方式、效能则是政府变革中要考虑的问题，也是直接影响政府形象的问题。就政府而言，在选择公共服务的提供方式时，廉价政府、廉洁政府、责任政府和有效政府是必须要坚持的原则。从公共服务提供的效益和效能上看，并不意味着政府只能是公共服务的直接提供者。政府可以向市场购买公共服务，运用市场化的策略，与私人企业、非营利组织等建立合约，在公共服务的供给和需求两个方面进行干预，赋予服务消费者更多的选择机会。就接受公共服务的民众而言，公共服务提供者的多样性、竞争性、灵活性是受益于民的事情。为此，许多发达国家的政府，在选择公共服务提供的方式时，都不约而同地采取了多样性的原则，既有政府直接提供的公共服务，也有通过向市场购买的方式来提供公共服务。随着 20 世纪 60 年代新公共管理运动在世界范围的展开，越来越多的发达国家进行了政府的市场化、企业化改革，也更多地通过合同、凭单制等形式向市场购买公共服务。

对于政府购买公共服务这一概念，萨瓦斯（2002 年）认为合同外包就是政府通过与私营企业、非营利组织签订关于物品与服务的合同，由私营企业与非营利

组织来组织生产公众所需的服务，而政府只是服务的提供者。王浦劬（2010年）认为，政府购买公共服务是指政府将原来直接提供的公共服务事项，通过直接拨款或者公开招标方式，交给有资质的社会服务机构来完成，最后根据择定者或者中标者所提供的公共服务数量和质量，来交付服务费用。冯俏彬（2010年）从消费者主体出发将政府购买公共服务理解为：一是政府自己作为消费者向市场购买的服务；二是政府作为提供某类服务的责任主体，而消费者是符合某种规定、应当获得某种服务的居民。在李慷（2001年）的文章中提到：政府购买服务是指政府部门为了履行服务社会公众的职能，通过政府财政向各类社会服务机构直接购买而实现政府财政效力最大化的行为，是政府遵循市场的基本原则最有效地满足社会公共需求的重要途径。易志坚等（2014年）将政府购买公共服务理解为：政府购买是指政府通过合同外包、凭证制度等政府治理手段，利用财政预算资金，向社会组织、企业等有资质的团体或组织购买服务的行为。因此，把政府购买和公共服务的概念结合起来，就可以对政府购买公共服务进行界定，即政府以财政资金转移为形式，通过平等地订立合同契约等方式，向其他组织或者个人购买公共服务的活动。其核心意义是公共服务提供的契约化，政府与社会组织之间构成平等、独立的契约双方。

四、政府购买体育公共服务

（一）政府购买体育公共服务的含义

从上述政府购买公共服务的定义中我们可以看出，购买公共服务的委托主体是政府，受托主体是有资质的营利性和非营利性的社会组织，具体形式表现为一种政府以财政资金转移为形式，通过平等地订立合同契约等方式的购买行为，购买的客体或对象是公共服务。目的是实现政府财政效力最大化，有效满足社会公众的需求。

从政府购买体育公共服务与政府购买公共服务的概念范畴上来说，政府购买体育公共服务是从属于政府购买公共服务的一种具体类型，政府购买体育公共服务也符合政府购买公共服务的本质特征。因此，借鉴政府购买公共服务的相关定义，将政府购买体育公共服务界定为政府以财政资金转移为形式，通过平等地订立合同契约等方式，向其他组织和个人购买体育公共服务的活动。其目的在于提供低成本、高质量的体育公共服务，履行服务社会公众的责任与职能。

政府购买体育公共服务有以下三个本质内涵。

第一，政府在体育公共服务提供中实现了生产者与提供者的分离。与“政府购买体育公共服务”概念相对的是“政府生产体育公共服务”。向社会公众提供体育公共服务是政府基本公共职能之一。但政府向社会公众提供体育公共服务的形式可分为两种：一是政府直接生产体育公共服务并提供给社会公众；二是政府向社会组织购买体育公共服务提供给社会公众。在政府购买体育公共服务过程中，政府仍是体育公共服务的提供者，但其不是直接生产者，而是向社会组织购买体育公共服务。

第二，政府与社会组织之间的关系在本质上是一种以契约为基础的商品交换关系。契约即合同。广义的合同泛指一定权利义务关系的协议，狭义的合同专指当事人之间设立、变更、终止民事关系的协议。政府购买体育公共服务是政府与社会组织之间具有法律效力的合同购买行为，是政府与社会组织之间以契约为基础的购买过程。购买使政府与社会组织之间形成平等、互利的商品交换关系。在契约框架下，政府和社会组织明确各自的权利和义务。在契约框架下，政府部门和社会组织之间不再是行政隶属关系，而是一种民事法律关系。因此，政府购买体育公共服务得以实现的一个前提条件就是社会组织具有独立的法人地位，能独立地承担民事法律责任。

第三，政府购买体育公共服务的本质特征在于政府以公共财政部分或全部支付社会组织生产体育公共服务的费用。

（二）政府购买体育公共服务的基本特征

政府购买体育公共服务的基本特征在于作为购买主体的政府，为了更好地实现对体育公共服务供给的责任，为了满足人民群众日益增长的多元化、多层次体育需求，而向社会组织购买体育公共服务。

1. 购买主体、购买客体和购买内容是政府购买体育公共服务的三要素

政府购买体育公共服务的三要素分别是购买主体、购买客体（也称承接主体）和购买内容。购买主体是政府，具体指中央政府和各级地方政府。购买客体是各

类社会组织，具体而言，就是主要在体育领域内承担体育公共服务供给的体育社会组织。购买内容是指政府向社会组织购买的各种类型的体育公共服务。

2. 政府购买体育公共服务以满足人们的体育需求为目的

政府购买体育公共服务是一种手段而不是目的，其出发点就是提供低成本、高质量的体育公共服务，履行服务社会公众的责任与职能。其特点就是通过在体育公共服务领域引入市场机制，以竞争来获得体育公共服务的最佳供给方式和配置模式。其最终行为目的就是提高体育公共服务供给的质量与效率，满足人们的体育需求[1]。"十三五"期间，我国体育发展的目标已经从满足社会公众基本的体育需求转向满足人民群众日益增长的多元化、多层次体育需求。

3. 政府购买体育公共服务通过"掌舵"实现政府对体育公共服务供给的责任

政府购买体育公共服务，并没有推卸政府对体育公共服务供给的责任。政府通过向社会组织购买体育公共服务，政府实现了生产者和提供者的分离。政府仍然是体育公共服务的提供者，但为了更有效地向社会公众提供更优质的体育公共服务，政府将不该管、管不好、无力管的体育公共服务交给具有专业资质的社会组织来提供。政府不再因"划桨"而事务缠身，而是致力于体育事业规划、政策设计、资源配置、质量监控等"掌舵"职能。

第二节　政府购买体育公共服务的理论溯源

政府购买体育公共服务是政府职能转变、创新社会管理的新型方式，暗含着深厚的经济学与管理学理论基础，如公共产品理论、新公共服务理论、政府失灵理论、治理理论、新公共管理理论、委托代理理论、交易成本理论、服务型政府

---

〔1〕 戴俭慧，高斌．政府购买体育公共服务的行为分析［J］．体育学刊，2013，20（2）：35-38.

理论等。本节将重点对政府购买公共服务的理论基础进行梳理，为政府购买体育公共服务提供理论依据。

一、关于公共产品与新公共服务的理论

（一）公共产品理论

1. 公共产品理论的基本观点

根据公共经济学理论，社会产品分为公共产品和私人产品。私人产品主要是为了满足个人特殊需求；公共产品则主要是为了满足与社会上每个人都有利益关系的公共需求。按照萨缪尔森在《公共支出的纯理论》中的定义，纯粹的公共产品或劳务是这样的产品或劳务，即每个人消费这种物品或劳务不会导致别人对该种物品或劳务的减少。公共产品或劳务具有与私人产品或劳务显著不同的三个特征，即效用的不可分割性、消费的非竞争性和受益的非排他性；凡是可以由个别消费者所占有和享用，具有敌对性、排他性和可分性的产品就是私人产品；而介于二者之间的产品称为准公共产品。

公共产品的研究始于 18 世纪，其概念最初由休谟提出。休谟在《人性论》一书中提到有些服务对个人可能并没有好处，但对集体来说却是必要的，只有通过集体行动才能完成。其后，亚当·斯密在《国富论》、约翰·穆勒在其名著《政治经济学及赋税原理》中提出有很多服务必须是由政府提供，并对为什么必须由政府提供这些服务，即政府提供服务的合理性做了进一步论证。

1896 年，瑞典经济学家维克塞尔在《财政理论研究》中将边际成本定价运用于公共事业研究，提出了“纯公共产品”理论。现代福利经济学家萨缪尔森将“公共产品”定义为：每个人对这种产品的消费对另一个产品的消费并无影响。他认为，大部分商品的总消费量等于每个消费者对该商品消费量的总和，而公共产品的人均消费量并不会因为消费人数的增加而降低[1]。因此，要区分私人物品与

〔1〕 PAUL A, SAMUELSON. The Pure Theory of Public Expenditure ［J］. Review of Economics and Statistics, 1954 (36): 387-389.

公共产品的不同主要看其是否具有非排他性或非竞争性。

然而现实生活中的很多事实是无法用"萨缪尔森归纳法"来解决的，因此，公共选择学派的代表人物布坎南对该定义进行了补充。他认为：萨缪尔森定义的公共产品是纯公共产品，而完全由市场决定的产品是纯私人产品〔1〕。

纯公共产品和纯私人产品只是两个极端的例子，在现实生活中是极少存在的，而更多的是介于两者之间的产品，在这里称之为准公共产品。纯公共产品是完全没有竞争性的物品，而纯私人产品具备强烈的竞争性和排他性。准公共产品具备其中的一个特性，如轨道交通、广播电视等这类物品，显然随着人数的增加，物品的重量并不受影响，但是由于其需要付费，因此具备了排他性的特点。

公共服务属于准公共产品，它至少具备非竞争性或非排他性两个特征中的一个，即人们对公共服务的使用不会减少他人对同一服务的使用，或者不会因为收取费用而把其他人排除在外。理想的公共服务机制应当是公正、高效地为公众提供优质服务，有效地满足公众需要。

公共服务是一个庞大的整体，其中主要包括了3类角色：安排者、生产者、消费者。

（1）公共服务的安排者，主要任务是把公共服务的产品分配给消费者，并且做好日常的维护工作，同时对产品的正常使用承担责任。

（2）公共服务的生产者，主要负责产品或者项目的策划、实施到最后顺利投入使用，他们可以是政府机构，也可以是民间组织。

（3）公共服务的消费者，他们是直接使用公共服务产品的群体，可以是特定区域的人或特定的组织。

传统理论认为，公共服务的安排与生产是一个概念，没有必要进行区分。但是，事实上安排与生产是有区别的。"服务提供或安排与服务生产之间的区别是明显且十分重要的。它是整个民营化概念的核心，是政府角色界定的基础。"〔2〕政府本质上是公共服务的安排者，政府决定应该提供什么公共服务、为谁提供公共服务、应该提供什么程度与水平的公共服务、应该如何解决公共服务的资金来源问题等。政府在公共产品供给中主要是安排者的角色，这并不意味必须由政府及

〔1〕 BUCHANA J M. An Economic Theory of Clubs［J］. Economics，1965（32）：1-14.

〔2〕 E. S. 萨瓦斯. 民营化与公私部门的伙伴关系［M］. 北京：中国人民大学出版社，2002.

其雇员直接来生产这种服务。公共产品也可以通过由市场或社会组织来生产，而政府保留监督服务提供的责任并为公共服务提供资金支持。因而，在公共服务供给中，政府的角色主要是政策制定、公共服务优先领域确认、公共服务监督和评估等。政府从公共产品的直接提供者、生产者转变为安排者、购买者，可以摆脱政府直接生产成本高、效率低的困境。

20 世纪 80 年代以来，首先发端于英、美等西方国家的以市场化为取向的公共服务改革浪潮逐步在世界范围内激荡。许多国家逐步将公共服务市场化纳入政府改革的实践框架之中，并取得重大成效。其中，政府购买公共服务是政府进行市场化改革的一个重要举措。国外的实践经验表明，政府购买公共服务是提高公共产品供给水平、提升政府服务效率的一种有效选择。

政府购买公共服务在西方被称为购买服务合同或合同外包，其实践源于西方的社会福利制度的改革，作为行政改革中的一个制度创新，伴随着民营化运动的热潮于 20 世纪 70 年代末首先在欧美国家兴起。服务外包发源于经济学，是指某一组织或个人将生产或经营过程中的某一个或几个环节交给其他人完成的行为。在西方国家，政府公共服务合同外包常与民营化等同起来，即政府将公共服务以合同的形式，交给具备条件的私营部门来承担的合同外包制度成为西方公共部门广泛运用的民营化方式。根据世界银行发表的《2007 年世界发展报告》中沃尔什和经济合作与发展组织对公共服务外包的定义，公共服务外包不是政府机构内部直接为社会成员提供公共产品和服务，而是通过市场化的方式，引入竞争机制，促进服务供应商之间的竞争，由私人部门或社会组织来提供。其本质是通过竞争把社会组织引入到公共服务部门。萨瓦斯认为政府公共服务外包是公共服务市场化和社会化的一种主要形式，它具有提高公共服务的质量和生产率、节约成本、减轻政府的财政负担和操作透明的优点。盖伊·彼得斯认为公共服务外包的成效主要体现在：公共部门结构的变化，让各种社会组织进入公共服务领域，形成竞争机制，打破公共部门的垄断；管理上的变化，使政府更加注重人事管理和财政管理；公共服务的决策权力分散化，政府专注于公共政策的制定；公共利益，考虑政府的行政成本，政府的责任趋向市场化，公民被看作消费者和纳税人。

因此，政府购买服务成为公共服务提供的必然选择。政府负有提供公共服务的责任，但公共服务并非全都由政府亲自提供，可采取政府负责、社会与企业提

供、政府与社会和企业合作提供等多种方式。公共服务供给方式主要包括由政府部门提供方式，由市场和私营部门提供方式，由政府公共部门与非政府组织、私人企业合作提供方式等。在现代社会中，政府组织、市场组织、社会组织是 3 种基本的制度安排，也是提供社会性服务的 3 个具有不同作用的基本主体。20 世纪 70 年代以来，随着公民参与公共治理的深入，政府与社会组织互动合作已经成为国际社会的发展趋势。目前，政府购买公共服务的模式成为世界各国提供公共服务的一种重要途径。当前政府购买公共服务的基本模式可以归纳为“政府承担、定项委托、合同管理、评估兑现”〔1〕。

2. 公共产品理论对开展政府购买体育公共服务的启示

公共产品理论对公共产品供给方式进行了深入的研究，主张推进公共产品供给的市场化、民营化与社会化，并直接建议采用合同外包的方式广泛购买公共服务。这些理论对我国开展政府购买体育公共服务具有重要的启示，主要表现在以下几个方面。

(1) 公共产品的分类是政府购买体育公共产品与体育公共服务的基础。根据公共产品的非竞争性与非排他性的特征，可以将体育公共产品分为纯体育公共产品与准体育公共产品两大类。公共产品理论认为，政府可以直接提供纯公共产品，而准公共产品则可以由市场提供或社会提供，这就导致了体育公共产品提供方式的多样化，是政府购买体育公共产品与体育公共服务的基础。

(2) 公共产品安排者与生产者的区别，成为政府购买体育公共服务的前提。在体育领域中，同样存在着体育公共产品安排者与生产者的区别，政府是体育公共产品的安排者，体育公共产品完全可以通过市场或者体育社会组织来生产。政府从体育公共产品的直接提供者、生产者转变为安排者、购买者，可以摆脱政府直接生产成本高、效率低的困境。

(3) 公共产品供给市场化、民营化与社会化，是政府购买公共服务的主要目标。政府购买体育公共服务是体育公共服务市场化、民营化与社会化的重要手段，具有重要的作用。合同外包是政府购买体育公共服务的重要手段之一。

---

〔1〕 蔺丰奇，李佳航．论政府购买公共服务的规范化建设——基于社会学制度主义的分析视角［J］．经济与管理，2014，28（2）：88-94.

根据公共产品供给理论可知，政府购买体育公共服务可以通过引入社会组织间的竞争机制来消除政府体育部门服务供给角色的垄断格局。这一制度安排，可以使其摆脱体育公共服务生产中的困境，从而摆脱其直接生产带来的高成本、低效率的不利局面。同时，此种安排还有利于体育社会组织和团体的发展，对体育公共服务社会化、市场化具有重要作用。合同外包作为政府购买公共服务的重要手段之一，具有提高生产率、节约成本和操作透明的优点，是创造竞争并使其制度化的重要手段，是鼓励良好绩效的核心因素。合同外包具有公共服务外包的成效，主要有：让各种社会组织进入体育公共服务领域，形成竞争机制，打破体育公共部门的垄断，让体育公共服务的决策权力分散化，政府专注于体育公共政策的制定等。

（二）新公共服务理论

1. 新公共服务理论的基本观点

新公共服务理论是以美国著名公共管理学家罗伯特 · B. 丹哈特为代表的一批公共管理学者基于对新公共管理理论的反思，特别是针对作为新公共管理理论之精髓的企业家政府理论缺陷的批判而建立的一种新的公共管理理论。新公共服务理论认为，公共管理者在其管理公共组织和执行公共政策时应该集中于承担为公民服务和向公民放权的职责，他们的工作重点既不应该是为政府航船“掌舵”，也不应该是为其“划桨”，而应该是建立一些明显具有完善整合力和回应力的公共机构。

具体来说，这一理论的核心主要包括以下几个方面的基本观点。

（1）政府的职能是服务，而不是“掌舵”，其重要作用在于帮助公民表达和实现其共同利益，而不是控制和驾驭社会。

新公共服务理论认为，当今时代系列复杂的相互关系，政府与企业、政府与社会的关系发生了深刻的变化，“公共政策实际上是作用的结果，是多重群体和多重利益集团不同意见和利益的混合物”[1]。因此，当今政府的主要作用已转变为：第一，为市场的良好运行提供一套日趋完善的“游戏规则”和公平、公正的法律

---

〔1〕 罗伯特 · B. 丹哈特，珍妮特 · V. 丹哈特，刘俊生，等 . 新公共服务：服务而非掌舵［J］. 中国行政管理，2002（10）：38-44.

环境。第二，利用不可替代的作用和特权，向公民提供信息服务、监督服务、政策服务、制度服务等服务体系，以满足公民在社会生活中物质和精神生活的需要。政府的有限能力决定了它不可能提供所有的公共产品和服务，因此，建立公共部门与私营部门、非政府组织的合作伙伴关系是必然的理性选择。虽然政府不再是公共物品和服务的唯一提供者，它可以通过有效的、激励性的制度安排来鼓励其他社会主体参与供给，保证公共利益的实现；它可以由原来的控制者转变为议程的安排者，打破过去对公共产品和服务的一元供给模式，大力联合和培育公共部门、私人部门以及第三部门来共同实现多元治理。

（2）以公共利益为核心和以社会公平为原则。

以公共利益为核心，是政府存在的基础与目标。政府不可能，也不应该按照利润最大化的原则去运作它所拥有的资源，这是政府与企业最本质的区别。营利和效率对政府而言，只能是手段而非目的。公共管理的最终目标应该是确保公共利益的增长和分配，促进社会公平和正义实现。对于社会公共问题，“政府不仅要积极提出符合公共利益的解决方案，并且要确保这些方案的提出过程与实施过程符合公平、公正的价值准则”〔1〕。政府在提供公共服务时，必须把公平的价值渗透其中。因为社会的公平程度越高，社会的公共利益才越有可能最大化地实现。

（3）为公民服务，而不是为顾客服务。

新公共服务思想认为，政府与公民之间的关系不同于工商企业和其顾客之间的关系。这种服务对象的差异性，对政府提出了相对于企业更高的服务要求。

首先，公共服务的服务对象比一般的市场行为更为复杂。从理论上说，社会的每一个公民都应该是政府的顾客，因为他们是国家的成员，都在“消费”政府的产品——公共政策。然而，与企业和顾客关系不同，在公共部门，“有些顾客凭借其所拥有的更多资源和更高技能可以使其自己的需求优先于别人的需求”〔2〕。为此，政府在提供服务时更要慎重考虑公正与公平的因素，必须对一些超越短期利益的事务承担义务，要树立为全体社会公民服务的观念，归根结底，是要树立

〔1〕 罗伯特·B. 丹哈特，珍妮特·V. 丹哈特，刘俊生，等. 新公共服务：服务而非掌舵［J］. 中国行政管理，2002（10）：38-44.

〔2〕 罗伯特·B. 丹哈特，珍妮特·V. 丹哈特，刘俊生，等. 新公共服务：服务而非掌舵［J］. 中国行政管理，2002（10）：38-44.

公民至上的意识。其次，“公共利益不是由个人的自我利益聚集而成的，而是产生于一种基于共同价值观的对话。因此，公务员不仅是要对‘顾客’的要求做出回应，而且要集中精力与公民以及在公民之间建立信任与合作关系”〔1〕。

（4）政府服务公众并非简单的责任与义务。

新公共服务理论认为，新公共管理只关注市场造成了责任的简单化。首先，民营化以及试图模仿私营部门的种种努力缩小了政府责任的范围，不能全面反映公共部门多重、重叠的责任途径。其次，新公共管理没有适度地强调公法和民主规范。再次，在新公共管理中，公共行政官员被视为企业家，他们寻找机会来创造私人的合伙关系并且为顾客服务，这种观点过于狭隘，与政府工作实际不符。与此同时，在当今复杂的社会环境下，公务员已经受到并且应该受到包括公共利益、宪法法令、其他机构、其他层次的政府、媒体、职业标准、社区价值观念和价值标准、环境因素、民主规范、公民需要在内的各种制度和标准等复杂因素的综合影响，而且他们应该对这些制度和标准等复杂因素负责。

（5）政府应重视人，而不是只重视生产率。

新公共服务理论认为，将生产力改进系统、过程重塑系统和绩效测量系统视为设计管理系统工具的传统做法，实际上是在试图控制人类行为的理性。从长远的观点看，如果未能充分关注组织成员的价值和利益很可能要失败，同时还会导致对组织成员个体的价值观和利益的漠视。即便这些方法也可能达到某种结果，但却不能培养公民或雇员的责任感、参与意识及热心公益的行为。因此，新公共服务理论十分强调“通过人来进行管理”的重要性。

（6）公民权和公共服务比企业家精神更重要。

新公共服务理论认为，“鼓励公共行政官员像工商企业家一样去思考和行事，会导致一种十分狭隘的目的，即所追求的目标只是在于最大限度地提高生产率和满足顾客的需求，从而诱使他们接受风险和充分利用风险带来的机会。公共行政官员不是他们机构和项目的所有者，政府的所有者是公民”。公共行政官员有责任通过“担当公共资源的管理员，公共组织的监督者，公民权利和民主对话的促进

〔1〕 罗伯特·B. 丹哈特，珍妮特·V. 丹哈特，刘俊生，等. 新公共服务：服务而非掌舵［J］. 中国行政管理，2002（10）：38-44.

者，社区参与的催化剂以及基层领导等角色”来为公民服务。与那些试图将公共资金视为己有的企业管理者相比，乐于为社会做出有意义贡献的公务员和公民更能够促进公共利益。

总而言之，公共管理在理念上不同于私人领域的最大区别在于，它以满足公民的需要和实现公共利益作为其根本的追求。因此，不能用纯粹的管理主义思想、管理技术与管理方法来看待和理解公共管理，也不能仅仅用效益作为公共管理的目标与绩效评价标准。公共管理受各种制度和标准等复杂因素的综合影响，而且公共行政官员应该对这些制度和标准等复杂因素负责。

新公共服务理论提出一种更加关注民主价值与公共利益，更加适合现代公共社会和公共管理实践需要的新的理论选择；吸收了传统公共行政的合理内容，承认新公共管理理论对改进当代公共管理实践所具有的重要价值，但摒弃了新公共管理理论特别是企业家政府理论的固有缺陷；把效率和生产力置于民主、社区、公共利益等更广泛的框架体系中；对传统的公共行政理论和目前占主导地位的管理主义公共行政模式都具有某种替代作用；有助于建立一种以公共协商对话和公共利益为基础的公共服务行政模式。

2. 新公共服务理论对开展政府购买体育公共服务的启示

新公共服务理论肯定了新公共管理理论的基本原则，承认了其在公共管理中的实践价值。新公共服务理论以“服务”和“公平”为核心原则，这也是政府购买体育公共服务的基本目标。政府通过体育公共服务及其产品的供给，可以实现每个社会成员对参与体育活动、提高自身健康水平的民生权利的享有。新公共服务理论定义了政府工作的核心，为政府购买体育公共服务奠定了发展的原则，指明了发展的方向。

二、关于公共服务供给主体多元化的理论

（一）政府失灵理论

1. 政府失灵理论的基本观点

政府失灵，是指个人对公共物品的需求在现代化议制民主政治中得不到很好

的满足，公共部门在提供公共物品时趋向于浪费和滥用资源，致使公共支出规模过大或者效率降低，政府的活动或干预措施缺乏效率，或者说政府做出了降低经济效率的决策或不能实施改善经济效率的决策。

亚当·斯密在《国富论》中论述了追求自己利益的个人被“看不见的手”引导着，不自觉地增进了整个社会的福利，个人利益和社会利益是一致的，市场在“无形的手”的调节下运行顺畅，政府做好“守夜人”的工作就足够了。随后几乎所有的古典经济学家和新古典经济学家都力图使他的理论精确化、规范化。但从西方市场经济发展的历史来看，仅靠市场的力量无法解决公共物品、外部性、垄断和信息不对称等问题，周期性的经济危机导致经济效率降低和社会福利损失表明市场失灵了。1929—1933年世界性经济危机爆发了，凯恩斯主义应运而生。第二次世界大战后，西方国家广泛采取凯恩斯主义政府干预政策的确在一定程度上纠正了市场失灵，国家干预政策从此成了西方国家的重要经济政策，用来克服市场失灵，恢复市场的功能，实现社会福利最大化，即由于市场失灵的存在，才有政府干预调节的必要性[1]。

但是，政府也不是万能的。在力图弥补市场失灵的过程中，政府干预行为本身的局限性导致另一种非市场失灵——政府失灵，即政府采取的立法司法、行政管理及经济等各种手段，在实施过程中出现各种事与愿违的问题和结果，如干预不足或干预过度等，并最终不可避免地导致经济效率降低和社会福利的损失。战后凯恩斯主义政府干预政策在西方盛行二十余年，带来了政府规模膨胀过度、巨额财政赤字、寻租、交易成本增大、社会经济效率低下等问题。20世纪70年代西方国家的滞胀是政府失灵的典型现象。在这一背景下，西方学者在分析政府与市场的关系问题时，改变了重视市场失灵而忽视政府失灵的局面[1]。

政府失灵又称政府失败或政府缺陷，为英文“government failure”一词的中文译文。另外，英文中还有“nonmarket failure”一词，中文译为非市场失灵或非市场失败或非市场缺陷，在有关政府失灵理论中几乎是与前者等同的概念。中国国内的学者一般认为它是萨缪尔逊提出的。对于后一个概念，一般认为是由政策学

---

[1] 李东方．政府失灵的原因及其治理探析［J］．昆明学院学报，2010，32（1）：95-99，104.

者查尔斯·沃尔夫提出的[1]。

政府失灵的提出是有一个发展过程的。一般认为，政府失灵是政府在克服市场失灵或是市场缺陷的过程中所产生的。现代的市场经济是一种混合经济，用查尔斯·沃尔夫的话说“不是纯粹在市场与政府之间的选择，而是经常在两者的不同结合间的选择，以及资源配置的各种方式的不同程度上选择”，或者用韦默和维宁的话说“每个社会都通过个人选择与集体选择的某种组合来生产和分配物品”。也就是说在市场经济的发展过程中，政府总是要发挥其作用。

概括地讲，政府失灵包括以下几种情况。

（1）由于行为能力和其他客观因素制约，政府干预经济活动达不到预期目标；

（2）政府干预经济活动达到了预期目标，但效率低下，或者说成本昂贵，导致资源并未得到充分有效利用；

（3）政府干预经济活动达到了预期目标，也有较高的效率，但都带来了不利的事先未曾预料到的副作用；

（4）某些外部性问题或国际性经济贸易问题，一国政府无能为力，如核利用中的污染问题、国际贸易纠纷问题等[2]。

公共服务产品的特征是非竞争性和非排他性特征。由于缺乏竞争力、缺乏有效监督以及缺乏控制成本的积极性等原因，在公共服务领域，易出现政府失灵，以低效率、寻租等为主要表现形式。若政府包揽所有公共服务，会导致盲目建设、服务成本增加、服务质量降低等现象的发生。政府失灵本质上是由于政府机制的缺失而无法使资源配置达到最佳的形式。因此，公共选择学派对政府失灵提出了两个方向的补救措施：一是“外部转移”，即将一些私人部门能完成的事情交出去；二是“内部改革”，即在政府部门内部引入竞争机制，打破政府对公共服务的垄断。

2. 政府失灵理论对开展政府购买体育公共服务的启示

政府失灵理论揭示了政府机制的缺失引发在提供公共服务中的低效率，促使人们思考更有效的公共服务供给方式。政府购买服务正是应对新挑战的积极探索，

---

〔1〕张建东，高建奕．西方政府失灵理论综述［J］．云南行政学院学报，2006（5）：82-85.

〔2〕陈秀山．政府失灵及其矫正［J］．经济学家，1998（1）：53-59.

它强调对“政府—企业—社会”三元结构在社会福利领域的功能和职责进行重新配置，避免了政府和市场两种资源配置方式的缺陷，实现了三者之间的良性互动。因此，在体育公共服务供给中，将社会力量纳入到体育公共服务供给主体中，以政府向各类社会组织购买相应的体育公共服务成为解决政府在体育公共服务供给方面失灵的一个补救措施。

（二）治理理论

1. 治理理论的基本观点

“治理”（governance）一词并非新名词，词源上，“治理”来源于古希腊文（kybenan）与拉丁文（kybernets），其原意分别是指掌舵（to steer）和引导或操纵（pilot or helmsman）［希腊词根派生于和“控制论”（cybernetics）相同的词根］。治理的过程是一个组织或社会自我“掌舵”的过程，而且这种沟通和控制是这一进程的核心[1]。今天，治理已经成为多数人的共识，这种解决社会、经济和政治问题的制度性前提和战略是发展合作的绝对核心。自从1989年世界银行首次使用“治理危机（governance crisis）”一词以来，“治理”被广泛运用于政府管理研究中，治理理论已经是在经济学、政治学、社会学及法学等社会科学领域均有广泛运用的、有广泛影响的理论视角。同时不断赋予治理（governance）新的含义，以区别于原来与之交叉使用的管理或统治（government）。

治理理论的主要创始人罗西瑙将其定义为一种由共同的目标所支持的一系列活动，这个目标未必出自合法的以及正式规定的职责，而且它也不一定需要强制力量克服挑战而使别人服从。所以治理就是这样一种规则体系：它依赖主体间重要性的程度不亚于对正式颁布的宪法和宪章的依赖。治理主体并非仅仅指向政府，也可能不靠政府的权威予以强制实施，即无政府的治理。罗茨（Rhodes，R. A. W，1996年）详细列举了六种关于治理的不同定义：①作为最小国家的管理活动的治理；②作为公司管理的治理；③作为新公共管理的治理；④作为善治的治理；⑤作为社会控制体系的治理；⑥作为自组织网络的治理。罗茨特别强调治理是指

［1］ 俞可平．治理与善治［M］．北京：社会科学文献出版社，2000.

自组织、组织间网络，并主张这些网络，作为治理结构，补充了市场与官僚制组织，以实现权威性分配的资源及行使控制与协调[1]。

在治理的各种定义中，全球治理委员会的表述具有很大的代表性和权威性。该委员会于1995年发表的《我们的全球伙伴关系》中对治理做出如下界定：治理是或公或私的个人和机构经营管理相同事务的诸多方式的总和。它是使相互冲突或不同的利益得以调和并且采取联合行动的持续的过程。它包括有权迫使人们服从的正式机构和规章制度，以及种种非正式安排，而凡此种种均由人民和机构或者同意，或者认为符合他们的利益而授予其权力。

治理有以下四大特征。

（1）治理不是一套规则条例，也不是一种活动，而是一个过程。

（2）治理的建立不以支配为基础，而以调和为基础。

（3）治理同时涉及公、私部门。

（4）治理并不意味着一种正式制度，而确实有赖于持续的相互作用[2]。

当然，对此也有不同的概括。比如：治理主体的多元化，主体间责任界限的模糊性，主体间权力的互相依赖性和互动性，自主自治的网络体系的建立，政府作用范围及方式的重新界定。总之，治理是一个内容丰富、包容性很强的概念。

治理理论的兴起，绝非人为地制造出一套新口号，是各国政府对经济、政治以及意识形态变化所做出的理论和实践上的回应。在此背景下，以奥斯特罗姆为代表的制度分析学派提出了多中心治理理论。具体地说，单中心意味着政府作为唯一的主体对社会公共事务进行排他性管理；多中心则意味着在社会公共事务的管理过程中，并非只有政府一个主体，而是存在着包括中央政府单位、地方政府单位、政府派生实体、非政府组织、私人机构以及公民个人在内的许多决策中心，它们在一定的规则约束下，以多种形式共同行使主体性权利。这种主体多元、方式多样的公共事务管理体制就是多中心体制[3]。

治理理论主要针对的是市场机制和政府管理之间的协调问题，提出政府、市

---

〔1〕翁士洪，顾丽梅．治理理论：一种调适的新制度主义理论［J］．南京社会科学，2013（7）：49-56.

〔2〕俞可平．治理与善治［M］．北京：社会科学文献出版社，2000.

〔3〕陈广胜．走向善治［M］．杭州：浙江大学出版社，2007.

场和社会等多元主体共同参与的框架。

在政府购买公共服务方面，研究中引述较多的是多中心治理理论和网络治理理论。多中心治理理论主要基于集体行动的逻辑框架讨论了社会中公民自治、自我管理和服务的自主性秩序建构。在多中心的治理秩序中，社会组织作为与政府平等的多元治理主体，实现了政府与市场失灵之下社会公域规则的生产、制度化，并在此基础上实现了公共产品的供给。

网络治理理论更为集中地关注公共服务多元供给主体的合作过程。网络治理是指“一种全新的通过公私部门合作，非营利组织、营利组织等多主体广泛参与提供公共服务的治理模式”[1]。网络治理的人性假定是具有反思理性的复杂人[2]。这一假定认为公共行动者在不确定的社会条件下，不可能获得有关公共问题的所有信息，不可能拥有处理信息的完全能力，也不可能绝对理性地选择。行为主体有着复杂的动机，既有逐利的一面，也有追求社会效用（包括公共利益）的一面。不同行动主体间既有利益分歧，也有共同利益[3]。基于这一假设，参与主体如果要想实现自身的利益，必须通过对话和信息交流来构建合作伙伴关系。各参与主体在合作关系网络中的利益是彼此依存的，因此只有实现利益的均衡，才能克服合作中有限理性的局限和机会主义行为趋向，实现共同的利益。

在网络治理的框架中，治理的含义是政府与社会力量通过面对面的合作方式组成的网状管理系统[3]。网络治理理论认为公、私部门存在相互依存的关系，私营机构可以作为治理的主体，与公共部门分享权力进而实现合作治理的新型关系。网络治理主要有 3 个方面的特征。第一，由多元治理主体所构成的治理结构。网络治理中政府、私人企业、非营利组织以及普通公民都作为平等主体参与到治理过程中。多元主体间关系呈现网络化，每一个主体都是网络的节点，多元主体间的相互关系为平等的合作关系。第二，多样化的治理手段。既存在政府部门的行政管理手段，同时也引入市场机制，采用合同外包、特许协议和私有化等多种形式的第三方服务递送模式。第三，先进的技术保障。先进的信息技术为组织间合作

〔1〕 斯蒂芬·戈德史密斯，威廉·D. 埃格斯. 网络化治理：公共部门的新形态［M］. 孙迎春，译. 北京：北京大学出版社，2008.

〔2〕 陈振明. 公共服务导论［M］. 北京：北京大学出版社，2011.

〔3〕 唐纳德·凯特尔. 权力分享：公共治理与私人市场［M］. 孙迎春，译. 北京：北京大学出版社，2009.

的形式多样化和及时性方面提供了保障。信息技术还用来解决技术变革所带来的公共管理过程中的不确定性和复杂性问题。从 20 世纪末开始，国外公共管理领域已经出现政府利用私人公司和非营利组织来提供公共服务，还有联合若干政府机构和多层级政府共同提供的整体化服务。上述服务模式都可作为网络治理的范例。

2. 治理理论对开展政府购买体育公共服务的启示

治理理论强调多元主体对公共事务的有效治理，提出建立多元参与、共同建设、达于良治的多中心、无缝隙的合作治理网络体系，这就必然要求市场力量与社会力量参与公共服务的供给。

（1）公共治理理论主张建立政府与社会合作的公共管理模式。

治理理论认为治理是各种公共的或私人的机构管理其共同事务的诸多方式的总和。治理是国家与公民社会的合作、政府与非政府组织的合作、公共机构与私人机构的合作、强制与自愿的合作。治理是一个上下互动、全方位互动的管理过程，主要通过合作、协商、伙伴关系、确立认同和共同的目标等方式实施对公共事务的管理。治理理论研究非政府组织、民营组织与公民在治理中的两种作用：一是在整个国家治理中的作用，公民与政府一道形成公共权威，共同治理国家；二是在公共供给中的作用，非政府组织与民营组织参与公共服务的提供。因此，在体育治理中也需建立政府与社会合作的公共管理模式。

（2）多中心治理理论是体育公共服务供给主体多元化的理论基础之一。

多中心治理理论主张建立政府、市场和公民社会相互合作的多中心体制，实现对公共服务的有效供给。购买公共服务的研究主要借鉴了多中心治理理论的部分结论，即公共服务供给主体的多元化，政府、社会组织、企业和公民等均可以作为公共服务的多元供给主体参与到社会治理之中，政府不再是公共服务的单一供给主体。在此基础上，公共服务生产者、提供者和出资者等多元角色从公共服务供给机制中分离出来，这为政府购买体育公共服务过程中供给主体多元化提供了依据。

（3）网络治理理论是体育公共服务供给主体多元化的重要理论基础。

网络治理为公共服务供给的模式提供了新的研究视角，政府与私营部门，特别是其中的非营利部门合作，成为有效供给公共服务的途径之一。政府直接提供的公共服务比例逐渐减少，结果就是产生出一种不断发展的共生关系。政府是非营利组织最大的投资方，反过来，非营利组织又代表政府向公众提供了许多公共服务。网络治理对于绩效的解释，更强调政府与市场和社会之间的良性互动关系的作用，更关注主体间的关系管理。这些理论观点成为体育公共服务供给主体多元化的重要理论基础。

（三）新公共管理理论

1. 新公共管理理论的基本观点

新公共管理理论是20世纪70年代末以来在英国、美国等发达国家兴起的公共管理改革理论。新公共管理理论认为，传统的“理性官僚制”已经难以适应知识经济时代与全球化时代的需要，需要进行根本性、方向性的变革，建立起综合运用政府科层制体系、市场机制、社会自治体系的新型公共服务体制。政府购买公共服务绝不仅是化解政府财政危机与债务风险的临时、救急性措施，而是贯穿于公共管理与治理全过程的一种基本机制，是实现公共管理方向性变革的重要举措。

在基本理念上，新公共管理理论认为，管理是社会发展和经济持续增长的关键因素。运用复杂的信息技术、组织技术、物质形态的商品生产技术来有效地管理劳动力要素，是社会生产力进步的保证。因此，管理又是一项重要的组织功能。管理者必须拥有合理的“权限”。“新公共管理”的信条就是“让管理者来管理”。这是良好管理的基本准则。良好的管理可以消除繁文缛节，高度激励管理人员，促使机构有效运作，发现和消除浪费，将资源集中到关键领域，为国家复兴提供钥匙。通过引进私营部门成功的商业实践，可以在公共部门实现良好的管理。

在具体内涵上，新公共管理理论包括以下几方面。

第一，强调管理的政治性质。公共管理者应当抛弃传统政府管理模式下政治与行政严格分离的教条，正视政府管理中大量存在的政策性行为及其特定的政治环境。在加强政府内部管理的同时，公共管理者必须有能力积极参与政策制定，正确处理与不同部门、组织、大众媒介和公众的关系，树立“顾客”意识，以政治眼光对待公共管理与外部环境的交互作用。

第二，推崇自由化的管理。公共管理人员是高度专业化、通晓管理和掌握信息的个人。政府管理的不良绩效不是因为管理者缺乏能力和不履行职责，而是过

多的程序和规则束缚了管理者的权威和灵活性。因此，管理需要自由化，管理者应该拥有合理充分的权力，做到“让管理者来管理”。

第三，崇尚市场取向的管理。竞争和私营部门管理是市场取向中两个带普遍性的问题。首先，在公共部门内部创立市场竞争机制，通过竞争实现高效率和低成本，以改进政府绩效。其次，将私营部门的管理理念和管理技术应用于公共部门，打破公、私管理之间的界限。

第四，倡导企业家型的领导者。公共管理人员与市场中的理性经济人一样，具有自我利益最大化、逃避责任、机会主义、自我服务、欺诈及导致道德风险的内在倾向。私营管理人员与公共管理人员在管理绩效上的优劣之别，原因不在于自利的人性，而在于管理环境的不同。烦冗的程序规则恶化管理环境，压抑管理者情绪，导致低劣的政府绩效。相反，私营管理能够有效利用管理人员的自利、机会和风险的意识，使他们适应激烈变化的外部环境，容易创造良好的管理绩效。因此，改革的着眼点是设计恰当的制度环境，保证公共管理人员拥有充分合理的权威，并且赋予他们以企业领导者的角色。

新公共管理理论指导下的西方发达资本主义国家的政府改革取得了巨大成效：政府规模缩小，财政危机缓解，信任危机改善，政府管理和公共服务的能力普遍提升。新公共管理作为成功的改革典范，有许多地方值得借鉴[1]。

新公共管理理论是当代西方国家政府改革的主要理论范式。在政府与市场的关系上，新公共管理理论强调私人自由和公共权力之间的分界。这一理论承续了新自由主义对市场的崇拜，其对政府弊端的攻击主要来自与市场所进行的各种比较。新公共管理源于一个基本的经济学观点，即政府具有垄断性、高昂的交易成本以及信息不对称等缺陷，这些缺陷在很大程度上导致了政府的无效率。新公共管理理论推崇管理的自由化和市场化，它倾向于认为公共管理人员是被制度束缚的人，因此，管理过程合理化需要解除规制并进行分权。市场取向的管理有两个基本概念：一是竞争；二是私营部门管理的普遍化。新公共管理假设公共管理者在市场压力下可以提高自身绩效水平，因此，市场竞争机制能够纠正政府的种种弊端，市场还能够为公众提供更多的选择和自由度。

---

〔1〕 黄小勇．新公共管理理论及其借鉴意义［J］．中共中央党校学报，2004（3）：62-65.

唐纳德·凯特尔提出民营化改革浪潮中的“全球公共管理改革”主要集中于6个核心问题。第一，政府怎样才能找到从更小的税基中挤出经费提供更多服务的途径？第二，政府怎样才能利用市场型的激励措施铲除官僚制机构的弊病？怎样才能用市场策略来取代传统官僚体制的“指挥—控制”机制？第三，政府怎样才能利用市场机制为公民提供更多的服务选择？第四，政府怎样才能使项目更具有回应性？政府怎样才能下放职权以便为一线的管理人员提供更强的激励？第五，政府怎样才能改进其设计和追踪政策的能力？政府怎样才能将其作为服务购买者的角色与其在实际提供服务中的角色分离开？第六，政府怎样才能用自下而上的结果驱动型系统来取代自上而下的规则驱动型系统？与核心问题相呼应，新公共管理理论有以下几个中心观点：一是在公共部门中实施专业化管理，管理者承担责任；二是实行绩效管理，确立明确的目标，设定绩效测量标准并且进行严格的绩效测量；三是强调产出控制，相对过程或程序来说，更重视实际成果；四是打破公共部门中的本位主义，对部门进行拆分和重组；五是引入竞争机制；六是强调对私营部门管理方法的吸收和运用；七是强调资源的有效利用和开发。新公共管理理论将市场的激励机制、竞争机制以及绩效评估等管理手段引入到政府公共服务。新公共管理以效率为核心，以降低成本、提高质量为目标，构建了公共服务供给的竞争环境。企业和非营利组织作为服务生产者加以引入，打破了政府供给服务的垄断，奠定了公共服务多元供给机制的理论基础。

新公共管理理论在20世纪后30年的西方国家市场化改革和重塑政府的运动中风靡一时。与此同时，一些学者对于新公共管理理论也提出了尖锐的批评，认为其所倡导的公共企业家精神以及新管理主义的价值观很可能会损害到公平、正义和参与等。基于对新公共管理理论的反思和对公共企业家精神的批评，美国公共行政学者以公民为中心提出了新公共服务的治理理论。新公共服务理论突出强调政府在供给公共服务中的责任和公共精神。尽管新公共管理理论和新公共服务理论存在一定的争论和分歧，但这两个理论都强调公共服务供给中多元主体的作用，为现代的公共治理模式发展做出了理论贡献[1]。

---

〔1〕 王阳亮．政府购买公共服务理论述评与反思［J］．重庆理工大学学报（社会科学版），2017，31（9）：65-70，103.

2. 新公共管理理论对开展政府购买体育公共服务的启示

新公共管理理论的兴起，打开了政府向社会购买公共服务的大门，政府可以向社会组织、企业、其他社会团体等购买公共服务，化解政府管理当中的低效率和高成本问题。这是公共管理具有重大意义的一项变革。

（1）引入竞争机制，重视效率。

“政府失灵论”揭示了“理性官僚制”在提供公共服务中的低效率，促使人们思考更有效的公共服务供给方式。新公共管理理论主张打破“理性官僚制”的神话，打破政府对公共服务生产和供给的垄断，让非政府组织参与公共服务的竞争，通过竞争降低成本、提高效率。在体育公共服务供给过程中，采用政府购买的供给方式，是引入竞争机制、重视效率的一种有效途径。

（2）改革政府职能，重塑政府。

重塑政府理论以政府“掌舵而不是划桨”为基本原则，找到了改造“理性官僚制”的突破口。政府的体育职能不再是执行具体体育事务，而是负责制定体育政策、确定提供体育公共服务的范围、选择提供体育公共服务的主体。除了一些核心的体育公共服务，政府可以让企业、体育社会组织、其他团体等来提供体育公共服务，通过合同外包的形式，提高体育公共服务供给的效率和水平，提高社会公众对体育公共服务的满意度，解决政府供给的低效率和高成本。

（3）转变政府理念，提高绩效。

新公共管理理论主张建立企业家政府和竞争型政府，适当借鉴市场竞争和企业管理的手段与方式，改革公共部门的运作机制。政府购买体育公共服务，可以在公共部门引入竞争机制，促进公共部门与民营部门的竞争，从而提高体育公共服务的质量和效率。

三、关于政府购买公共服务的其他相关理论

（一）委托代理理论

1. 委托代理理论的基本观点

20 世纪 30 年代，美国经济学家伯利和米恩斯因为洞悉企业所有者兼具经营者

的做法存在着极大的弊端，于是提出“委托代理理论”，倡导所有权和经营权分离，企业所有者保留剩余索取权，而将经营权利让渡。委托代理理论早已成为现代公司治理的逻辑起点。

委托代理理论是制度经济学契约理论的主要内容之一，主要研究的委托代理关系是指一个或多个行为主体根据一种明示或隐含的契约，指定、雇用另一些行为主体为其服务，同时授予后者一定的决策权利，并根据后者提供的服务数量和质量对其支付相应的报酬。授权者就是委托人，被授权者就是代理人。

委托代理关系起源于“专业化”的存在。当存在“专业化”时就可能出现一种关系，在这种关系中，代理人由于相对优势而代表委托人行动。现代意义的委托代理的概念最早是由罗斯提出的：“如果当事人双方，其中代理人一方代表委托人一方的利益行使某些决策权，则代理关系就随之产生。”委托代理理论从不同于传统微观经济学的角度来分析企业内部、企业之间的委托代理关系，它在解释一些组织现象时，优于一般的微观经济学。

委托代理理论是过去30多年里契约理论最重要的发展之一。它是20世纪60年代末70年代初一些经济学家深入研究企业内部信息不对称和激励问题发展起来的。委托代理理论的中心任务是研究在利益相冲突和信息不对称的环境下，委托人如何设计最优契约激励代理人。

委托代理理论的主要观点认为：委托代理关系是随着生产力大发展和规模化大生产的出现而产生的。其原因一方面是生产力发展使得分工进一步细化，权利的所有者由于知识、能力和精力的原因不能行使所有的权利了；另一方面是专业化分工产生了一大批具有专业知识的代理人，他们有精力、有能力代理行使好被委托的权利。但在委托代理的关系当中，由于委托人与代理人的效用函数不一样，委托人追求的是自己的财富更多，而代理人追求自己的工资津贴收入、奢侈消费和闲暇时间最大化，这必然导致两者的利益冲突。在没有有效的制度安排下代理人的行为很可能最终损害委托人的利益。而世界——不管是经济领域还是社会领域——都普遍存在委托代理关系。

一般说来，在经济活动中，委托代理理论认为代理人和委托人之间存在着目标的不一致性，他们分别有着不同的目标和利益，代理人从而会采取一些能够使自身的利益最大化但是可能损害委托人的行动。另外，由于他们之间存在着信息

的不对称性，代理人一般都会比委托人掌握更多的信息，因此委托人比较难以监督代理人。因为这两个原因，在委托代理过程中就产生了“代理成本”。

委托人与代理人间的利益冲突和信息不对称在各类组织间，或组织内不同角色的委托代理关系中普遍存在，因此具有广泛的理论意义和实用价值。在传统的代理理论视角下，政府外包公共服务以降低服务供给成本、提高服务供给效率和质量，机构在完全竞争的市场条件下竞标承接服务，并将受到详细设计的合同严格控制，以防止其偏离公益的自利行为。处于委托代理关系中的政府和社会组织，彼此间的初始倾向是不信任的。委托人倾向于制定尽可能详尽的合同以明确规定代理人的权利和义务，从而最大限度地杜绝代理人的投机行为，维护公共责任。

政府作为委托人应如何通过控制管理手段来纠正社会组织利用信息不对称进行的投机行为，如何通过适当引入市场手段来提高公共服务供给的效率，但同时保证公平的服务分配，这些关于问责性的归属和维护的问题都是代理理论框架下需要解释的核心问题。

但众多研究已表明，公共服务外包市场通常只具有不完全竞争性。在政府向社会组织购买公共服务（特别是社会服务）领域，由于情感要素投入难以精确计量，以及服务效果、价值难以确切描述，其不完全性更加突出。德霍格就指出竞争性购买模式需要诸多前置条件，在现实中很难实现。竞争性购买尤其不适用于社会服务、专业服务或研究与发展领域，现实中存在的多为谈判模式和合作模式。由于政府购买公共服务“并不总是那么容易发展或促进竞争”[1]，基于完全市场竞争、形成委托代理关系的传统外包理论遇到了适用性的难题，又逐渐发展出了关系契约（relational contract）理论。关系契约是一种基于未来关系价值的非正式协议。它多以不成文规章的形式出现，广泛存在于各类组织中，可以强烈影响个人或组织行为。关系契约的主要特点是其自我履行机制（self-enforcing contracts），正是因为其标的对第三方而言不可验证或验证所需成本高昂，缔约双方会依赖于自我执行从而保障交易顺利。这种契约常常在开始时只是一个框架，其内容是在实施过程中不断依靠人际沟通技巧来逐步充实并实施的[2]。公共部门之间的关系

[1] 唐纳德·凯尔特．权力共享：公共管理与私人市场［M］．孙迎春，译．北京：北京大学出版社，2009.

[2] 刘东，徐忠爱．关系型契约特殊类别：超市场契约［J］．经济理论与经济管理，2004（9）：54-59.

契约有助于弥补某些正式契约的先天不足，如缔约双方只能在事后观察到交易结果的，通常只能依靠关系契约来保证合作的顺利进行[1]。因此，关系契约相当于在“死板”的合同基础上搭了一个“治理”的框架，将交易中可能出现的具体问题留到后续治理过程中去解决。

对公共服务外包中的政府与社会组织关系，除运用代理理论考察其经济交易特征外，对长期交易过程中的社会化关系考察亦不能忽略。关系契约正是在赢取长期合作关系的预期下形成的，将引导政府和社会组织遵循共同的行为规范，可能影响购买关系中控制权配置方式。“关系社会”中的很多非正式关系无法用正式契约考察，因此厘清正式契约和关系契约的成分，对理解并应用代理理论解释政府与社会组织的关系尤为重要。

2. 委托代理理论对开展政府购买体育公共服务的启示

委托代理理论为政府购买体育公共服务提供了最基本的理论模型，委托代理关系充分解释了政府部门与社会机构的关系，是契约化购买的理论基础。同时，委托代理理论强调委托人与代理人之间的信息对称，强调委托人以最优契约的方式激励代理人，这为政府购买体育公共服务的良性发展与优化提供了理论基础。

（二）交易成本理论

1. 交易成本理论的基本观点

交易成本理论是由诺贝尔经济学奖的获得者科斯所提出，交易成本理论的根本论点在于对企业的本质加以解释。由于经济体系中企业的专业分工与市场价格机能之运作，产生了专业分工的现象；但是使用市场的价格机能的成本相对偏高，从而形成企业机制，它是人类追求经济效率所形成的组织体。

交易成本是指为促成商品交易而产生的成本。若要形成一个强有力的市场，必须满足一些严苛的条件：市场中有大量的买家和卖家，市场主体充分了解产品的行情及消费者的爱好，行为主体能够低成本地进入、退出市场以及交换资源。

[1] 张喆，贾明，万迪昉．不完全契约及关系契约视角下的PPP最优控制权配置探讨［J］．外国经济与管理，2007（8）：24-29，44.

但这种美好的假设是不存在的。信息不对称、未来的不确定性，以及人们的投机行为等种种因素，带来的交易成本很有可能导致市场机制的失败。交易成本是相对于生产成本而言的，是经济系统运转所要付出的代价，它很大程度上影响了行为主体是否发生购买的最终决策。威廉姆森将科斯的研究进一步精细化，他认为，任何能够通过签订契约表达的关系都可以借助交易成本理论进行评价[1]。在公共服务领域引入交易成本的概念，有利于衡量其真实的供给成本。

在公共服务的契约化提供过程中，将交易成本总结分类有利于购买费用的测量与控制。达尔曼（1979 年）认为交易成本包含搜寻信息的成本、协商与决策成本、契约成本、监督成本、执行成本与转换成本，说明了交易成本的形态及基本内涵。简言之，所谓交易成本就是指当交易行为发生时，所随同产生的信息搜寻、条件谈判与交易实施等各项成本。

交易成本的高低直接影响了政府在公共服务的供应上是倾向于购买还是直接生产，毕竟高额的交易成本会导致购买服务的合理性受到质疑。从经济学的角度来说，这是服务供应商期待看到的情况，必须依靠公共管理者自己发现并解决交易成本的问题。

导致购买活动中产生交易成本的原因有很多，主要是由于机会主义与资产专用造成的[2]。机会主义以人的有限理化为前提，指人们在交易行为中会采取某些不正当手段来谋求自身利益的最大化。在政府购买公共服务的活动中，服务供应商可能会利用制度与契约的薄弱环节，隐瞒或制造虚假信息，违背公益宗旨追求自身利益，忽略公共服务应然的受益者。在某些公共服务领域的投资高度专业化，使得这些资产很难灵活地转换成其他经济行为，服务供应商很容易接受垄断性的订单而不必遭受处罚，这将抬高购买成本或降低服务质量。政府为购买公共服务所制定的专用资产预算，使得即使购买契约提前终止或存在任意一方违约的问题，这项专门用途的资金也很难转变其用途。资产专用性与契约相生相伴，为避免履约风险，服务供应商会要求建立长期的契约关系，使政府与社会组织双向依赖。

---

〔1〕 奥利弗·威廉姆森. 资本主义经济制度：论企业签约与市场签约［M］. 段毅才，王伟，译. 北京：商务印书馆，2002.

〔2〕 黄新华. 公共服务合同外包中的交易成本：构成、成因与治理［J］. 学习与实践，2013（6）：71-78.

在投资专用性的影响下，服务供应商会进一步滋长机会主义的动机，导致寻租行为的产生与服务成本的上升，暗箱操作致使整个购买服务机制存在被腐蚀的风险。

1979 年，威廉姆森将交易成本理论进行完善，他提出了交易的 3 个特性，即资产专用性、不确定性和交易频率。上（或下）游组织的资产专用程度越高，市场交易成本越高；上（或下）游组织所处市场的竞争程度越高，组织的资产专用程度越低，从而市场交易成本越低，资源交由市场配置的效率就越高。

从供给成本角度看，政府与社会组织在某一公共服务供给中的成本应当是无明显差异的，更何况政府还具有法律赋予的公共资源的配置权。然而，若将二者放回各自环境中并考虑诸多约束条件时，政府完成一项公共服务供给的机会成本要远远高于社会组织，因为政府还肩负着国家与社会治理的重任，而社会组织进行公共服务供给，几乎不存在机会成本。所以，部分公共服务购买行为是可以节约交易成本的。

交易成本与政府购买公共服务的产生。从科斯交易成本经济学可以看出，随着政府规模的扩大和社会进步，公共服务需求将会不断以超过政府扩张的速度增加，所有的公共服务由政府提供的效率最终会趋于递减，其机会成本会不断上升。另外，考虑到现实环境的多变性，政府在公共服务生产和提供过程中将会因面临情况的多变及公共服务个性化特征而使市场交易成本出现不确定性。除了收益递减以外，政府内部组织公共服务的生产与供给的成本有可能会超过交由社会组织承接的支出。在暂不考虑风险的前提下，公共服务购买策略会成为政府节约财政支出、提高公共服务供给效率的备选方案。从交易成本角度来看，若政府生产提供公共服务的成本比交由社会组织承接的支出高，政府可在权衡成本之后选择通过政府采购的方式交由社会组织承接[1]。

2. 交易成本理论对开展政府购买体育公共服务的启示

（1）从供给成本角度看，部分体育公共服务购买行为是可以节约交易成本的。

（2）从交易成本角度看，政府可在权衡成本之后选择通过政府采购的方式交由企业和体育社会组织承接。

---

〔1〕 王东伟. 政府购买公共服务的理论基础：上［J］. 中国政府采购，2015（8）：79-80.

(3) 基于交易成本这一经济学理论，政府在购买体育公共服务时，需要完善契约责任设计，尽可能充分地考虑项目实施细则、目标绩效、违约责任等，规避风险，提高对交易成本的治理能力与对体育公共服务的供给效率。

(三) 服务型政府理论

1. 服务型政府理论的基本观点

服务型政府理论是我国政府购买公共服务的独特理论基础。

20 世纪 70 年代以来，西方各国掀起了一场行政改革运动，其基本价值导向之一就是实现政府由管制型向服务型转变。服务型政府是由我国学术界和地方政府首先提出并在某些地方试行后被采纳的一个概念，目前已被普遍认可。理论界从各个角度对服务型政府的本质、价值、内涵及建设思路等进行了广泛而深入的探讨，并提出了各种理论和主张。

“服务型政府”这一概念首先是由中国人民大学张康之教授提出的，然后在行政学界得到了广泛认同和逐渐深入的研究。张康之在《限制政府规模的理念》一文中写道：“服务型的政府也就是为人民服务的基本理念和价值追求，政府定位于服务者的角色上，把为社会、为公众服务作为政府存在、运行和发展的基本宗旨。”服务型政府是为全社会服务的政府，不是对某一类人或某一类地区服务，而是公平地对待企业和公民，公平对待不同类型的每个企业和公民，为解决所谓的“先天不足”问题，对“弱势”企业和公民提供特别帮助；以公开的方式运作，接受公众监督；权力不能进入市场，只能让利于民，不以追求利益最大化为目标。发达国家崇尚“管得最少的政府就是最好的政府”的原则很值得借鉴。

服务型政府的内涵应当包含以下内容。

(1) 服务的无限性。服务型政府要求各级政府和官员必须树立“民本位、社会本位”的思想，即人民是国家的主人，政府的权力来自人民的让渡，政府为人民服务是天职，人民利益至上，政府必须全心全意为人民服务，政府的终极目标是实现社会公共利益的最大化。

(2) 职权的有限性。传统的管制型政府是适应计划经济的需要而建立的，因此对市场和社会的介入无孔不入；公共服务是服务型政府的主要体现。服务型政府要求政府职能是有限的，政府要还权于社会，还权于市场，政府主要是做市场和个人不能做、不愿做或做不好的事情，即主要是提供维护性的公共服务和社会性的公共服务。

(3) 运作的法治性。法治是一种通过法律进行社会治理的根本政治制度和管理运作方式。服务型政府强调政府由法律产生、受法律控制、依法律办事、对法律负责，要求政府的服务程序化、规范化[1]。

服务型政府是我国政府管理改革与发展的主要目标。党的十八大报告提出，要建设职能科学、结构优化、廉洁高效、人民满意的服务型政府。服务型政府就是以人为本、全心全意为人民服务、人民满意的政府，为此就要为人民群众提供充足、优质的公共服务，满足人民群众多元化的公共服务需求，这就必然要求采取政府购买公共服务的方式，让市场力量与社会力量参与公共服务的供给。当前，人民群众急剧增长的社会公共需求与政府公共服务供给不足的矛盾是我国政府管理中的突出矛盾。随着我国经济和社会的发展和人民收入水平的提高，社会公众的公共服务需求日益多样化、复杂化，但政府提供公共服务的垄断与低效使其难以满足公共服务需求，因此，变革公共服务提供方式是解决我国公共服务供给不足、加快建设服务型政府的有效途径。通过政府购买服务，可以使政府集中精力提供自身具有优势的公共服务，做好公共服务的政策规划、标准制定、资金预算、绩效管理等方面的工作，提高公共服务的公平性和公正性；同时也可以引入竞争机制，提高公共服务的质量，降低政府行政成本。而且，由社会力量提供的公共服务，也会大大减少政府寻租和腐败的机会，有利于服务型政府的建设。

2. 服务型政府理论对开展政府购买体育公共服务的启示

服务型政府的构建必然要求政府体育职能部门的行为以能够提供高效、高质的体育公共服务，满足人民群众日益增长的体育文化需求为目标。管理即是服务，政府的全部体育职能归根结底就是提供体育公共服务。以此为出发点，当政府直接供给体育公共服务的模式被实践和理论普遍证明无法实现这一目标时，体育公共服务供给模式的转型成为必然。在政府失灵的情况下，必须转投市场，重新定

---

〔1〕 蒲春平．现代服务型政府的内涵及构建［J］．发展，2010（2）：93-94.

位政府在体育公共服务供给中的角色和地位，与社会取长补短，做政府最擅长的事情。在这种模式下，政府实际上仍然居于主导地位，从而保证了人民群众仍然能够均等地享受体育公共服务，进而满足人民的体育文化需求。

总之，无论是公共产品理论、新公共服务理论，还是政府失灵理论、治理理论、新公共管理理论、委托代理理论、交易成本理论以及服务型政府理论，其核心都在于重新界定国家与社会、政府与市场的关系，合理分配角色、优化配置资源，以有效满足人民日益增长的物质文化需要，最终形成既充满活力又和谐有序的社会。

第四章 政府购买体育公共服务的相关主体

政府购买体育公共服务是一项涉及政府与政府、政府与社会、政府与市场等多个主体共同合作的过程。政府购买体育公共服务，遵循和贯彻了公共服务“供给”与“生产”相分离的原则，研究政府购买体育公共服务行为，还需要从各个主体着手，合理分解多重角色，界定各主体的范围，探究各主体的权利和义务关系，对指导政府处理好各利益相关者的关系，解决政府购买体育公共服务过程中的冲突，规范政府购买体育公共服务的行为，促进政府购买体育公共服务良性发展的利益格局至关重要。

第一节 政府购买体育公共服务中“三元主体”的演变逻辑

一、“二元主体”到“三元主体”过渡的动因

传统的公共服务由政府生产并直接提供给公众，只存在政府和社会公众两大主体，政府既是社会服务的生产者也是提供者，社会公众是受益者，是典型的

“二元主体”参与过程。但是政府单一主体的供给机制并不能在最大程度上来满足公众对公共服务数量和质量的不断诉求。为了寻求解决政府供给公共服务效率低下的“良方”，在20世纪80年代，公共管理学领域出现了不少关于政府改革工具的著述，有的学者将公共服务提供主体市场化作为一种政府工具，其中萨拉蒙作为最具代表性的人物，他将政府常用治理工具进行分类并提出公共服务可采取市场化的手段由商业和非营利组织来生产。这标志着人们已将公司企业、民间组织与自然人参与公共服务领域的活动作为政府管理的一种新方法和一项重要工具来实施，以力图突破政府供给公共服务的单一体制。在理论工具选择上，西方的公共治理理论作为对政府失灵进行有效补偿的一种实现机制，它通过积极引入社会中的第三方力量在政府和市场以及社会公众之间搭建起了一种基于话语民主、主体平等和相互合作的集体行为关系状态。公共治理及其创新的思维、制度和体制设计以及实践行动建立了一套与传统公共事务迥然不同的政府管理模式，政府和公众之间在公共服务供给上的“二元主体”关系也逐渐被打破。

进入21世纪以来，公司企业、民间组织与自然人在公共服务领域内的作用得到了越来越普遍的肯定。学者们将它们在公共服务领域内与政府的关系表述为公、私合作伙伴关系。萨瓦斯在《民营化与公私部门的伙伴关系》一书中提出所有公共服务生产提供都可以通过公、私合作伙伴关系来实现，有的公共服务项目通过公私合作伙伴关系会取得更理想的效果。罗伯特·阿格拉诺夫等学者在《协作性公共管理：地方政府新战略》一书中提出，公共组织和非公共组织之间的成功协作通常因为一些基本前提和程序步骤而成功，并且认为协作管理甚至在一些情况下有取代官僚过程的趋势，我们需要进一步将公司企业、民间组织与自然人在公共服务领域内与政府的关系纳入协作治理的范畴进行研究，私人组织和非营利组织应该被看作是政府有效的合作伙伴，并通过契约关系使它们参与到了公共服务的生产过程当中。由于政府外公共服务生产主体的介入，公共服务供给中的“二元主体”向“三元主体”关系转变的趋势日渐明晰。纵观西方发达国家政府购买公共服务的实践，“三元主体”购买模式俨然已经被作为购买关系中的主体制度而存在。与其他国家在购买公共服务的主体制度上的演进路径一样，我国也经历了从“二元主体”向“三元主体”的演进路程。20世纪90年代前，国家在社会生活中特别是公共服务供给中发挥着主要的作用，是典型的无所不包和无所不能的

“大管家”。在这种传统的计划经济体制下，公共服务的供给与消费过程中的主体构成相对简单。一般来说，经常性存在的主要是两个主体，即政府主体和社会公众主体。其中，政府主体承担着多重角色，是公共服务的出资者、生产者、供给者和相关规则的制定、实施、监督和评估者；而社会公众的角色则相对简单，即公共服务的享用者。不可否认，这种以政府为唯一公共服务供给主体的模式在当时也发挥了重要作用，但是随着我国改革开放的深入、人民生活水平的提高，人们对自身利益的诉求日益多元化，很显然，在传统的公共服务供给机制中，政府主体多重角色合一、角色之间混合不清并且缺乏合理性，原来的公共服务“二元主体”模式显然不能满足人们的需要。因此，在新公共管理运动浪潮的影响下，为了缓解公共服务供需矛盾，切实转变政府职能，我国政府开始尝试实践“三元主体”的公共服务供给模式，即改变单一的政府供给格局，将部分公共服务的生产职能交由市场和社会中的机构、组织来承担，通过政府和社会力量的共同合作来提高公共服务的供给质量和效率。从传统的“二元主体”向“三元主体”框架转型是促进政府公共服务良性发展的必需[1]。政府购买公共服务，实际是政府将公共服务的“生产过程”让渡给社会组织，以扩展公共服务范围，提升公共服务效率和质量。

在我国体育公共服务领域，也长期存在着体育公共服务由政府生产并直接提供给公众的现象，举国体制是全能政府特征在体育领域的缩影[2]。政府既是体育公共服务的生产者也是提供者，社会公众是受益者，是典型的“二元主体”参与过程。随着人们对体育需求的不断增加、政府职能的转变、社会组织尤其是体育社会的不断发展，从传统的“二元主体”向“三元主体”的发展成为必然。

二、关于“三元主体”构成要素的理论探讨

萨瓦斯指出，在公、私伙伴关系中，有必要对消费者、生产者和安排者这 3 个

---

〔1〕 毛明明．当代中国政府购买教育服务研究——基于政府战略管理“三角模型”的分析框架［D］．昆明：云南大学，2016：311.

〔2〕 白晋湘．从全能政府到有限政府——市场经济条件下政府体育职能转变的思考［J］．体育科学，2006（5）：7-11.

基本参与主体进行区分：消费者直接享用公共服务，生产者通过组织生产活动向消费者提供服务，安排者指定相应的生产者给消费者生产服务[1]。在我国政府购买公共服务的研究领域，王浦劬等（2010）认为，从政府向社会组织购买公共服务的过程来看，这一过程中有3个基本环节，即公共服务的供给、生产和消费。这3个环节相应地涉及3类主体，即公共服务的供给者、生产者和消费者。运用这3个环节和3类主体，可以构建政府向社会组织购买公共服务的"购买者—承接者—使用者"的三元分析框架[2]。

贾博认为，传统的公共服务提供过程只有政府与公众两个主体，而政府购买公共服务增加了社会力量这个新的主体，这就使原有的双方关系演变为政府、社会力量和公众的3方关系，政府购买公共服务的运行效果在很大程度上取决于3方主体间的关系状况[3]。王冠从理论上划分出了政府购买公共服务3个主要主体，即政府部门、派人单位和接收服务的单位（服务受众），这3个主体之间理想的关系应该是一种互为主体性的，彼此之间处于一种平等的位置和关系之中[4]。顾江霞从利益相关者的视角出发，界定了在政府向社会组织购买服务的过程中与之相关的三大利益团体，分别是不同层级的政府（社会服务监管方）和不同发起背景下的社会服务机构（社会服务供给方）、不同程度的代表服务对象的利益团体（社会服务需求方）[5]。项显生从主体制度的理论视角对当前学术界和各国实践都已接受的政府购买公共服务"三元主体"进行了界定：参与主体为政府、公共服务承接主体和公共服务受益人3类[6]。尽管后来王浦劬等（2016年）又提出了新的观点，认为公共服务提供与生产相分离使得评估成为政府购买公共服务的重要环节和质量保证，为了保证评估的专业性与独立性，第三方组织作为评估者参与

---

〔1〕 E. S. 萨瓦斯．民营化与公私部门的伙伴关系［M］．周志忍，等译．北京：中国人民大学出版社，2002：68.

〔2〕 王浦劬，莱斯特·M. 萨拉蒙．政府向社会组织购买公共服务研究——中国与全球经验分析［M］．北京：北京大学出版社，2010.

〔3〕 贾博．政府购买公共服务中的主体间关系的理论分析［J］．学习论坛，2014（7）：49-52.

〔4〕 王冠．政府购买服务的三元关系探讨［J］．山西师大学报：社会科学版，2011（6）：55-58.

〔5〕 顾江霞．独立与依附：社会工作服务评估的价值观反思——基于H市两个社会评估项目的案例研究［J］．招标与投标，2014（3）：41-46.

〔6〕 项显生．论我国政府购买公共服务主体制度［J］．西北政法大学学报，2014，32（5）：69-77.

公共服务的供给过程，由此形成政府向社会组织购买公共服务的“四元主体”框架，即公共服务的供给者、生产者、消费者和评估者[1]。但政府购买公共服务中购买者—承接者—消费者仍然是目前学术界公认的最基本的“三元主体”。从我国颁布的政府购买公共服务的行政规范性文件来看，均有关于购买公共服务相关主体的规定。中央层面，2012 年民政部、财政部印发《关于政府购买社会工作服务的指导意见》，2013 年国务院办公厅印发《关于政府向社会力量购买服务的指导意见》，2015 年文化部、财政部、新闻出版广电总局、体育总局印发《关于做好政府向社会力量购买公共文化服务工作的意见》界定的政府购买服务主体只有两类：购买主体和承接主体。购买主体是：各级行政机关和参照公务员法管理、具有行政管理职能的事业单位，以及纳入行政编制管理且经费由财政负担的群团组织。承接主体是：依法在民政部门登记成立或经国务院批准免予登记的社会组织，以及依法在工商管理或行业主管部门登记成立的企业、机构等社会力量。地方层面，各地制定的政府购买公共服务法律、规范对主体问题也做出相应的规定，如 2008 年上海市静安区制定了《关于静安区社会组织承接政府购买（新增）公共服务项目资质的规定》、2009 年浙江省宁波市制定的《政府服务外包暂行办法》、2010 年广东省深圳市制定的《推进政府职能和工作事项转移委托工作实施方案》和 2014 年江苏省体育局、江苏省财政厅制定的《江苏省本级向社会组织购买公共体育公共服务暂行办法》等，这些地方政策界定的政府购买公共服务的主体也只有两类：购买主体和承接主体。

目前，无论是国家层面出台的行政规范性文件，还是地方层面出台的行政规范性文件，都只对购买主体与承接主体进行了相应的规定，尚未涉及广大人民群众的主体地位。但是，如果我们对政府购买公共服务的目的和结果进行考察，就会发现政府购买公共服务的目的并不是或主要不是满足政府自身的服务需求，而旨在满足广大人民群众日益增长的公共服务需求。可以说，如果没有广大人民群众作为公共服务需求的主体存在，就不会有政府购买公共服务一说[2]。

---

〔1〕 王浦劬，郝秋笛，等. 政府向社会力量购买公共服务发展研究——基于中英经验的分析［M］. 北京：北京大学出版社，2016：69-144.

〔2〕 邹焕聪. “三元主体”框架下政府购买公共服务的主体地位重构研究［J］. 四川行政学院学报，2016（4）：15-19.

所以说，学术界和我国相关政策对政府购买公共服务的相关主体的界定尽管有所不同，但却没有根本分歧，只是视角范围存在差异而已。政府购买公共服务主体，指的是政府购买公共服务法律关系的主体。法律关系是指根据法律规范所产生的，以法律上的权利义务关系为内容的特殊的社会关系[1]。政府购买公共服务主体，就是与政府购买公共服务活动有法律上权利义务关系的法律上的人（包括自然人、法人和其他组织）。政府购买公共服务是政府将由其直接向社会公众提供的一部分公共服务事项，按照一定的方式和程序，交由具备条件的社会力量承担，并由政府根据服务数量和质量，向承担服务的社会力量支付费用。从字面上来理解，政府购买公共服务活动的环节是“购买”，购买涉及的主体为供给主体和生产主体，也就是政府和承接公共服务生产的社会力量。所以，从狭义的字面上来理解政府购买公共服务法律关系的主体，就是购买主体和承接主体。但是，如果仔细分析政府购买公共服务的内涵，我们会发现，政府购买公共服务行为只是政府购买公共服务内涵的起点和手段，并不是目的和结果。公众有公共服务需求，提供公共服务是政府职能的重要内容，政府购买公共服务的目的是向公众提供公共服务。公众是公共服务的消费者，没有公众对公共服务的需求，政府提供公共服务就没有对象，更加没有意义，政府购买公共服务活动也就没有存在的必要。所以，从广义的内涵中理解政府购买公共服务法律关系的主体，应该包括购买主体、承接主体和消费主体，也就是政府、社会力量和公众[2]。

三、关于“三元主体”构成要素的域外实践考察

从实践的角度看，通过考察美国等较早实行政府购买公共服务制度的国家，可以发现其主体制度大多采用“三元主体”模式，即政府、公共服务的承接主体、公共服务的受众。

政府作为传统的公共服务提供者，其在政府购买公共服务中的主体地位尤为重要。各国法律对此都有专门的规定，并设立了相应的管理部门。如美国的联邦

〔1〕 苏晓宏．法理学原理［M］．北京：法律出版社，2013：74.

〔2〕 何平，吴楠．政府购买公共服务法律规制研究［M］．合肥：合肥工业大学出版社，2014：124-134.

会计总署、行政管理与预算局以及联邦事务总局，新西兰的公共服务管理委员，韩国财政经济部的“采购厅”等都是政府为履行购买职责而设立的专门政府管理部门。在英国，“体育英格兰”在协调国家层面的各个伙伴的工作中起领导作用，负责所有国家层面的供给伙伴在整个公共体育服务供给体系中或通过整个公共体育服务供给体系进行有效的工作[1]。政府购买公共体育服务是一项工作量大、任务重和管理复杂的项目，所以，发达国家成立了专门的管理部门负责政府购买公共服务。原因有：①政府购买公共体育服务需要很多的专业知识，尤其是绩效评估和管理专门的合同等，政府原有的机构没有能力胜任这项任务；②实践活动中政府发现，如果没有专门的管理机构会使政府发布的购买内容出现重复，容易造成政府公共资源浪费；③随着政府购买公共体育服务的内容增多，政府迫切需要一个专门的管理机构[2]。

作为政府购买公共服务的政府管理部门，不管其名称和作用如何，各国法律都为其设立了相似的权利、义务或职责。如美国在 2005 年的《政府购买规则》(*Federal Acquisition Regulations*) 中就对政府主体职责做出了有代表性的规定。该规则 1.102 条（b）规定其基本目标之一就是“为消费者提供高效、优质、及时的产品与服务”“促进竞争”与“实现公共政策目标”。1.102-4 条款规定：“（a）政府有权在其职责范围内做出购买决定，包括按照该指导规则进行合同事宜的选择、谈判与管理。特别是，主管具体合同的官员具有在法律与实践可能的最大限度内决定规则、规范与政策的适用的权力。（b）在法律范围内，这种做出决定的权力及其责信应授达系统的最底层。（c）各主体应做好执行其分配的义务与功能的准备。为了保持并提高其知识、技术与能力，政府有义务为所有购买公共服务的政府参与部门提供训练、专业发展及其他必需的资源。（d）政府应协调好与订约人的关系以履行其对纳税人的最高职责。”1.201-1 条规定：“民用政府购买委员会负责制定、修改并发布政府购买规则。委员会成员由各部门委派人员组成，分别全权代表各自部门。”1.601 条规定：“除其他条款中有特别规定外，各部门的领导

---

〔1〕 陈丛刊，卢文云，陈宁．英国公共体育服务供给体系建设的经验与启示［J］．成都体育学院学报，2012，38（1）：28-32.

〔2〕 朱毅然．发达国家政府购买公共体育服务的经验及启示［J］．天津体育学院学报，2014，29（4）：290-295.

负责就审定的公共服务签订合同，他们可以从事建立合同关系活动并享有广泛的权力以管理部门的合同职责。只有签约官才有权代表政府谈判并签署公共服务购买合同。”从美国的规定以及各国的实践可以看出，政府主体在公共服务购买活动中的职责主要包括3类：管理职责、对公共服务受益人的职责与对公共服务承接主体的职责。管理职责包括制定相关法规、促进竞争与实现公共政策目标等。对公共服务受益人的职责在于最终必须为纳税人及时提供低成本、高质量的公共服务。对公共服务承接主体的职责主要体现为与购买合同相关的权利义务，包括订约、合同管理、守约等。

在政府购买公共服务的承接主体中，各国法律大多规定了公司企业、民间组织与自然人。承接主体按组织性可分为营利组织与非营利组织。非营性组织即民间组织，是指不以营利为目的而为民众提供教育、医疗、卫生、康复、技术咨询等公共服务的社团等组织体，类似于我国的社会组织或事业单位。在我国，社会组织主要由登记注册于民政部门的社会团体、基金会、民办非企业单位3类组成，它们活跃于城乡基层间，是公共服务不可或缺的社会力量。事业单位是具有中国特色的社会服务载体，是指由国家利用国有资产举办的，为了社会公益目的而从事教育、科技、文化、卫生等活动的社会服务组织。大部分国家都将以营利为目的的各种经济组织纳入公共服务承接主体范畴。营利组织的营利特质和竞争体系所带来的效果正好与政府购买公共服务的宗旨相吻合——减缩成本、节省开支、提高效率、提升品质。关于自然人的公共服务承接主体资格问题，存在两种截然相反的观点。反对者认为，在政府购买公共服务中，如果政府与自然人签订了劳务合同，则他们之间的关系应属雇佣关系，故自然人不宜纳入承接主体范围。赞同者认为，这种观点没有分清楚政府的内部管理或人事关系与外部合同关系，只要自然人与政府机构不存在人事上的隶属关系或其他可能产生利益冲突的类似关系，其成为政府购买服务的承接主体应无障碍。

各类主体的权利、义务边界不同。权利、义务是主体利益诉求的具体化和法律化。不同主体在政府购买公共服务中的角色不同，享受的权利、义务也就不同，甚至还不平等。政府重在监督，重在履行提供公共服务的义务；承接主体重在生产公共服务，其间既有义务的履行又有相应的合同权利；受益人是权利享受者，很少或不承担义务[1]。

当前学术界和各国实践都已接受政府购买公共服务“三元主体”界定，即参与主体为政府、公共服务承接主体和公共服务受众3类。之所以这么界定，除了上述历史实践的发展必然外，也基于与界定任何法律主体相似的前提，即看其是否具有相应的权利能力问题。同理，政府购买公共服务主体的界定也必须以是否能够独立地完成任务，即享有相应的权利并承担相应的义务为前提。

四、政府购买体育公共服务“三元主体”要素构成

同样，政府购买体育公共服务活动也涉及3个基本环节，即体育公共服务的供给、生产和消费，与之对应的作用主体分别是体育公共服务购买主体、承接主体和消费主体。

政府、体育社会组织和社会公众作为购买活动中三大作用主体的现实载体，它们共同在政府购买体育公共服务中构成了“三元主体”关系的分析框架。

（一）购买主体

通过职能分解、转移、委托和授权，政府从体育公共服务的出资者、供给者、生产者、监督者合一的主体转变为体育公共服务的出资者和生产监督者。

（二）承接主体

承接主体主要包括体育社会组织、企业和其他机构等，其角色和职能是生产、制造和供给体育公共服务。在《国务院办公厅关于政府向社会力量购买服务的指导意见》中使用“社会力量”这一名称统指各类承接主体。

由于本研究的关注重点是政府向体育社会组织购买体育公共服务的过程，因此，本研究中的体育公共服务生产者（承接主体），主要是指体育社会组织。体育社会组织是政府购买体育公共服务的重要参与者，在政府购买体育公共服务体系中处于中心环节，是政府购买体育公共服务项目的申请者和具体实施者，联系着

---

〔1〕 项显生．论我国政府购买公共服务主体制度［J］．西北政法大学学报，2014，32（5）：69-77.

政府和社会公众。体育社会组织作为非营利组织，历来是各个国家体育公共服务供给中的主要主体，发达国家体育非营利组织在体育公共服务供给中发挥了非常重要的作用，承担了大部分体育公共服务职能，为各国体育公共服务的发展做出了较大的贡献[1]。

（三）消费主体

消费主体主要是社会公众，其角色是体育公共服务的法定享用者。

因此，作为购买主体的政府、承接主体的体育社会组织以及消费主体的社会公众构成政府购买体育公共服务的“三元主体”。

第二节 政府购买体育公共服务中的“三元主体”

政府购买体育公共服务的主体结构，体现为体育公共服务的购买主体、体育公共服务的承接主体和体育公共服务的消费主体及其互动关系，主要包括两方面内容，即主体范围和各主体的权利义务。

一、体育公共服务的购买主体——政府

政府购买体育公共服务的购买主体与政府购买体育公共服务主体并非一个概念。前者是指在购买体育公共服务中实施购买行为的主体，而后者则是指参与整个购买服务过程的行为主体。在政府购买体育公共服务的供给方式下，明确购买主体范围，即政府范围及其角色定位至关重要。

---

〔1〕 刘玉．发达国家体育公共服务社会化改革经验及启示［J］．西安体育学院学报，2011，28（3）：294-300，325.

（一）购买主体范围的界定

1. 从学理层面看

在现有文献中，有关政府购买服务主体的研究较多，且存在“一元论”“二元论”“三元论”“四元论”等不同观点[1]，但有关政府购买服务的购买主体的观点则基本趋于一致，大多数文献认定政府是天然的购买主体，但大多都点到为止，并未对其做深入分析[2][3]。

政府购买体育公共服务的主体是政府，但由于政府本身的含义较为丰富，在不同场合人们对政府的理解也并不完全相同，因而造成对政府购买体育公共服务主体范围界定的困难。从语义上理解，广义的政府是指拥有公共权力从事公共事务的所有公共机关，包括立法机关、司法机关、行政机关和其他一切国家政权机关，都统称为政府。狭义上的政府，仅指一个国家的中央和地方的行政机关[4]。《中华人民共和国宪法》中的人民政府就是指各级行政机关，属于狭义的政府概念范畴；而在实践中，中文中的政府常又泛指具有公共权力、履行公共职能的所有机构。在我国，政府既包括立法机关、行政机关和司法机关，也包括党的机关、群团组织（工会、共青团、妇联等）以及具有一定行政管理职能的事业单位[5]。

2. 从政策层面看

近年来，为了推动政府购买公共服务，从中央到地方都颁布了一系列政策文件，而有关购买主体的分歧主要存在于中央政策层面，并且主要体现在对“政府”一词的把握上。

目前，中央在政府购买服务领域的4个最为重要的政策法规中，有关购买主体

[1] 刘明慧，常晋．政府购买公共服务主体：职责界定、制约因素与政策建议［J］．宏观经济研究，2015（11）：3-13，71.

[2] 王浦劬．政府向社会力量购买公共服务的改革意蕴论析［J］．吉林大学社会科学学报，2015，55（4）：78-89，250.

[3] 徐家良，赵挺．政府购买公共服务的现实困境与路径创新：上海的实践［J］．中国行政管理，2013（8）：26-30，98.

[4] 中国大百科全书编辑委员会．中国大百科全书：政治卷［M］．北京：中国大百科全书出版社，1992.

[5] 句华．政府购买服务与事业单位改革衔接机制研究［M］．北京：人民出版社，2017：42.

的规定各不相同。其中，2002 年颁布及 2014 年修订的《中华人民共和国政府采购法》规定政府采购的采购人是国家机关、事业单位、团体组织。这一行文方式并未着意区分 3 种机构的主体地位，大致倾向于从实践中来理解政府，因为国家机关类似于广义的政府[1]，所不同的是未将党的机关列入；而其余 3 个政策文件则更是倾向于从狭义的角度来理解政府，在文字表述上均强调各级行政机关是天然的购买主体，但尊重政府在实践中约定俗成的用法，允许相关的党的机关、群团组织作为购买主体参照政策规定购买服务。例如：2013 年《国务院办公厅关于政府向社会力量购买服务的指导意见》规定，政府向社会力量购买服务的主体是各级行政机关和参照公务员法管理、具有行政管理职能的事业单位；纳入行政编制管理且经费由财政负担的群团组织，也可根据实际需要，通过购买服务方式提供公共服务。2014 年《政府购买服务管理办法（暂行）》规定，购买主体是各级行政机关和具有行政管理职能的事业单位、党的机关、纳入行政编制管理且经费由财政负担的群团组织向社会提供的公共服务以及履职服务，可以根据实际需要，按照本办法规定实施购买服务。2015 年，国务院转发的文化部、财政部、新闻出版广电总局、体育总局《关于做好政府向社会力量购买公共文化服务工作的意见》规定，政府向社会力量购买公共文化服务的主体是承担提供公共文化与体育公共服务的各级行政机关，纳入行政编制管理且经费由财政负担的文化与体育群团组织，也可根据实际需要，通过购买服务方式提供公共文化服务，并未明确提及事业单位。

但在地方政策层面，政府购买体育公共服务的主体是包括部分体育事业单位的。例如：2014 年江苏省体育局、江苏省财政厅颁布的《江苏省本级向社会组织购买公共体育公共服务暂行办法》规定，向社会组织购买公共体育公共服务的主体（以下简称购买主体）是省体育局及其承担行政管理职能或公益服务职能的直属事业单位。2015 年，常州市体育局与市财政局颁布的《常州市关于购买公共体育公共服务的实施办法（暂行）》规定，政府向社会力量购买公共体育公共服务的主体是市级体育行政部门和参照公务员法管理、具有行政管理职能的事业单位。这些地方政策中都非常明确地规定政府购买体育公共服务的主体除体育行政部门

---

〔1〕 王惠岩．政治学原理［M］．长春：吉林大学出版社，1989：280-290.

外还有部分体育事业单位。

尽管中央政策中关于政府购买主体的范围有所差异，但共同之处是有关政府购买的主体并不仅仅限于政府机关或国家行政机关。“政府购买”这个词强调的是使用国家财政性资金购买，至于购买主体可能是国家行政机关，也可能是其他主体。在我国，承担社会管理与公共服务职能的，还有党委下属的政法、综合治理等部门，有工会、共青团、妇联等群团组织，以及一些承担行政管理职能的事业单位，它们都归属于财政预算管理范畴，并承担大量的具体的社会管理与服务工作，也是政府购买服务的重要主体。为了方便称呼，我们往往将这些主体行为统一简化，称之为政府购买服务。但若在操作层面，将购买服务的主体限制为行政机关，将大大缩减政府购买服务的范围与空间，政府购买服务的功能与作用也将大打折扣[1]。

从上述政策规定来看，购买主体大致具有以下特征：①纳入行政编制管理；②承担行政管理职能或公共服务职能；③经费由财政负担。这与政府购买公共服务的理念相互契合，凸显了政府购买公共服务在缓解财政压力、弥补公共服务供给缺漏上的作用。纳入行政编制管理以及经费由财政负担是政府的基本特征，财政支持范围内的公共服务供给项目是政府所购买公共服务的应然范围。

（二）购买主体的具体范围

政府购买体育公共服务虽然很明确地强调了政府作为购买体育公共服务的购买主体，但就其自身结构而言，政府本身就是一个存在多层结构的运行体系，在政府购买活动中会涉及多个政府部门。一般可将政府结构按纵向与横向两个角度划分，纵向层次规范的是组织成员或机构之间的隶属关系，横向层次是指同一层次上不同的机构或部门之间的协作关系[2]。在政府购买体育公共服务过程中，就会涉及不同层级政府部门和同层级政府不同职能部门等多个购买主体。

从纵向层次看，我国政府可划分为不同的层级。目前，我国政府层级以五级制为主，即中央政府—省级政府—地级政府—县级政府—乡镇政府，分为中央和

---

〔1〕马俊达，冯君懿．政府购买服务问题研究：上［J］．中国政府采购，2011（6）：64-66.

〔2〕中国行政管理学会．政府层级管理［M］．北京：人民出版社，2009：13.

地方两大层次。相应的我国体育行政机构也分为中央和地方两大层次。中央一级即指国家体育总局；地方的层次划分因各省、市自治区政府的层级建制不同而有所区别，一般实行三级制，即省、自治区、市体育局—市（州）体育局—县区市体育局（或文体局）[1]。不同层级的政府本身是既相关又相对独立的利益主体，因而在购买体育公共服务的过程中都属于购买主体。

从横向层次看，在同一层级政府中还存在着不同的职能部门，政府购买体育公共服务，本质上是财政性资金的市场性支付，由此，政府通过改变体育公共服务的提供方式，提升财政资金的有效利用。因此，购买体育公共服务的体育职能部门、财政部门、监督部门以及民政部门、工商部门等，都属于体育公共服务的购买者，它们统一构成购买主体。

因此，政府购买体育公共服务的主体包括各层级政府及其体育、财政、监督以及民政、工商等职能部门。（图 4-1）

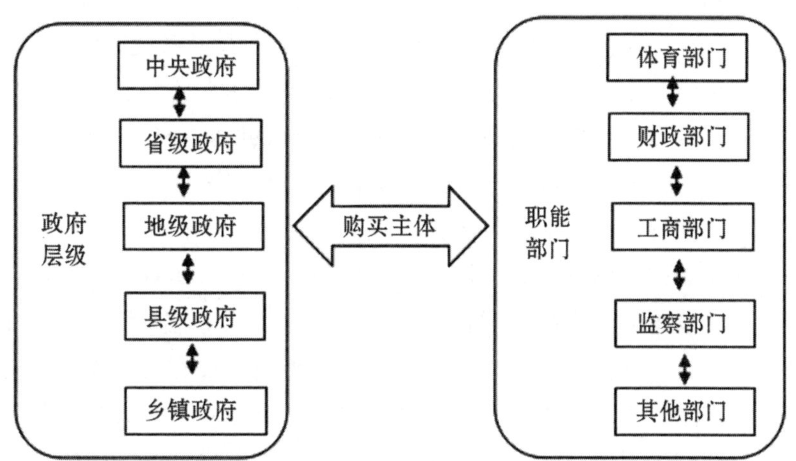

图 4-1　政府购买体育公共服务的主体

需要明确的是，尽管政府购买体育公共服务中有多个购买主体，但体育职能部门是最主要的购买主体，其中各级体育行政机关又是购买主体的核心部分（责

〔1〕 刘青．政府体育事业职能界定［M］．成都：电子科技大学出版社，2004：33.

任主体），在政府购买体育公共服务中始终占据主导地位。《中华人民共和国体育法》第 4 条规定，国务院体育行政部门主管全国体育工作；地方各级人民政府的体育行政部门主管本行政区域的体育工作。各级体育行政部门是国家机构中最为关键的部分，体育行政机关一直是体育公共服务的主要管理者。

但在体育职能部门中，体育行政部门是否是唯一的购买主体呢？根据《关于做好政府向社会力量购买公共文化服务工作的意见》的规定以及我国体育管理的实际情况看，购买体育公共服务的主体有各级行政部门，但不仅限于这些使用国家行政编制、经费由财政承担的机关单位，承担体育公共管理和体育公共服务职能的还有行使行政管理职能或公益服务职能，经费由财政保障的体育事业单位以及纳入行政编制管理、经费由财政承担的群团组织（工、青、妇等）中的体育职能部门，它们都归属于财政预算管理范畴，并承担大量的具体的体育管理与服务工作，这些组织也是政府购买体育公共服务的重要主体。具体包括体育行政机关、体育事业单位和群团组织。

体育行政机关：体育行政机关主要包括国家体育总局及各地方体育行政部门。

体育事业单位：体育事业单位其实质也就是提供体育公共服务。国家体育总局颁布的《关于体育事业单位岗位设置管理的指导意见》指出：体育事业单位是为了发展体育事业，由国家机关举办或者其他组织利用国有资产举办的社会服务组织，是具有中国特色的社会服务载体，主要包括体育项目管理中心、体育竞赛管理中心、体育场馆、体育中心、体育运动学校等。国家体育总局网站显示，国家体育总局直属事业单位共有 443 家，包括项目中心、训练基地、科研单位、新闻单位、高等院校等。在我国，体育事业单位也能够成为政府购买体育公共服务的购买主体，但实际上并不是所有的体育事业单位都能够具有购买体育公共服务的资格，只有行使行政管理职能或公益服务职能，经费由财政保障的体育事业单位才能纳入政府购买体育公共服务的主体范畴，即由国家机关举办或其他组织利用国有资产举办的事业单位才可以成为承接主体。2012 年 4 月 16 日，中共中央、国务院《关于分类推进事业单位改革的指导意见》的发布，重新确定了事业单位的分类，其中提出："在清理规范基础上，按照社会功能将现有事业单位划分为承担行政职能、从事生产经营活动和从事公益服务 3 个类别。对承担行政职能的，逐步将其行政职能划归行政机构或转为行政机构；对从事生产经营活动的，逐步将其转为企业。”按照上述所规定的事业单位的划分方法，体育事业单位也按照社会功能将现有事业单位划分为承担行政职能、从事生产经营活动和从事公益服务三个类别，即可分为行政性体育事业单位、营利性体育事业单位以及公益性体育事业单位，体现出政事分开、事企分开和管办分离。从对体育事业实行管理和服务两种功能来说，行政性体育事业单位主要承担政府机关剥离出来的管理职能，营利性体育事业单位以及公益性体育事业单位主要承担服务职能。从提供体育公共服务的角度分析，这 3 种类型的体育事业单位都是供给主体，只不过在提供公共服务时的方式、模式不同。但是从政府购买体育公共服务的角度分析，承担管理职能的行政性体育事业单位可作为购买主体，承担服务职能的营利性体育事业单位以及公益性体育事业单位可作为承接主体。

群团组织：群团组织包括人民团体和群众团体。2006 年中组部、人事部（后并入人力资源和社会保障部）联合印发《工会、共青团、妇联等人民团体和群众团体机关参照〈中华人民共和国公务员法〉管理的意见》中指出，“工会、共青团、妇联等使用行政编制或由中央机构编制部门直接管理机构编制的人民团体和群众团体机关参照公务员法进行管理”“工会、共青团、妇联等人民团体和群众团体，是党和政府联系广大群众的桥梁和纽带”，并列出了一份包括 21 个中央层面的人民团体和群众团体的大名单。群团组织承担着开展本系统体育工作的责任，为此，一些群团组织还设置了专门的体育工作机构，如中华全国总工会中的卫生体育工作部、中国共产主义青年团中央委员会的宣传部文体处、中国残疾人联合会的体育部等，这些群团组织在动员和组织本系统人群参加体育活动，配合其他部门、社会组织开展体育工作方面发挥着积极的作用，这些纳入行政编制管理且经费由财政负担的群团组织也是购买体育公共服务的主体之一。

（三）购买主体的主要职责

对于不同层级的政府，不论是纵向层次还是横向层次，都需要在不同层级的政府机构或部门之间明确各自在政府购买体育公共服务中的职责范围、确定各购买主体的关系及分工。

1. 不同层级政府的职责

从纵向结构看，由于不同层级的政府资源背景、权力权限、管理范围、服务对象存在较大差异，并且，不同层级的政府本身就是既相关又相对独立的利益主体。从中央政府和地方政府两个层次来看，在购买体育公共服务的过程中不同层次的政府实际扮演着不同的角色，承担着不同的职责。

(1) 中央政府的职责。

在政府购买体育公共服务过程中，从理论上讲，中央政府应当购买具有全国性质的体育公共服务，而地方政府购买的是具有地方性质的体育公共服务。但是，中央政府除承担购买全国性的体育公共服务外，还具有转移支付和法律规范性责任。

作为政府购买体育公共服务制度的顶层设计者，中央政府以及相应的体育事业管理行政机构——国家体育总局，在购买体育公共服务中的具体职责是：其一，从制度层面为政府购买体育公共服务建立相应的制度架构，确立基本购买原则，为各级地方政府实际的政府购买体育公共服务行为提供相应的指导性依据。其中，主要是制定规范购买过程的法律法规，以明确谁来买、买什么和怎么买，使得购买服务有章有法可循。具体而言，需要通过法律法规明确购买服务的指导思想、基本原则、目标任务和总体要求；通过法律法规规范预算编审，加强政府购买服务的资金管理；以法律法规划定合理的购买范围，确定购买服务项目清单和优先顺序；按照不同的购买方式制定购买程序，保证制度实施的有效性。在制定相关法规的基础上，政府的角色更加重要的是督促这些法规得到贯彻实施，维护这些法规不致遭到扭曲和破坏。其二，鉴于地方的经济和财力差异，中央政府还应通过转移支付，支持中西部地区的政府购买体育公共服务。

为了执行全国性的体育政策，我国建立了一个广泛的权力和职能的授权制度，中央一级的体育职能部门授权给各省市的体育职能部门，依靠各省市体育职能部门而履行各省市的体育公共服务供给职能。中央一级的体育职能部门扮演了更多的规划职能，如通过五年一度的体育发展规划的制定，统领包括体育公共服务在内的各项体育事业。虽然中央政府一级相应的体育职能部门较大程度地发挥了整合与引导体育公共服务发展的职能，但在政府购买体育公共服务的具体实践过程中，各级地方政府才是政府购买体育公共服务的真正实施主体。较多的体育公共服务实际是由地方政府出资的。包括农民健身工程在内的一系列惠及民众的体育公共服务，中央一级政府的体育职能部门在投入了引导资金之后，较大程度仍然依靠省市、区县等各级政府来凑集剩余资金。以“十一五”期间全国农民体育建设工程为例，“十一五”期间，全国农民健身工程共投入约118亿元，其中，中央投入资金12.4亿元，占总投入资金的10.5%；各省级政府投入资金19.3亿元，地、市政府投入资金7.7亿元，县级政府投入资金33.3亿元，分别占总投入资金的16.4%、6.6%、28.2%；乡镇及社会资金达45.3亿元，占总投入资金的38.3%。可见，从公共体育资金的投放来看，基层政府扮演了至关重要的角色。

（2）地方政府的职责。

其一，组织实施购买地方体育公共服务。在购买体育公共服务时，地方政府要结合自身区域的特点，确定地方购买体育公共服务的种类、数量等，此外，要严格遵守中央政府制定的体育公共服务购买的方式和相关的法规、政策。按照法律规定的方式、流程选择体育公共服务的生产者。其二，对地方体育公共服务的生产者实施监督管理。严格监督购买体育公共服务的质量和数量，由于信息不对称，地方政府在监督时要依靠多方力量，如社会公众、媒体、中介机构、专家等，确保购买体育公共服务的质量和数量符合要求。

2. 同层级政府不同部门的职责

对于同一层级政府中的不同职能部门在政府购买体育公共服务活动中所扮演的角色是不一样的。政府购买体育公共服务的主要业务推进部门虽然是体育职能部门，但由于政府购买体育公共服务涉及价格、市场、监管、审计、安保等多个领域的业务，而这又不是单独的体育行政部门、体育事业单位等所能完成的，还需要各职能部门的相互配合来共同完成购买活动。财政部门、监察部门以及民政、工商等各职能部门在政府购买过程中承担着不同的职责。综合中央及地方的相关政策规定，当前各类政府部门在购买体育公共服务上的职责分工如表4-1所示。

表4-1　政府部门及其职责分工

部门	职责
财政部门	统筹监督工作：建立健全政府购买服务制度，监督、指导各类购买主体依法开展购买服务工作，做好政府购买体育公共服务的资金管理、监督检查和绩效评价等工作

续表

部门	职责
民政、工商部门	各司其职，协助体育公共服务购买的顺利进行；按照职责分工，将承接政府购买行为纳入年检、评估、执法等监督体系；社会组织登记管理机关负责核实体育社会组织的资质及相关条件；向购买主体提供体育社会组织名录
监督部门	监察、审计部门负责对政府购买体育公共服务工作和资金使用情况进行监督、审计
体育部门	负责购买体育公共服务的具体组织实施，建立健全内部监督管理制度，公开本部门经批准的政府购买体育公共服务事项，对承接主体提供的服务进行跟踪监督、在项目完成后组织考核评估和验收

政府购买体育公共服务需要各职能部门共同协作完成，其中，财政部门的作用尤为重要。在实践中，政府购买体育公共服务推行的掣肘之处也往往在于财政预算这一环节。近年来，财政部门对于政府购买公共服务也是关注有加。自 2007 年以来，财政部共单独或联合发文 5 次，就政府购买公共服务做出规定，相关内容遍及政府购买公共服务的各个方面。特别是，2014 年 4 月 14 日，财政部对政府购买公共服务的预算管理问题做出规定，进一步扫清了项目实施过程中的首要障碍。据其规定，财政部门要“妥善安排购买服务所需资金、健全购买服务预算管理体系、强化购买服务预算执行监控、推进购买服务预算信息公开、实施购买服务预算绩效评价、严格购买服务资金监督检查”。又如，在购买范围的确定上，近年来有些省、市的财政部门已经主导出台购买指导体育服务目录，如 2016 年《黑龙江省体育局政府购买服务项目指导性目录（试行）》、苏州市《2016 年政府购买公共体育服务项目目录》等。民政部门除了组织职责范围内的政府购买公共服务活动，还承担了提供具备资质的社会组织名录的责任。事实上，随着 2010 年《社会组织评估管理办法》的颁布以及 2011 年各类社会组织评估指标的出台，我国部分省、市也开始尝试建立了制度化的体育社会组织评估制度。如 2011 年江苏省民政厅、省体育局印发的《江苏省体育类社会团体评估办法（试行）》中将体育类社会团体评估结果分为五个等级，由高至低依次为 5A 级、4A 级、3A 级、2A 级和

1A 级。体育类社会团体评估等级有效期为 3 年。获得 3A 级以上（含 3A 级）的体育类社会团体，可以优先获得政府职能转移、政府购买服务资格，可以优先获得政府奖励。被评估单位在开展活动和对外宣传时，可以出示等级证书，作为本单位的信誉证明等。为配合政府购买体育公共服务的有效实施，初步编制并明确了第一批具有资质条件承接政府转移职能和购买服务的体育社会组织。

值得注意的是，在政府购买体育公共服务过程中，体育行政机构与我国工、青、妇等系统中体育工作机构的关系主要是协调和指导关系。这些系统的体育公共服务购买主要由其所辖系统及体育工作机构负责。

（四）政府参与购买体育公共服务的基本情况

如前所述，体育行政机关、体育事业单位、群团组织都可以成为体育公共服务的购买者，但在实践中，政府购买体育公共服务的工作一般由体育行政部门统筹安排，体育社会组织直接或间接向有关部门申报项目。

目前，我国政府向社会购买体育公共服务还处于探索阶段，部分省、市已经开始尝试实践政府向社会购买体育公共服务的建设，取得了一些进展。从政府的角度来看，具体表现为政府购买意识增强和购买制度的初步建立。

1. 政府购买意识增强，一些地方开始探索各种内容的政府购买活动

目前，各级地方政府尤其是经济发展较快的城市和沿海发达城市的地方政府，政府购买的意识较强，不断进行政府购买体育公共服务实践的探索。如：北京市政府积极转变观念，为了城乡体育的更好发展，积极采取政府购买公共服务的方式，在投入资金的同时，创建体育生活化社区以及体育特色村，并进行推广试验，为政府购买提供宝贵经验。此外，加大人员培训力度，为社区群众提供方便快捷的技术指导服务。在江苏，国家体育总局和江苏省签署协议共建体育公共服务“试验田”，在江苏省建设体育公共服务体系示范区，从而进行探索示范，促进体育公共服务的建设。西安市为加强体育公共服务设施的建设，在“十一五”期间，不断加大投入，加强体育场馆、器材数量、社区基础设施的建设以及社区指导员的培训，使得健身人数不断提高。随着群众日益高涨的健身需求，各省都在不断探索，而广州市为了满足群众需求，在二沙岛探索建设体育公园，设有老人、成

人和儿童活动区域。另外，上海市为了给居民带来更多的方便，修建了大量的健身设施，湖南、湖北也开始尝试向中小学生免费提供游泳服务，浙江省也将体育公共服务事业纳入计划之中。

我国政府改革的目的是建立公共服务型政府，而这些省、市体育公共服务建设的尝试为我国政府购买体育公共服务提供了宝贵的经验和借鉴，并且起到了示范作用，有利于促进公共服务型政府的建设。现在我国政府购买体育公共服务还处于初级尝试阶段，体育基础设施及相关的制度法规还不够完善，投入力度较小，体育场地、器材设施的数量、质量都不能满足大众的体育需求，并缺乏较多的社区指导员等技术指导[1]。

2. 购买体育公共服务制度的建立

2013 年 9 月，国务院办公厅印发了《关于政府向社会力量购买服务的指导意见》。2013 年 11 月，党的十八届三中全会通过的《中共中央关于全面深化改革若干重大问题的决定》明确提出：推广政府购买服务，凡属事务性管理服务，原则上都要引入竞争机制，通过合同、委托等方式向社会购买。2013 年 12 月，财政部发布《关于做好政府购买服务工作有关问题的通知》。2014 年 1 月，在广西举行的全国政府购买服务工作会议上明确提出：在全国全面推广政府购买服务，力争“十二五”时期初步形成统一有效的购买服务平台和工作机制，2020 年在全国建立比较完善的政府购买服务制度。2014 年 12 月，财政部、民政部发出《关于支持和规范社会组织承接政府购买服务的通知》，民政部同时编印了《政府购买服务政策文件选编》，指导地方政府开展购买服务试点工作。2014 年 12 月 31 日，国务院常务会议通过《政府采购法实施条例》。2014 年，民政部、财政部等 4 部门联合发布《关于支持和促进重点群体创业就业有关税收政策具体实施问题的公告》，首次将民办非企业单位纳入享受税收政策的用人单位主体范围，制定了建立分层分级的社会组织税收优惠制度试点方案，协调解决了社会组织申领公益事业捐赠票据难问题，指导各地积极开展公益性社会组织接受捐赠税前扣除资格认定工作。2015 年 1 月，财政部实施《政府购买服务管理办法（暂行）》。2015 年 3 月，国务院下

〔1〕 陈丽霞，杨陶．我国政府向社会购买体育公共服务的现状研究［J］．四川体育科学，2014，33（6）：18-21.

发《关于取消和调整一批行政审批项目等事项的决定》，取消了全国性社会团体筹备和社会福利基金资助项目审批。在国家一系列政策措施推动引导下，截至2014年底，全国已有23个省份出台了政府购买服务的指导文件，其中大部分制定的指导目录都有体育公共服务项目[1]，同时江苏省常州市、苏州市等都颁布了专门性的政府购买体育公共服务的制度，规范体育公共服务的购买行为。

（五）存在的问题

1. 政府认识不到位，政府职能转变进程缓慢

政府购买体育服务是一种新型的公共服务供给方式，购买主体和承接主体是平等自愿的关系。虽然一些地方政府的购买意识在增强，但是，还有一些政府对其重要性认识并不充分，对己有利的事情不愿交出去，反之则想甩包袱推卸责任。购买体育公共服务须引入评价机制，要变“政府配餐”为“百姓点菜”，但一些地方政府仍不习惯让群众说了算，使购买体育服务流于形式。此外，有些政府部门担心改革会造成权力资源减少，出现体育公共服务“真空”或监管失职，对其职责尚未进行细致梳理，对哪些属于体育公共服务，哪些体育公共服务应通过购买方式解决，尚未做出明晰界定，或者把应该推向市场的事项变换方式仍由政府承担。

2. 政府购买服务的运行机制不完善，缺乏系统性和长远规划

首先，购买体育服务的范围不明确。目前，各地对体育项目和内容选择的原则、标准、条件都不统一，政府购买什么类型的体育服务项目、购买多少、怎么购买等都还存在着一定的随意性，缺乏完善的项目选择机制。其次，购买体育服务的招投标机制有待规范，公开、公正的招投标信息发布制度，严格的投标方资格审查制度以及招投标的方式、程序和评估规则都需要进一步完善。最后，有效的资金保障机制亟待建立。政府购买体育服务的项目资金没有列入财政预算，政府各部门之间缺乏统一协调的意见和行动，对资金安排造成困难。

---

〔1〕 刘国永，裴立新，范广升，等. 中国体育社会组织发展报告［M］. 北京：社会科学文献出版社，2016.

3. 政府购买服务的监管制度不完善，绩效评估机制不健全

虽然政府作为出资者可以向社会力量购买体育公共服务，但责任依然存在，既要对体育服务项目的实施过程进行监管，也要对完成的体育服务项目进行绩效评价。目前，实践中缺乏一个专门机构对体育公共服务的质量和效果进行科学系统的监管与评估。由于体育公共服务项目具有非量化性、绩效滞后等特点，虽然购买体育服务合同内容涵盖了一些主要的、基本的方面，如合同对双方权责的规定，但往往表述不够明确，缺少具体的量化指标和规范的工作流程。

二、体育公共服务的承接主体——体育社会组织

（一）承接主体范围的界定

1. 存在的分歧

在我国，有关政府购买服务承接主体范围的分歧主要体现在营利组织、事业单位和自然人能否作为承接主体的问题上。在学界，一些学者认为，政府购买服务的承接主体只应是社会组织[1][2]，而有些学者认为营利组织也应作为承接主体[3]，一些学者认为事业单位等机构也应纳入政府购买服务的承接主体中[4]，还有一些学者认为自然人也可以作为政府购买服务的承接主体[5]，这些研究成果为体育领域中政府购买服务承接主体范围的确定提供了重要的参考依据。

在体育领域中，有关政府购买体育公共服务承接主体范围的理论探讨较缺乏，有关政府购买体育公共服务承接主体的范围主要体现在政策层面上的规定，但也

---

〔1〕 苏明，贾西津，孙洁，等．中国政府购买公共服务研究［J］．财政研究，2010（1）：9-17.

〔2〕 杨宝．政府购买公共服务模式的比较及解释——一项制度转型研究［J］．中国行政管理，2011（3）：41-45.

〔3〕 乐园．公共服务购买：政府与民间组织的契约合作模式——以上海打浦桥社区文化服务中心为例［J］．中国非营利评论，2008，2（1）：143-160.

〔4〕 徐家良，赵挺．政府购买公共服务的现实困境与路径创新：上海的实践［J］．中国行政管理，2013（8）：26-30，90.

〔5〕 项显生．论我国政府购买公共服务主体制度［J］．西北政法大学学报，2014，32（5）：69-77.

存在着承接主体范围规定的分歧，主要体现在事业单位、未依法登记的体育社会组织和个人能否作为承接主体的问题上。

首先，在中央政策层面，对政府购买服务承接主体的相关规定经历了一定的变化。《国务院办公厅关于政府向社会力量购买服务的指导意见》规定，政府购买服务的承接主体包括依法在民政部门登记成立或经国务院批准免予登记的社会组织，以及依法在工商管理或行业主管部门登记成立的企业、机构等社会力量，这也是确定政府购买体育公共服务承接主体的重要政策依据，而《政府购买服务管理办法（暂行）》和文化部、财政部、新闻出版广电总局、体育总局在《关于做好政府向社会力量购买公共文化服务工作的意见》中则在上述两类组织之外，明确将公益二类或转为企业的符合条件的事业单位也纳入承接主体范围。

其次，在地方政策层面，各地对政府购买体育公共服务承接主体的相关规定也存在一些差异，如《常州市关于购买公共体育服务的实施办法（暂行）》规定，承接政府购买服务的主体包括在登记管理部门登记或经国务院批准免予登记的社会组织、按事业单位分类改革应划入公益二类或转为企业的事业单位，依法在工商管理或行业主管部门登记成立的企业、机构等社会力量，与文化部（现文化和旅游部）文件中所规定的 3 类承接主体一致；而《嘉兴市体育局关于向社会力量购买公共体育服务实施办法（暂行）》则在上述三类组织之外，规定 5 万元以下项目，可根据公共体育服务项目特点，适当将承接主体范围扩大到业余体育团队、从事公共体育服务的自然人等。同样《苏州市体育局、苏州市财政局市本级向社会力量购买公共体育服务管理办法（试行）》中也将基层群众自治组织和具有独立承担民事责任能力的自然人也纳入到政府购买体育公共服务的承接主体中。其中业余体育团队、基层群众自治组织在体育理论界和体育实践中，主要是指未依法进行登记，不具有“法律合法性”，但在群众体育发展中扮演着积极的角色，具有“社会合法性”的基层体育社会组织。

2. 界定的依据

笔者认为，政府购买体育公共服务承接主体范围的界定可以从理论和实践两个层面来界定。

首先，从理论上看，政府购买体育公共服务，意味着政府从自己生产向花钱购买的转变，这一转变既有其政治逻辑，也符合经济规律。因而笔者认为，在理论上至少应当从政治与经济两个角度来思考政府购买体育公共服务的承接主体。

从政治角度考虑，政府购买体育公共服务是在重新调整国家与社会关系、重新划分政府职能边界、重新塑造多元主体参与的国家治理体系等宏大背景下产生的。它改变了政府包办一切的局面，强调以社会与市场的力量代替政府，准政府组织、非政府组织、企业甚至个人也都可以成为体育公共服务的供给主体[1]，事实上，个人只要能达到政府对承接主体资质的要求，可以在承接主体竞争中取得优势，也能参与到公共服务生产中来。因此，界定承接主体不应人为地设置障碍，而应当在理论上把尽可能多的社会力量纳入承接主体潜在的范畴中来。从这个意义上来说，似乎应当将任何提供体育公共服务的部门和个人纳入政府购买体育公共服务的承接主体中。

从经济角度来看，一方面，政府购买体育公共服务可以被理解为公共部门权衡市场交易成本与组织内部生产成本差异，从而以市场代替自产的制度选择。事实上，无论公共部门、还是私人企业，其建立与发展无不与上述两个成本的权衡相关。当组织运行费用低于市场成本，则建立科层组织代替一系列的市场契约成为一种趋势；而当组织运行费用高于市场交易成本，则组织倾向于放弃自己生产转向市场购买。另一方面，政府购买体育公共服务同样也可以理解为公共部门权衡服务质量差异，而以代替自产的抉择。市场中专注某一领域的主体所提供的服务更专业化，其质量也更有保证，市场多元主体的竞争更有利于质量的提高，也更有利于整个服务链中服务成本或是商业模式的创新，这些自然也成为政府放弃生产、购买服务的理由。政府购买体育公共服务是市场行为，从经济角度考量，它关注的应当是承接主体的服务成本与服务质量，至于承接主体的性质并不重要。

因而无论是从政治角度还是从经济角度考虑，笔者认为，理论上，社会与市场中存在的所有从事体育公共服务生产的营利组织、非营利组织和个人都可以被纳入政府购买体育公共服务的承接主体之内，既包括各类体育社会组织、营利的企业，也包括提供公益服务的体育事业单位、群团组织，甚至包括能够提供体育

〔1〕 郇昌店，肖林鹏，李宗浩，等．我国公共体育服务发展述评［J］．体育学刊，2009，16（6）：20-24.

公共服务的自然人。

其次，从实践中看，事实上，确定承接主体的关键在于是否具备提供体育公共服务的一定资质，在此，如国务院办公厅、民政部和财政部的指导意见以及地方政策所规定的，必须是独立的法人，能够独立承担民事责任是一项必备条件。但具体承接主体的确定，财政部有关负责人就《国务院办公厅关于政府向社会力量购买服务的指导意见》答记者问中特别指出，“承接主体必备的基本条件是独立的法人，能够承担民事责任。承接主体的具体资质条件，地方可根据实际情况，由购买主体会同财政部门根据购买服务项目的性质和质量要求确定”，这既为地方政府增加业余体育团队、基层群众自治组织以及自然人等其他承接主体提供了依据，也为进一步界定实践中的承接主体提供了依据。由此，从实践中看，承接主体可以界定为具备资质的提供体育公共服务的社会力量，或者更具体一点，具备资质的各类体育社会组织、企业、提供公益服务的体育事业单位、群团组织以及提供体育公共服务的自然人等。

（二）承接主体的具体范围

综上所述，政府购买体育服务的承接主体是指具备资质的提供体育公共服务的社会力量，主要包括具备资质的各类体育社会组织、企业、提供公益服务的体育事业单位、群团组织以及提供体育公共服务的自然人等。

但是，体育社会组织是政府购买体育服务中最重要的承接主体。目前，在实践中参与政府购买体育活动的主要是各类体育社会组织，并且政府向社会力量购买公共服务这一新的供给方式的推行本身就具有购买社会组织服务和培养社会组织发展的双重目的。正如前文所说，由于本研究的关注重点是政府向体育社会组织购买体育公共服务的过程，因此，本研究将体育社会组织作为承接政府购买体育公共服务的主要主体，下面将重点探讨体育社会组织这一承接主体。

根据《国务院办公厅关于政府向社会力量购买服务的指导意见》中界定的承接主体必须是“依法在民政部门登记成立或经国务院批准免予登记的社会组织，以及依法在工商管理或行业主管部门登记成立的企业、机构等社会力量”，也就是说，依法登记的、合法的体育社会组织才能成为政府购买的承接主体。“政府认定”是社会组织获得民事法律主体资格和合法地位的前提，获得法人登记、减免税收是承接政府购买服务资质的条件。

按合法性分类，我国现行法律法规正式认可的符合政府购买服务承接主体的主要有3类体育社会组织：体育社会团体、体育类民办非企业单位和体育基金会。目前，在实践中承接政府购买服务的主体也主要是这三类体育社会组织，因此，本研究的体育社会组织主要是指依法成立、在各级民政部门登记注册的法人类的体育社团、体育类民办非企业单位和体育基金会等组织（图4-2）。它们作为体育公共服务的生产者并承接政府购买服务项目，不以营利为目的，代替政府履行一部分社会服务职能。

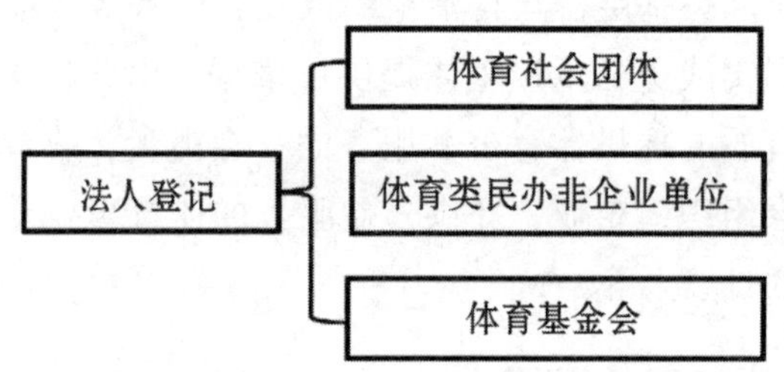

图4-2　法人登记的体育社会组织类型

需要说明的是，关于体育类民办非企业单位这一名称的使用，尽管2016年3月颁布的《中华人民共和国慈善法》中已正式将民办非企业单位更名为社会服务机构，为了与《中华人民共和国慈善法》的表述相衔接，2016年5月民政部又将现行《民办非企业单位登记管理暂行条例》名称改为《社会服务机构登记管理条例》，形成了《社会服务机构登记管理条例》（《民办非企业单位登记管理暂行条例》）修订草案征求意见稿，征求意见稿中对民办非企业单位的称谓做了修改，将“民办非企业单位”名称改为“社会服务机构”，因此相应的体育类民办非企业单位的名称也将面临着重新调整，但由于《民办非企业单位登记管理暂行条例》还未正式颁布，原有的《体育类民办非企业单位登记审查与管理暂行办法》还未进行修订，所以本研究中仍沿用原来的体育类民办非企业单位这一名称。

1. 体育社会团体

按照组织功能和性质界定，体育社会团体是指人们自愿组成，为实现共同的

体育愿望，按照其章程开展活动的非营利社会组织。体育社会团体在实现人们的共同体育愿望、维护争取体育权益、组织开展竞赛活动、普及推广体育运动、提高运动技术水平和提供专业化体育服务等方面具有独特功能和作用。作为体育社会组织的主要构成，体育社会团体数量最多，我国目前法人登记的体育社会组织中体育社会团体占比达到60%左右，未登记的体育社会组织（草根体育社会组织）中体育社会团体占比在90%以上。按照服务对象和范围区分，体育社会团体包括体育总会、体育单项协会、人群体育协会、行业体育协会、体育科学学会和未登记体育社会组织等。按照组织性质和任务区分，体育社会团体涵盖专业性、学术性、行业性和联合性社团，其中以学会、研究会命名的为学术性体育社会团体，如中国体育科学学会等；行业协会是以同行业的企业或企业家为会员，服务于全行业共同事务和共同利益的非政府的“公益性”会员组织，具备这一条件的为行业性体育社会团体有中国体育产业协会、体育场馆协会等；以从事某种运动项目普及推广、提高，服务于项目发展的是专业性体育社会团体，如篮球运动协会、足球运动协会、游泳运动协会等；以沟通交流、维护权益为主的是联合性体育社团，如体育总会、老年人体育协会、农民体育协会等。这里需要说明的是部分代表行业人群的协会，如火车头体育协会、银鹰体育协会虽然是由行业发起成立的，但不具有行业协会的属性，即不具有行业企业的代表性，仍然属于人群体育协会。

2. 体育类民办非企业单位

“体育类民办非企业单位是指企业、事业单位、社会团体、其他社会力量和公众个人利用非国有资产举办的，不以营利为目的的，以开展体育活动为主要内容的民办的中心、院、社、俱乐部、场馆等社会组织。”体育类民办非企业单位是目前我国唯一法定的体育类社会组织，是由社会力量举办的公益性服务机构，其主要作用是向社会提供专业化体育服务。《体育类民办非企业单位登记审查与管理暂行办法》规定，体育类民办非企业单位可以从事以下五类业务：一是体育健身的技术指导与服务；二是体育娱乐与休闲的技术指导、组织、服务；三是体育竞赛的表演、组织、服务；四是体育人才的培养与技术培训；五是其他体育活动。

3. 体育基金会

2004 年，国务院颁布的《基金会管理条例》中指出：“基金会，即指利用自

然人、法人或者其他组织捐赠的财产，以从事公益事业为目的，按本条例的规定成立的非营利性法人。”与其他基金会相比，体育基金会作为体育公益慈善组织的主要运营机构更有指向性地支持和发展体育慈善事业。我国体育基金会大致可以划分为3种类型。一是官办民助型基金会，主要是指官方背景、面向公众募捐的公募体育基金会。二是公募基金会，按照募集资金的地域性可分为全国性公募基金会和地方性公募基金会。全国性公募体育基金会，其募捐地域范围在国内不受限制，地方性公募体育基金会只能在其注册的省级行政区域内进行募捐。三是民办官助型基金会，主要是指不得面向公众募捐的非公募体育基金会（亦可理解为独立基金型基金会）以及境外体育基金会[1]。

（三）承接主体的主要职责

作为体育公共服务的生产者，承接主体是连接购买主体和消费主体的渠道，也是评估主体的重要载体之一。其在政府购买体育公共服务中履行的主要职责是：按照承接主体准入的资质标准努力创新服务理念和提高专业化服务水平，正确履行生产合约，全方位提高体育公共服务的生产质量，公开、公平参与市场竞争。

根据《政府购买服务管理办法（暂行）》中的规定，承接主体的具体职责如下。

（1）应当按合同履行提供服务的义务，认真组织实施服务项目，按时完成服务项目任务，保证服务数量、质量和效果，主动接受有关部门、服务对象及社会监督，严禁转包行为。

（2）应当建立政府购买服务台账，记录相关文件、工作计划方案、项目和资金批复、项目进展和资金支付、工作汇报总结、重大活动和其他有关资料信息，接受和配合相关部门对资金使用情况进行监督检查及绩效评价。

（3）应当建立健全财务制度，严格遵守相关财政财务规定，对购买服务的项目资金进行规范的财务管理和会计核算，加强自身监督，确保资金规范管理和使用。

（4）应当建立健全财务报告制度，按要求向购买主体提供资金的使用情况、

---

〔1〕 刘国永，裴立新，范广升，等．中国体育社会组织发展报告［M］．北京：社会科学文献出版社，2016.

项目执行情况、成果总结等材料。

（四）承接主体参与购买体育公共服务的基本情况

1. 政府不断加大向体育社会组织购买的力度

目前，各地积极探索使用财政资金、体育彩票公益金专项支持体育社会组织承接政府购买服务。2014 年 7 月，江苏省体育局、财政厅联合印发了《江苏省本级向社会组织购买公共体育服务暂行办法》，这是一个由省级体育部门出台的购买公共体育服务的办法。国家体育总局印制的《支持体育社会组织开展全民健身公共服务经费管理办法（试行）》已在江苏、江西、宁夏、新疆 4 个省份开展试点工作。陕西宝鸡、广东韶关、内蒙古满洲里、江苏常州的体育部门重视体育社会组织孵化基地建设，解决办公场所，提供资金扶持，培育引导体育社会组织加强能力建设。许多地方将一些重大活动或赛事通过服务购买委托给体育社会团体承办，借此培育体育社会团体的组织服务能力。安徽省体育部门积极推动向协会购买服务，多项大型赛事及活动委托社会团体承办。例如：淮南市政府将“2012 年度 CCTV 武林大会走进淮南”和“2012 年全国百城千村健身气功交流展示系列活动安徽启动仪式”委托相关协会承办；2013 年安徽省青少年射击锦标赛及安徽省击剑锦标赛分别由省击剑协会和芜湖市射击协会承办；安徽省健身健美大赛由六安市健美协会承办。广东中山沙溪镇在向基层体育社会组织购买服务方面进行了探索，将镇里举办的体育活动全部通过购买服务的方式委托镇街体育协会承办；惠州市政府于 2012 年向社会公布了年度购买服务目录，其中包括购买体育服务的目录。

部分省份出台的举措具体明确，有配套经费，有可操作性。浙江省体育局下发了《关于体育协会开展群体竞赛经费补助（试行）办法》，明确规定对开展群众体育竞赛的各类体育协会给予相应的经费补助；福建省体育局制定施行了《福建省属体育社团开展全民健身活动补助办法（试行）》，对协会开展群众性体育活动给予资助支持；宁夏于 2011 年制定实施了体育社团“以奖代补”资金的办法。一些省份建立了表彰奖励制度，对在组织建设中做出突出成绩的个人和单位进行表彰，四川省将全民健身组织建设工作纳入《全民健身工作突出成绩奖评选办法

(试行)》，作为评选先进的重要内容[1]。

2. 体育社会组织在政府购买体育公共服务中数量增长较快、结构渐显合理

从体育社会组织的角度来看，政府向体育社会组织购买体育公共服务也为其发展提供了契机。政府资金对体育社会组织发展的意义是非常大的，可以说政府购买服务有利于促进体育社会组织的发展。近年来，随着我国政府购买服务力度的加大，体育社会组织在总体数量上增长迅速，特别是2013年中央政府开始密集出台相关政策以来，增长速度非常明显。据统计，2007年全国法定类体育社会组织共1.6万个，到2016年已增长到4.2万个，其中年均增幅达到11.4%，远高于同期全国社会组织4.5个百分点。尤其是2013年的年增长率一下上升到19.49%，几乎是2011年的2倍。截至2016年底，全国共有体育社会组织4.2万个，同比增长13.51%（表4-2），并且目前国家正式公布的社会组织的统计数字仅限于法定类社会组织，数量庞大的未登记社会组织（草根社会组织）尚未包括在内。目前，未登记的体育社会组织数量远高于登记注册的体育社会组织。以健身团队为主体的城乡基层社区未登记体育社会组织数量远远超过百万个。

表4-2　2007—2016年全国社会组织和体育社会组织数量及增长率比较

组织	指标	2007年	2008年	2009年	2010年	2011年	2012年	2013年	2014年	2015年	2016年
全国社会组织	数量/万个	38.7	41.4	43.1	44.6	46.2	49.9	54.7	60.6	66.2	70.2
	增长率/%	—	7.0	4.1	3.5	3.6	8.0	9.6	10.8	9.2	6.0
体育社会组织	数量/万个	1.60	1.77	1.92	1.99	2.12	2.36	2.82	3.27	3.70	4.20
	增长率/%	—	10.63	8.47	3.65	6.53	11.32	19.49	15.96	13.15	13.51

资料来源：2007—2016年社会服务发展统计公报。

注：体育社会组织年均增长11.4%，高于全国社会组织年均增长幅度4.5个百分点。

[1] 刘国永，裴立新，范广升，等．中国体育社会组织发展报告［M］．北京：社会科学文献出版社，2016.

在数量保持较快增长的同时，结构也逐渐趋向合理，一直以来三类法人体育社会组织中的体育社会团体数量远高于体育类民办非企业单位，而体育社会团体和体育类民办非企业单位数量又远多于体育基金会，基金会数量偏少。近期的增长情况显示这种现象正在逐渐发生变化（表 4-3）。

表 4-3 2010—2014 年体育社会团体和体育类民办非企业单位数量统计

组织	指标	2010 年	2011 年	2012 年	2013 年	2014 年	2015 年	2016 年
体育社会团体	数量/万个	1.28	1.35	1.50	1.78	2.08	2.30	2.50
	增长率/%	1.73	5.47	11.11	18.67	16.85	10.58	8.70
体育类民办非企业单位	数量/万个	0.71	0.77	0.84	1.03	1.19	1.40	1.70
	增长率/%	7.14	8.45	9.09	22.62	15.53	17.65	21.43

资料来源：2007—2016 年社会服务发展统计公报。

尤其是 2013 年，体育类民办非企业单位数量首次过万，达到 1.03 万个，同比增幅达到 22.62%，高于同期体育社会团体 18.67%的增幅，2016 年体育类民办非企业单位数量达到 1.7 万个，比 2010 年增加了 1 倍多，同期我国体育社会团体数量增加了近乎 1 倍。体育类民办非企业单位与体育社会团体数量差距正在缩小。体育社会团体和体育民办非企业数量逐年增长的趋势也从另一方面证明了我国体育社会组织正呈现出不断快速发展的趋势。

可见，在政府不断加大购买体育公共服务力度的背景下，我国体育社会组织不断发展，已逐渐成长为体育公共服务供给体系中不可或缺的力量之一。

（五）存在的问题

1. 体育社会组织承接能力较弱

尽管体育社会组织的数量在不断地增加，但多数体育社会组织尤其是基层体育社会组织由于缺乏专业的技术、人才、经费，造成承接政府购买服务的能力不足而难以满足政府购买的条件，而市级各体育协会由于其自身的实力稍强，成为承接政府购买服务的体育社会组织主体，造成大部分基层体育社会组织无缘承接政府购买服务。由于我国现在人们体育公共服务需求的多元化，体育社会组织的总体结构较单一，很难满足多元化的体育需求。体育社会组织承接政府购买服务主要以非竞争性购买的方式参与，此种模式中的体育社会组织对政府具有很强的依赖性，没有自主决策的能力，缺乏公平性和规范性，打消体育社会组织参与政府购买的积极性，不利于发挥体育社会组织的作用。此外，通过查阅文献资料，社会组织承接政府购买服务过程中政府与社会组织之间的关系分为：合同承包、特许经营、凭单制度等。相对于社会组织多样化的参与购买模式，我国体育社会组织承接方式略显单一。

2. 体育社会组织承接服务的内容和对象不明确

体育社会组织承接政府职能的内容不明确表现为没有明确界定体育行政部门转移哪些职能。由于不同职能转移和承接的难易程度不同，没有针对体育社会组织明确提出其应该承接哪些事项，致使体育社会组织无法真正独立地承担相关的职能事项，体育社会组织由于体制和机制的不完善没有独立的决策权，缺乏与政府间的沟通，因此不能及时了解政府购买的服务项目，如体育社会组织通过政府购买的方式承接政府职能时，需由体育行政部门确定职责的范围和具体内容。如果将社会群体分为弱势群体、一般群体和优势群体，那么为一般群体和优势群体提供体育公共服务的体育社会组织较多，而为社会弱势群体提供体育公共服务的体育社会组织过少，这也影响体育公共服务供给的公平性[1]。各地方应该根据地方实际情况颁布政府购买体育社会组织的服务目录，体育社会组织以此为指导申请服务项目，如 2012 年 5 月 31 日，广东省财政厅发布《2012 年省级政府向社会组织购买服务项目目录（第 1 批）》明确提出政府向社会组织购买的 262 个服务项目，体育类项目包括公共体育规划和政策研究、宣传服务公共体育资讯收集与统计分析、公共体育运动竞赛组织与实施、政府举办的群众性体育活动的组织与实施、政府组织的体育职业技能再培训、政府组织的国民体质测试及指导服务[2]。根据政府购买的内容，体育社会组织根据自身条件提供人们需求的体育服务项目。

---

〔1〕 伊强．关于政府购买社会组织服务问题的思考［J］．中共郑州市委党校学报，2011（5）：18-20.

〔2〕 关于印发《2012 年省级政府向社会组织购买服务目录（第一批）》的通知［Z］．2012-10-17.

3. 体育社会组织的公信力有待提高

虽然我国体育社会组织数量逐渐增多，但发展还不成熟，可以承接政府购买服务的体育社会组织有限，具有承接政府服务能力的组织较少，提供体育公共服务的能力较弱，仍不能满足人们的需求现状。在购买体育社会组织服务过程中暴露出体育公共服务的数量、规模、专业化和社会公信力等多种问题。以我国社会组织发育较好的地区——广东省为例，目前还有 85%的社会组织未能承担政府转移的职能，91%的社会组织未得到政府购买服务，其他一些地区尽管也做过一些职能委托，但多数是碍于熟人情面，并没有形成制度性安排[1]。如此可推，成长中的体育社会组织的公信力也会面临同样的情况。

4. 普遍不具有承接政府服务购买的能力

《中华人民共和国政府采购法》第二十二条规定，供应商参加政府采购活动应当具备的第一个条件就是：具有独立承担民事责任的能力。2013 年 9 月，国务院办公厅印发的《关于政府向社会力量购买服务的指导意见》中明确规定："承接政府购买服务的主体应具有独立承担民事责任的能力。" 2014 年，财政部、民政部印发《关于支持和规范社会组织承接政府购买服务的通知》；2015 年 1 月，财政部、民政部、工商总局印发《政府购买服务管理办法（暂行）》；2015 年 3 月，国务院印发《中华人民共和国政府采购法实施条例》等文件办法都明确规定参加政府购买服务的主体必须具有独立承担民事责任的能力。

独立承担民事责任是法人社会组织应当具备的基本条件。如果体育社会组织要参加政府购买服务，首先必须具有能够独立承担民事责任能力，而要独立承担民事责任就必须拥有属于自己的财产。就这一点来看，我国 90%以上的法人体育社会组织都难以做到。因为既没有属于自己的财产，也缺少自己经营管理的财产，因此也就不具有独立承担民事责任的能力。由此可以判定，目前 90%以上的体育社会组织不具有承接政府服务购买的资格，这种情况可能会对加快政府职能转变和推广服务购买产生一定的影响。当前迫切需要国家出台鼓励社会组织增加积累

〔1〕 廖鸿，田维亚，石国亮．社会组织参与社会管理创新的调查研究：基于全国三省一市调查的分析与展望［J］．中国青年研究，2012（2）：54.

和增强自身能力的政策举措，这将有利于社会组织健康和可持续发展[1]。

三、体育公共服务的消费主体——社会公众

（一）消费主体范围的界定

在政府购买体育公共服务的“三元主体”中，看似供给主体、承接主体是最主要的主体，而且是学者研究最多的，但是消费主体（也称受益主体）才是“三元主体”框架中的关键，政府和体育社会组织、提供公益服务的体育事业单位、公司企业与自然人所做的一切活动都需要以消费主体能获得高效优质的体育公共服务、满足体育公共需求为标准和目标。

但是，公共服务的受益主体是个很难把握的概念。一方面，因为它是一个事实状态而无须法律规定其为主体；另一方面，由于国情不同，各国规定的公共服务受益人的范围或资格也不统一。通常意义上，体育公共服务的受益人是指在特定行政区域范围内享受政府提供的体育公共服务的特定社会公众。社会公众是一个广义概念，因为由于各国国情不同，受益主体的范围也会有差别，一般来说，社会发展程度高的国家，受益主体的范围会更广阔一些，不会对受益主体的资格有太多限制，反之，对受益主体的资格限制会较多。同时，也不会有专门的法律对其进行规定，只会在其他法律中对公共服务受益人提出一定要求，如美国规定受益人必须为纳税人，而有的国家却要求是某种身份的人。受益人的资格还与受益的公共服务领域有关[2]。

通常而言，政府购买体育公共服务的受益主体可以概括为公众，但并不是所有人都享有同样的体育公共服务。一方面，由于购买内容不同，享受服务的受益人主体也不同，比如，政府购买暑期游泳服务，其服务对象是少年儿童，因此在该项购买服务中的受益人是少年儿童，而不是所有人。另一方面，由于关注的群

---

〔1〕 刘国永，裴立新，范广升，等．中国体育社会组织发展报告［M］．北京：社会科学文献出版社，2016.

〔2〕 姚文娅莉．论我国政府购买公共服务“三元主体”制度［J］．太原学院学报：社会科学版，2017（5）：1-13.

体不同，享受服务的受益人范围也不同。受到资源短缺的条件约束，我国在体育公共服务的供给过程中往往会考虑基本的体育公共服务供给，以满足大部分公众的体育需求，但是也会基于社会公平因素的考虑，而将有限的体育公共资源倾斜地配置给体育资源获取能力相对弱势的社会弱势群体，诸如老年人、残疾人、青少年等。体育公共资源这种有所权衡的倾斜配置原因，就是我国的体育资源配置存在这样一个基本实情：在国家财力有限、体育公共资源人均水平不高的境况下，国家供给的基本体育服务可能低于一般人群的需求水平，而又远高于弱势群体的体育需求水平，在这样的境况下，当国家将有限的体育资源更多地配置给弱势群体时，这时政府购买体育公共服务的受益人则只是特定的社会公众。

当然，由于我国地域面积宽广，各地域的经济社会发展水平存在较大差异，在国家层面的体育公共服务配置之外，各地方政府还可以根据本区域经济社会发展水平、群众体育需求，制定符合本区域实际的体育公共服务策略，以保证本区域受益主体的范围会更广阔一些。

受益主体范围的演变是一个过程，人数由少变多，接受服务的内容也逐渐丰富。因此，政府购买体育公共服务的受益主体范围并不是固定不变的。

（二）消费主体的主要职责

作为政府购买公共服务“三元主体”中的受益主体同样也享受着相应的权利、承担相应的职责义务。受益主体享有的最主要的权利是获得优质服务的权利，除此之外，还有履行对政府购买的体育公共服务进行监督的权利、对体育公共服务的最终评价权利以及对体育公共服务项目范围的选择建议权利。受益主体也须承担一定的职责义务，如美国《政府购买规则》1.102 条（d）规定：购买团队的每一成员的任务为在提供最有价值产品或服务以满足消费者需要方面发挥个人的主动性与良好的判断力[1]。这就表明了受益主体需承担其他主体共有的社会义务和实现政府购买体育公共服务最终目标的宣告性义务。

公众在履行角色的过程中，应当调整认知方式和内容，缩小在责任和利益方面与角色期待的差距。具体来说，公众应履行好以下 3 个方面的角色职责。一是参

---

〔1〕 项显生．论我国政府购买公共服务主体制度［J］．西北政法大学学报，2014，32（5）：69-77.

与者。作为体育公共服务的目标群体，公众是重要的参与者，其接受度、信任度和支持度直接影响体育公共服务的效果。二是评价者。公众不但直接参与体育公共服务的提供、生产和使用的全过程，而且是重要的评价者。公众对体育公共服务最有发言权，因为他们是使用者和受益者。公众的满意度、可及性等方面的评价，是检验体育公共服务有效性和质量高低的重要标准。三是监督者。公众是体育公共服务的重要监督主体，发现其中的不规范行为应当及时通过法定渠道监督和举报。

（三）消费主体的基本情况

“满足公众体育需求是体育公共服务的基本要求，达成公众满意则是体育公共服务提供的目标甚至终极目标”[1]，政府购买体育公共服务的目的就是为了满足公众的体育需求，公众是政府购买体育公共服务主体结构的“三元主体”之一，是公共体育服务的终极享用者和消费者。但目前无论在政策上还是在实践中，体育公共服务的消费者都还没有得到足够的重视，而且在购买过程中的“三元主体”结构中，消费者实际上处于相对弱势的地位。一方面，无论是国家层面出台的行政规范性文件，还是地方层次出台的行政规范性文件，都只对购买主体与承接主体进行了相应的规定，尚未涉及广大公众的主体地位。另一方面，我国政府购买体育公共服务的方式刚刚开始，目前政府购买体育公共服务内容一般是根据政府的主观选择而不是在对公众体育公共服务需求调查的基础上确定的。长期以来，我国体育公共服务供给以“政府供给”为主，提供体育公共服务往往是从彰显自身政绩出发，集聚公共资源，搞大型体育场馆建设、大型运动会等[2]，脱离公众的现实体育需求，对公众所迫切需要购买的体育公共服务并不够重视，在政府购买体育公共服务的过程中，购买主体与消费主体是相互分离的，政府购买活动能否达成，实际上取决于购买主体的意愿。当然，需要指出的是，消费者自身往往也以搭便车的心理对待体育公共服务供给中的种种弊端。

以顾客为导向的公共服务理念的引入要求在以政府为主体的体育公共服务购

〔1〕易剑东．中国体育公共服务研究［J］．体育学刊，2012，19（2）：1-10.

〔2〕戴健，等．公共体育服务体系建设［M］．上海：上海交通大学出版社，2015：38.

买过程中要充分重视公众的公共体育需求，以民为本，持续不断地通过公众接触、公开听证、民意调查等多种方式手段了解公众公共体育服务的需求种类和质量，强化政府责任意识，提高体育公共服务供给水平，同时作为政府购买体育公共服务的受益主体，公众也需积极向政府表达自己的体育需求和反馈自己对体育公共服务的满意度，通过这个过程，政府获取公众的体育需求为政府今后购买体育公共服务项目范围指明方向，同时也帮助政府实现了对社会组织的考核，为今后选择承接主体提供参考。

（四）存在的主要问题

1. 消费者参与渠道有限

在政府向社会组织购买体育公共服务的过程中，消费者是受益主体，政府购买体育公共服务的目的，是为了满足消费者不断多样化的体育需求。但是，在实际操作中，消费者却成为“三元主体”结构中最为弱势的一方。

在政策法规层面，消费者在购买初期的参与权、在购买过程中的监督权以及购买终结参与反馈的权利迄今为止尚且缺乏明确的政策依据。在政府购买体育公共服务的制度安排和规定中，目前还没有明确的关于消费者权益和义务的规定，甚至缺乏宣告式的社会义务规定。

在操作层面，由于传统购买模式的惯性，消费者依旧被视为体育公共服务的被动接受者。按照政府向社会力量购买公共服务的机理，政府购买体育公共服务的初衷并不仅仅是为了提高体育公共服务的供给效率，更应该是提供符合消费者需求的体育公共服务，因此，忽视消费者的主体地位的观念和做法，实则是与购买体育公共服务的宗旨和机理背道而驰的。

2. 消费者参与程度低

所谓消费者参与政府购买体育公共服务的程度低，消费者参与在政府购买过程中可有可无。虽然在理论上消费者是政府购买体育公共服务的主体之一，应在购买体育公共服务需求的确定、购买过程的监督与购买结果的评估中发挥积极的作用；同时在《政府购买服务管理办法（暂行）》中也明确规定了消费者具有评价权，“财政部门应当推动建立由购买主体、服务对象及专业机构组成的综合性评价机制……对购买服务的数量、质量和资金使用绩效等进行考核评价”。但是，在实际操作中，消费者的参与并没有受到应有的重视，在某些时候和某些情况下，消费者的参与甚至只是作为一种形式或陪衬而存在，消费者的评价权尚未得到相应的落实。

3. 消费者权利意识薄弱

消费者自身权利意识薄弱，是消费者的地位和角色难以得到充分发挥的一个重要因素。一方面，消费者不愿花费时间与精力参与体育公共服务的设计、监督与评估过程；另一方面缺乏权利意识与政治责任，不愿主动争取应有的权利。以社区体育公共服务的供给为例，社区体育公共服务的供给与辖区内的每个居民都息息相关，但是，在实践中，只有很小比例的居民，且多为退休人员与原街道、社区的工作人员对购买体育公共服务的内容、方式、效果积极进行监督，大量居民对此往往相对淡漠。

第三节 “三元主体”之间的关系

政府购买体育公共服务的推广和发展，是政府体育公共服务提供方式和提供机制的重大变革。由于增加了体育社会组织这个新的主体，体育公共服务提供中的原有的双方关系演变为政府、体育社会组织和消费者公众三方关系。政府购买体育公共服务的运行效果在很大程度上取决于三方主体间的关系状况。只有从理论上厘清主体间的关系，才能有助于指导三方主体构建起合作共赢的关系，实现和推动政府购买体育公共服务的规范化运作。

一、主体间关系的理论分析模型

关于政府购买服务中“三元主体”间关系的理论研究，不同的学者从不同的

研究视角进行了探讨。例如：邹焕聪（2016年）以行政法视角观察，对政府购买公共服务的主体地位重构进行了研究，认为政府购买公共服务主体制度改革不能停滞于解决购买主体与承接主体的法律关系问题上，而要将视野扩展至承接主体与公众、购买主体与公众的法律关系难题上[1]；毛明明（2016年）从公共治理理论和PPP理论的视角，探讨了政府购买教育服务的主体[2]；贾博（2014年）从公共服务具有的技术和价值双重维度构建了政府购买公共服务中的主体间关系的理论模型，对政府购买公共服务中的主体间关系进行了较深入的理论分析[3]。这些学者的研究结果对明确我国政府购买体育公共服务中的“三元主体”关系具有重要的启示。本研究将依据贾博提出的政府购买公共服务中的主体间关系的理论模型来解释我国政府购买体育公共服务中的“三元主体”关系。

贾博认为公共服务具有技术和价值双重维度，既要重视其公共物品属性的技术维度，又不能忽视其公共利益导向的价值维度。从技术维度出发，可以将主体间关系概括为委托—代理关系，这种关系从根本上反映了以改进技术、提高效率为目标的主体间关系状态；但是，委托—代理关系并不能很好地反映主体间的责任和利益等具有伦理价值的关系状态。以价值维度为出发点，责任—利益关系则彰显了政府购买公共服务主体间关系的价值导向，但是，以上两种关系都只是反映了一个层面，合作关系才是公共服务主体间关系的最终目标。从委托—代理关系和责任—利益关系向合作关系发展的过程中，制度和信任起到了十分重要的连接和整合作用。建立在制度和信任基础上的合作关系，是主体间关系的理想状态。

委托—代理关系是指任何一种涉及非对称信息的交易，其中，拥有信息优势的一方称为代理人，另一方称为委托人。双方关系的核心问题是：委托人监督代理人的活动是非常困难的一件事情，应当采取何种措施激励代理人更好地按照自己的意愿行事。由于信息不对称的客观存在，委托—代理关系中普遍存在的两个问题是逆向选择和道德风险。道德风险存在于非对称信息发生在合同之后，逆向选择则存在于非对称信息发生在合同之前。由于行政强制力的存在，加之政府购

[1] 邹焕聪．“三元主体”框架下政府购买公共服务的主体地位重构研究［J］．四川行政学院学报，2016（4）：15-19.

[2] 毛明明．当代中国政府购买教育服务研究［D］．昆明：云南大学，2016.

[3] 贾博．政府购买公共服务中的主体间关系的理论分析［J］．学习论坛，2014（7）：49-52.

买公共服务的选择机制和合同管理机制等，发生在公共服务购买合约之后的道德风险问题更为普遍。

相对于委托—代理关系的技术性和关注效率的特点，公共服务主体间的责任—利益关系是基于主体角色关于责任和利益方面的分析，更加侧重于价值层面的探讨。对信任的研究在伦理学、社会学和经济学等多个学科层面上展开，其中影响颇为深远的当属作为社会资本的信任，因为政府、社会力量和公众之间的合作关系是需要各主体投入资源、共同开发的。主体间的合作关系应当建立在作为资源的信任的基础上，而不是单纯以合作为功利性的工具和手段，这正是主体间关系最优化、最值得期待的状态。

制度（正式制度）在优化主体间关系方面发挥着非常重要的作用，通过完善相关制度，能够激励和引导主体间关系向着良性合作的方向发展。在制度和信任的共同作用下，将主体间的委托—代理关系和责任—利益关系引向合作关系。

体育公共服务作为公共服务的一个组成部分，同样也具有技术和价值双重维度，因此我们可以依据贾博构建的政府购买公共服务中的主体间关系的理论模型形成政府购买体育公共服务中的主体间关系的理论模型（图 4-3），并解释政府购买体育公共服务中的主体间关系。

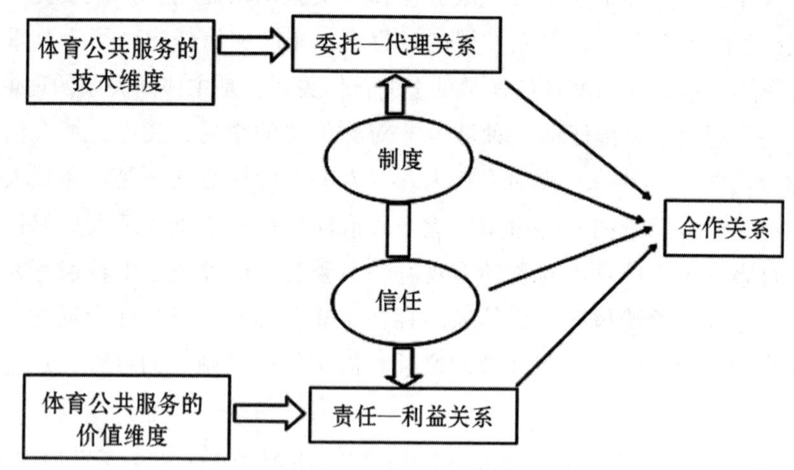

图 4-3　政府购买体育公共服务中的主体间关系的理论模型

注：参照贾博构建的政府购买公共服务中的主体间关系的理论模型改编形成。

二、主体间关系的具体分析

依据上述理论模型，我们从以下 3 个方面具体分析政府购买体育公共服务中的主体间关系。

（一）政府与承接主体的关系分析

1. 政府与承接主体的委托—代理关系

在政府与承接主体之间的委托—代理关系中，政府是委托方，承接主体是代理方。政府主要负责筛选、统筹承接主体并与之签订合约，将体育公共服务的具体生产职能委托给承接主体，监管承接主体在体育公共服务的制度框架内规范运作，向公众提供优质的体育公共服务，并向承接主体支付除公众自付部分之外的服务费用。由于体育社会组织是政府购买公共服务的重要承接主体，政府还应承担鼓励、支持、引导和培育体育社会组织健康持续发展的责任，主要包括资金、人才、制度等方面。承接主体则负责将体育公共服务以具体的物化形式提供给公众，完成公共服务生产任务。

政府与承接主体之间的委托—代理关系的表现，从目前相关法规政策来看，主要体现在两个方面。

一是购买主体与承接主体之间的合同契约式关系。

在这一关系中，政府与承接主体通过合同对项目进行管理，《中华人民共和国采购法》第四十三条规定：“政府采购合同适用合同法。采购人和供应商之间的权利和义务，应当按照平等、自愿的原则以合同方式约定。”《国务院办公厅关于政府向社会力量购买服务的指导意见》也规定：“购买主体要按照合同管理要求，与承接主体签订合同，明确所购买服务的范围、标的、数量、质量要求，以及服务期限、资金支付方式、权利义务和违约责任等，按照合同要求支付资金，并加强对服务提供全过程的跟踪监管和对服务成果的检查验收。”这些法规政策对购买主体与承接主体的合同权利义务都进行了概括性规定。在签订合同前，购买主体与承接主体将双方的权利义务以合同方式进行约定，体现了合同双方平等的理念，因此从这个意义上看，购买主体与承接主体处于合作伙伴的地位，彰显了当今时代公私合作治理的本质，并保证了双方的委托—代理关系的形成。

二是协同合作的监督关系。政府对承接主体履行提供服务进行监管，不仅是公共部门角色和任务转换的内在需要，也是确保民主正当性的有力保障。为了实现对诸如合同外包等行为的规制，政府机关往往分工负责，协调配合完成对购买公共服务的监督任务，如文化部、财政部、新闻出版广电总局、体育总局《关于做好政府向社会力量购买公共文化服务工作的意见》中规定："财政部门要加强对政府向社会力量购买公共文化服务资金的监管，监察、审计等部门要加强监督，文化、新闻出版广电、体育部门要按照职能分工将承接政府购买服务行为纳入监管体系。购买主体与承接主体应按照权责明确、规范高效的原则签订合同，严格遵照合同约定，避免出现行政干预行为。购买主体应建立健全内部监督管理制度，按规定公开购买服务的相关信息，自觉接受审计监督、社会监督和舆论监督。承接主体应主动接受购买主体的监管，健全财务报告制度，严格按照服务合同履行服务任务，保证服务数量、质量和效果，严禁服务转包行为。"政府对承接主体的监督包括两大类：法律监督与专业监督。政府对承接主体依法进行法律监督，这种法律监督包括监督的主体、内容、条件、方式、程序、责任以及救济等各方面。除了法律监督之外，政府机关对承接主体进行专业监督对于确保公权力运行的质量也非常必要。但是，一般而言，这种专业监督似乎有必要统一纳入法律监督中。总之，与一般的法律关系不同，政府机关在公私协力关系中既是合作者，同时又是权力行使的监督者，对体育公共服务提供的全过程必须进行监管，以保障体育公共利益的实现，进一步明确双方的委托—代理关系。

事实上，在政府与承接主体之间，相对而言，政府处于信息劣势地位，是委托人，监管承接主体服务行为和服务质量的难度较大；承接主体则掌握着优势信息，是代理人，具有垄断地位，更容易出现欺瞒行为，规避政府的监管。因此，由于双方信息不对称，造成了作为委托人的政府的监管难题，也为作为代理人的承接主体的道德风险开辟了空间。因此，从改变双方信息不对称的角度出发，可以通过成立专家组等途径增加政府信息量，进而改进政府的监管质量、提高监管效果。但是，这些技术手段的改进应当和责任—利益关系的调整结合起来，只有这样，才能有利于构建双方的合作关系。

2. 政府与承接主体的责任—利益关系

政府与承接主体的责任—利益关系应当建立在双方实现角色期待、正确履行角色的基础上，双方都应坚持公共利益导向，限制自身不正当的利益追求，政府应承担认定、签约、监管和扶持发展的责任，承接主体应承担履约责任，确保体育公共服务的质量和公平性。但是由于政府与承接主体都存在自利性，这在现实中体现出双方责任—利益关系受到两个方面特殊利益的影响。一是政府和承接主体的自身利益。政府在监管承接主体的过程中，为了减少管理环节、降低管理成本，可能会放松对承接主体的监管特别是体育公共服务质量的监管；为了填补政府其他方面的资金缺口，可能会挪用、减少对承接主体的财政补助资金等。同时，承接主体对自身利益的追求，既可能影响公共利益的实现，又可能影响其承担应尽责任的主动性。在体育公共服务的生产过程中，承接主体有其自身的组织机构利益和工作人员的个人利益。首先，体育社会组织对政府存在政策、资金、人员等资源的诸多依赖，在很大程度上并不是基于体育公共服务自身价值的，而是体育社会组织为了争取到自身更多的生存和发展空间才与政府开展合作的，这就很难保证体育社会组织为了追求经济利益在资源投入向价值产出的过程中运用技术来降低成本，提高规模效益的行为，同时，由于资金保障不足、法律保障缺位等诸多因素的综合作用，体育社会组织内部人员可能在体育公共服务的生产过程中逐渐背离公共利益，将组织利益和个人利益作为目标追求。从理论上来说，作为政府购买体育公共服务的承接主体，应当在上述两个方面的利益与公共利益完全一致。二是政府与承接主体的利益合谋。政府购买体育公共服务的规范化水平不高，政府对承接主体进行监管的难度较大，我国政府与承接主体之间的权力边界不够清晰，使政府与承接主体之间有着千丝万缕的利益关系。两者除了追求自身利益的实现之外，还会在一些特定的利益方面出现合谋。两者的利益合谋会极大地损害公众的利益，妨碍公共利益的实现，影响双方的责任—利益关系。

3. 政府与承接主体的合作关系

构建政府与承接主体的合作关系，首先要理顺政府与社会的关系，既要发挥政府在购买体育公共服务中的主导作用，也要鼓励和支持社会各方面广泛参与，实现双方合作共治。党的十八届三中全会提出创新社会治理体制，改变传统的以自上而下管控为特点的管理理念，由单一行政管控手段转变为与社会合作共治的治理理念。这就需要体育部门与体育社会组织建立一种互利互助的合作伙伴关系。体育部门要认识到固守“公共体育产品唯一供给者”的地位既不可能也无必要，应当积极转变观念，认可体育社会组织是政府职能转变的重要承担者，能够承担体育部门委托的公共体育事务；认可体育社会组织在体育治理中的重要主体地位，支持和发展体育社会组织。要求政府和体育社会组织都应当以道德原则约束和规范自身行为，以公共利益至上。在此基础上，政府和体育社会组织共同开发和利用建立在道德基础上的信任资源，同时，改进和加强政府监管制度、公共服务资金支付制度、承接主体的绩效考核制度等，进一步优化双方的委托—代理关系和责任—利益关系，构建合作关系。

（二）政府与公众的关系分析

1. 政府与公众的委托—代理关系

在政府与公众之间的委托—代理关系中，公众是委托方，免费或支付一定费用享用体育公共服务；政府是代理方，负责向公众提供体育公共服务。理想的双方关系模式是：在信息完备的条件下，公众根据自身需要向政府提出体育公共服务诉求，把服务承接主体生产服务的状况及时和政府沟通，并进行监督信息的反馈，而政府会按照公众的体育需求完成相应的委托任务，保障公众享有高质量的、满意度高的体育公共服务，并就购买过程中出现的各种涉及公共利益的问题与公众进行信息交流。

但是长期以来在我国体育公共服务供给实践中，体育公共服务表达机制缺失，各级政府“与民争利”及“替民做主”导致公众被动接受政府提供的体育公共服务产品[1]。在政府购买体育公共服务的运行过程中，政府是购买规则的设计者和制定者，在购买主体中拥有权威性的意志表达权；而公众由于受自身知识结构和素质、体育公共服务的特殊性和外部环境等方面的制约，难以全面掌握信息。公众对政府提供的体育公共服务的了解，主要来自政府的宣传或自身体验和感受，

〔1〕 潘雪梅，樊炳有．我国体育公共服务的发展理念及目标［J］．上海体育学院学报，2010，34（3）：10-14.

远远没有政府拥有的信息全面，处于信息劣势和相对弱势的地位。在双方信息不对称的背景下，行使公共权力的政府有可能出现道德风险，违背公众的意愿，为他们提供需求程度低或根本不需要的体育公共服务，出现委托—代理的价值偏差，从而影响所购买的体育公共服务质量和公平性。另外，体育社会组织提供体育公共服务需要依赖的是契约而不是传统的政府供给，契约虽然具有明确、具体的优点，但在当前的契约机制下，公众从契约的签订到结束，并没有参与权，也没有请求强制执行权，即使公众的体育利益受损，也是无计可施或把解决办法寄托于政府。

因此，作为委托人的公众监督与作为代理人的政府，应当通过增加公众的信息量来改变双方的信息不对称问题，以强化公众监督政府购买行为的力度。但是，要实现双方的合作关系还有赖于优化责任—利益关系、信任资源的利用和开发以及制度的完善。

2. 政府与公众的责任—利益关系

与信息优势地位相比，自利性是政府道德风险的最有力推手。公共选择学派和其他对政府动机持怀疑态度的学者认为，政府在很大程度上也是一个“经济人”，他并非总是围绕公共目的而存在，也未必按照公共利益的要求行事。在公共目的的背后还隐藏着政府对自身利益的追逐，并在外部监控和约束条件不足的情况下把这种利益发挥到最大化，这一特性称为政府的自利性[1]。相对于效率和效果，政府更关心的是是否产生了政治或社会影响，购买活动不是一种政策工具，而是一项“政治任务”。正如斯莱克所认为的那样，政府购买公共服务看起来更像是一种象征性的政治行为，而不是对价值使命的信仰；政府似乎在向社会和市场炫耀自身终于从直接提供公共服务的活动中解放出来了；政府正在变得越来越小而且越来越有效，进而来迎合新自由主义思潮下选民对“小政府”的再度偏好。因此，政府出于其理性经济人的本性，容易扭曲其在购买体育公共服务中的价值取向，有时会为了追求部门经济利益而放弃其本应追求的利益目标，从而使购买政策偏离“公利性”，造成购买体育公共服务的低效。

〔1〕 陈国权．政府自利性：问题与对策［J］．浙江大学学报：人文社会科学版，2004（1）：23-26.

公众虽然是纯粹的利益享用者，但是主体构成的多元性也致使不同的公众受益人有着不同的个体需求，这种需求的实现要完全依赖于外部环境条件，公众自身没有能动实现的可能，因此，在传统行政权力的体制束缚和在参与政府购买活动中信息劣势的环境条件下，公众会产生自我保护的本能。这种自我保护如果受到个人利益的过度驱使，则有可能演变为公众对个人利益的不正当追求，进而导致公众道德风险的产生，即为了达到获取自身本应该得到或不应该得到的利益的目的，而采取不正当的手段对服务承接主体进入体育公共服务供给领域采取消极或抵制的态度，来阻碍政府购买体育公共服务活动的正常运行。

因此，为了建立政府和公众的良好的责任—利益关系，政府应当及时回应公众的需求，承担其应尽的政治、法律、经济和道德责任，保证所购买的体育公共服务的质量；公众应当主动参与、遵守规则、积极与政府沟通。只有双方各负其责，限制自身利益，重视和维护公共利益，才有可能建立起良好的责任—利益关系。

3. 政府与公众的合作关系

公众是体育公共服务的实际消费者，政府在购买体育公共服务的过程中应尊重公众选择服务的权利，只有公众的选择权利得到充分地实现，购买体育公共服务的效益才能最大化。政府与公众之间的合作关系既建立在良好的委托—代理关系和责任—利益关系的基础上，也建立在制度和信任的基础上。建立在道德基础上的信任资源，需要政府和公众双方共同开发并加以利用。政府应努力提供多样化服务，更好地满足人民需求。公众也应当以道德原则约束和规范自身行为，正确处理个人利益和公共利益的关系，并与政府共同致力于开发和利用以道德为基石的信任资源。在制度建设方面，建立公众参与机制，可以使公众系统地参与政府购买体育公共服务的过程，表达自己的喜好，了解体育公共服务提供过程中出现的问题，并为政府科学制定购买方案和做好服务管理提供意见和建议，有效发挥制度的引导和激励作用，构建起双方的合作关系。

（三）公众与承接主体的关系分析

1. 公众与承接主体的委托—代理关系

承接主体和公众之间由于政府的职能连接，表现出一种隐形的委托—代理关

系，公众是委托人，承接主体是代理人。在政府购买体育公共服务的关系中，虽然签署政府购买体育公共服务合同的是购买机关，即政府机关，但合同的客户，或者说实际上最重要的客户并不是政府机关，而是广大的公众——体育公共服务的消费者。在政府购买体育公共服务的过程中，消费者具有知情权、监督权、安全权、评价权、选择建议权、依法求偿权等权利。但是消费者一般没有自主选择权，广大的消费者无法根据自己的消费愿望、兴趣、爱好和需要，自主、充分地选择公共服务，特别是无法选择承接主体而只能被动接受。承接主体按照合同约定提供规定的各种体育公共服务，便成为承接主体的约定义务。如果承接主体提供的服务不符合合同约定的内容、期限、数量、质量、价格等要求，这不仅构成对政府机关的违约，而且也对公众造成侵权。在此种情况下，应视情况对广大公众给予赔偿。因此，要建立起双方的合作关系，还应在坚持公共利益导向和承担相应主体责任的基础上共同开发和利用建立在道德基础上的信任资源，并为建构针对公众的监督评价制度和体育社会组织的问责制度的完善以及双方之间良好的“生产—消费”关系做出积极努力。

2. 公众与承接主体的责任—利益关系

在体育公共服务的生产过程中，承接主体常常是集双重角色于一身的。例如，在政府购买体育赛事服务中，公众将决策权交给特定组织和人员，他们既是服务的决策者，又是服务的生产者，但是这两个角色具有内在的矛盾性。当特定组织和人员作为决策者时，有绝对的信息优势和决策优势，不仅可以单方面决定服务方案，而且对服务的价格和方式都有最终决定权。但是由于公众在专业知识和购买信息上的不足，承接主体在政府购买体育公共服务的过程中常常会表现出一定程度的权威性和优越感，比如，要求体育服务受众和自身的价值取向保持严格的一致性，对自身的生产行为拥有高度的服从和认同等。如果服务人员以公共利益为出发点，那么在服务质量、服务价格、服务态度和服务规范方面都会担当应尽的责任，在实现和维护公共利益的过程中，公众的利益就可以得到有效保护。如果承接主体被组织和个人的营利动机所诱导，在介入服务受众的过程中很可能会僭越自己的权利范围做出在体育服务生产中的失范行为，从而偏离自己的受雇使命，这非但不能实现政府购买体育公共服务的价值目标，还会导致公众的利益也受到侵犯和损害。当然，在双方的责任—利益关系上，还有可能出现承接主体合谋套取政府财政资金的不良现象。可见，双方责任—利益关系状态的重要决定因素就是承接主体能否正确地认知角色、实现角色期待、很好地履行角色。

3. 公众与承接主体的合作关系

公众和承接主体应当用道德原则约束和规范自身行为，以公共利益为导向，承担应尽的责任。公众应当全面认知和履行自身义务，承接主体应当秉持职业道德和职业操守，坚持以服务对象为中心。双方应当共同开发和利用建立在道德基础上的信任资源，并致力于完善承接主体问责制度、公众的监督评价制度等，优化委托—代理关系和责任—利益关系，构建合作关系。

通过以上分析，我们可以看到，就委托—代理关系而言，政府、承接主体和公众三方主体并非处于平等地位。在政府购买公共服务的运行过程中，由于受自身知识结构和素质、体育公共服务的特殊性和外部环境等方面的制约，公众难以全面掌握信息，处于相对弱势地位，受信息不对称的影响最大，是最需要保护的群体。承接主体是政府和公众双方的代理人，在体育公共服务过程中掌握绝对优势信息、处于相对优势地位，因而是最需要监督的对象。就责任—利益关系而言，政府和承接主体在购买体育公共服务中的责任重大，更应当注重承担责任、维护公共利益。主体间的信任资源和制度规则是主体间合作关系的重要基石。三方主体应当以道德原则和制度规范约束自身行为、限制自身利益、追求公共利益，并在此基础上构建起合作关系，实现政府购买体育公共服务的健康、协调和持续发展。

第五章　政府购买体育公共服务的运行实施

政府、社会公众、体育社会组织共同构成了政府购买体育公共服务的“三元主体”，而“三元主体”的互动则形成了政府购买体育公共服务的运行实施过程。政府购买体育公共服务的过程由购买实践的基本环节构成，其具体内容体现为明确购买内容、选择购买方式、监督生产者提供体育公共服务、评估购买者购买效果。

第一节　政府购买体育公共服务的内容

政府购买体育公共服务逐步为各级政府认可并推广，现实迫切需要理论界对政府购买公共体育服务基本内容进行研究。明确哪些可以买哪些不能买，这是顺利开展政府购买体育公共服务工作的前提和基础，也是政府购买体育公共服务实践的难点所在。购买边界是政府购买体育公共服务内容中的一大重要问题，现阶段政府对于购买边界尚缺少明确的规范和标准。政府购买体育公共服务的边界是否清晰直接影响具体购买内容的确立，同时也是政府购买体育公共服务的制度设计能否实现的关键所在。

一、确立政府购买体育公共服务内容的依据

（一）理论探源

政府购买公共服务最早发生于20世纪70年代的西方国家，主要在于提高行政效率和提高公共服务质量。关于政府购买公共服务范围的问题，理论界一直也没有统一的观点。一些极端的观点认为，所有的公共服务都可以外包。比如，Mercer认为，就地方政府而言，它所提供的每一项服务或所履行的每一项职能都可以被承包出去。更普遍的观点则是，并非所有的服务都适合外包，而能否外包则有着一定的判定标准[1]。倾向性的观点认为，政府行使公权力的职能不能够由社会主体来提供，即政府购买公共服务是有一定的边界的，涉及公权力的行使如法律法规的制定、政策的制定等，只能是由政府部门自己提供。国际市/县管理协会（International City /County Management Association）在梳理美国各地服务外包得失基础上指出缩减政府成本、提高公共服务质量和效率是各地政府选择服务外包的重要因素，但是以下情况是不能开展服务外包的：政府固有职能（inherently government functions）、承接方缺乏经验与诚信、项目目标不明确、监管成本过高等。换言之，西方国家政府公共服务购买是有基本原则、范围限定和执行标准等多维边界要求的。劳伦斯L. 马丁在总结了众多学术观点和实践经验之后，提出了发达国家政府购买公共服务决策分析维度，包括服务成本、服务质量、公共雇员、工资薪酬、竞争等方面，并提出了具体指标。萨瓦斯从技术角度说明了一项任务是否适合外包，反映了政府购买公共服务是有边界的，他在《民营化与公私部门的伙伴关系》一书中指出，把本来由政府承担的公共服务通过合同外包给民营企业，使政府成为公共服务的购买者，民营企业成为公共服务的供应者，这种承包合同的有效实施需要相关的条件：（1）工作任务能清楚地界定；（2）存在若干个潜在的竞争者；（3）政府能够监测承包商的工作绩效；（4）承包的条件和具体要求在合同中有明

〔1〕 句华．公共服务合同外包的适用范围：理论与实践的反差［J］．中国行政管理，2010（4）：51-55.

确规定并能够保证落实[1]。

（二）政策依据

目前，我国的政策法规中对于体育公共服务的边界也有所涉及，从收集到的具有代表性的国内规范性文件看，主要是采用不完全列举的方式来反映政府购买体育公共服务的边界。

1. 中央层面的政策

（1）2013 年财政部颁布的《政府采购品目分类目录》。

《政府采购品目分类目录》是政府采购的国家标准和通用规范。该目录在“服务类”第 20 项（C20）将“体育服务”纳入了政府采购的范围，并对“体育服务”的采购内容进行了明确规定，该目录中将政府采购的体育服务（C2004）内容分为体育组织服务（C200401）、体育场馆服务（C200402）和其他体育服务（C200499）3 大类。具体内容见表 5-1。

表 5-1 《政府采购品目分类目录》中“体育服务”的内容

编码	品目名称	说明
C2004	体育服务	
C200401	体育组织服务	——竞技体育组织服务，包括体育项目组织服务、体育运动训练指导服务、体育运动员服务、体育人员转会服务、其他体育管理服务 ——非竞技体育组织服务，包括风筝、龙舟、国标舞和其他非竞技体育组织服务 ——其他体育组织服务，包括汽车、滑翔、登山、攀岩和其他体育项目组织服务

〔1〕 E·S. 萨瓦斯．民营化与公私部门的伙伴关系［M］．周志忍，等译．北京：中国人民大学出版社，2002：73.

续表

编码	品目名称	说明
C200402	体育场馆服务	——室内体育场所服务：室内综合体育场所、室内专项体育场所等提供的服务 ——室外体育场所服务：足球场、田径场、滑雪场、自行车场、射击场、赛车场、网球场、棒球及类似运动比赛场、其他室外体育场所提供的服务 ——室外天然体育场所提供的服务 ——其他体育场馆提供的服务 ——体育场馆的管理和维护服务
C200499	其他体育服务	——体育经纪服务：体育赛事经纪服务、体育组织经纪服务、其他体育经纪服务 ——兴奋剂管理服务 ——体育器材装备服务 ——社区、街心公园、公园等运动场所的管理 ——专门从事体育心理、保健、营养、器材、训练指导等服务

该目录中对体育服务购买范围的规定是较为广泛的，实际上这种范围排除了对体育产品的购买，更多地体现了对体育服务或体育设施所提供服务的购买。但这种规定是我国政府购买体育公共服务的范围，不得超越这个范围[1]。

（2）2012 年国务院颁布的《国家基本公共服务体系“十二五”规划》（以下简称《规划》）。

《规划》是中华人民共和国成立以来基本公共服务领域的首部国家级专项规划，对基本公共服务体系建设进行了顶层设计和整体规划，不仅是我国“十二五”时期乃至更长一段时期基本公共服务体系发展建设的行动纲领和综合性、基础性、指导性文件，也是政府履行公共服务职责的重要依据。

〔1〕 汪全胜，黄兰松．政府购买体育公共服务的法律关系析论［J］．成都体育学院学报，2015，41（5）：23-28.

《规划》中将群众体育领域的公共服务纳入基本公共服务范围，并在第十章“公共文化体育”中将其内容范围主要归纳为公共体育设施建设和全民健身计划两大部分。具体内容有“加强基层公共体育设施建设；大力推动公共体育设施向社会开放，健全学校等企事业单位体育设施向公众开放的管理制度。全面实施全民健身计划，健全基层全民健身组织服务体系，扶持社区体育俱乐部、青少年体育俱乐部和体育健身站（点）等建设，发展壮大社会体育指导员队伍，大力开展全民健身志愿服务活动。积极推广广播体操、工间操以及其他科学有效的全民健身方法，广泛开展形式多样、面向大众的群众性体育活动。建立国家、省、市三级体质测定与运动健身指导站，普及科学健身知识，指导群众科学健身。推动落实国家体育锻炼标准，加强学生体质监测，制定残疾人体质测定标准，定期开展国民体质监测”。

以上群众公共体育服务内容既涵盖了公共体育设施、公共体育信息、公共体育活动等公共体育服务产品，也包括了对服务主体公共体育组织的培育与建设。

同时《规划》中要求，推动基本公共服务提供主体和提供方式多元化，加快建立政府主导、社会参与、公办民办并举的基本公共服务供给模式。扩大基本公共服务面向社会资本开放的领域，给非公立机构留有合理空间。这既为政府购买体育公共服务方式的运用提供了依据，也为政府购买基本体育公共服务的内容指明了方向。

当然《规划》主要是针对群众体育领域的服务内容和标准。随着我国经济社会的不断发展，体育公共服务的国家基本标准也会相应提高，体育公共服务内容也会更加丰富，尤其在竞技体育、体育产业领域也应制定相应的国家基本标准，来提升体育公共服务水平。我国地域广阔，各地经济发展程度不一，各地政府体育公共服务基本标准的制定也会有较大差异，体育公共服务的基本标准是各级政府关于体育公共服务的底线。

（3）2015 年文化部、财政部、新闻出版广电总局、体育总局颁布的《关于做好政府向社会力量购买公共文化服务工作的意见》（以下简称《意见》）。

关于政府购买的内容，《意见》中明确提出，政府向社会力量购买公共文化服务的内容为符合先进文化前进方向、健康积极向上的，适合采取市场化方式提供的，社会力量能够承担的公共文化服务，突出公共性和公益性并主动向社会公开。在《意见》的附件“政府向社会力量购买公共文化服务指导性目录”中明确规定了政府购买公共文化服务的内容主要包括五大类：①公益性文化体育产品的创作与传播；②公益性文化体育活动的组织与承办；③中华优秀传统文化与民族民间传统体育的保护、传承与展示；④公共文化体育设施的运营和管理；⑤民办文化体育机构提供的免费或低收费服务。在这5大类中列出了政府购买的具体内容，详见表5-2。

表5-2 “政府向社会力量购买公共文化服务指导性目录”中体育公共服务的内容

分类	具体内容
1. 公益性文化体育产品的创作与传播	（1）全民健身和公益性运动训练竞赛的宣传与推广 （2）面向特殊群体的公益性文化体育产品的创作与传播 （3）其他公益性文化体育产品的创作与传播
2. 公益性文化体育活动的组织与承办	（1）公益性体育竞赛活动的组织与承办 （2）全民健身活动的组织与承办 （3）公益性体育培训、健身指导、国民体质监测与体育锻炼标准测验达标活动的组织与承办 （4）公益性青少年体育活动的组织与承办 （5）面向特殊群体的公益性文化体育活动的组织与承办 （6）其他公益性文化体育活动的组织与承办
3. 中华优秀传统文化与民族民间传统体育的保护、传承与展示	（1）民族民间传统体育项目的保护、传承与展示 （2）其他优秀传统文化和传统体育的保护、传承与展示
4. 公共文化体育设施的运营和管理	（3）公共体育设施、户外营地的运营和管理 （4）公共体育健身器材的维修维护和监管 （5）其他公共文化体育设施的运营和管理
5. 民办文化体育机构提供的免费或低收费服务	（1）民办体育场馆设施、民办健身机构面向社会提供的免费或低收费服务 （2）其他民办文化体育机构面向社会提供的免费或低收费服务

“政府向社会力量购买公共文化服务指导性目录”中有关购买体育公共服务的内容较为详尽，分类虽然不能与《政府采购品分类目录》一一对应，但基本范围还是一致的。但由于购买服务目录通常是指导性而非强制性的，因此购买服务目录会根据情况变化进行动态调整，因此，在“政府向社会力量购买公共文化服务指导性目录”中提出，为了积极有序地推进政府向社会力量购买公共文化服务工作，要制定指导性目录。文化部、财政部、新闻出版广电总局、体育总局制定面向全国的政府向社会力量购买公共文化服务指导性目录。各地要按照转变政府职能的要求，结合本地经济社会发展水平、公共文化服务需求状况和财政预算安排情况，制定本地区政府向社会力量购买公共文化服务的指导性目录或具体购买目录。指导性目录和具体购买目录，应在总结经验的基础上，及时进行动态调整。

值得注意的是，《意见》由文化部、财政部、新闻出版广电总局、体育总局共同签发，其中尽管涉及部分购买公共体育服务的内容，但由于是多个部门联合发布并且体育公共服务的内容是包含在公共文化范围内，因此关于政府购买体育公共服务的内容体系并不清晰，影响到相关体育部门的执行。

2. 地方层面的政策

目前，我国尚没有统一的政府向社会力量购买体育公共服务的实施标准，各地政府在中央政策的指导下通过出台地方性的指导意见、实施办法或指导性目录，结合当地实际情况明确购买的范围和内容。

具有代表性的地方政策主要有常州市政府制定的《常州市关于购买公共体育服务的实施办法（试行）》、江苏省政府制定的《江苏省本级向社会组织购买公共体育服务暂行办法》和2016年《黑龙江省体育局政府购买服务项目指导性目录（试行）》。这3个文件都明确说明了购买公共体育服务的范围，为其他地方政府解决“购买什么”的难题提供了经验借鉴。下面主要分析这3个文件中所涉及的具体购买内容。

（1）《常州市关于购买公共体育服务的实施办法（试行）》及常州市政府购买公共体育服务内容指导目录。

常州市在政府购买体育公共服务方面所采取的措施和所做的努力走在全国前列。在购买服务项目的探索与实践上，常州市政府不断推陈出新，取得了令人瞩目的成效，无论是在购买服务的范围还是服务的深度方面，常州市政府都取得了较大的突破和积极的进展，可供其他地方城市参考。

2013 年底常州市体育局与市财政局在全国率先出台《常州市关于购买公共体育服务的实施办法（试行）》。常州市体育局在充分调研、广泛论证的基础上，按照受益广泛、群众急需、保障基本的原则，突出公益性、普惠性，制定并公布了重点政府购买公共体育服务的内容，共有 11 项。这 11 项内容主要涉及业务培训、群体赛事、健身活动、管理服务和设施建设 5 大类。具体包括：①承办市级以上的各类体育赛事（活动）；②组队参加省级以上各类体育赛事（活动）；③业余训练等项目的培训；④社会体育指导员等的教育培训；⑤体育运动员、教练员、科研人员和管理人员的教育培训；⑥学校等企事业单位的体育设施向社会开放服务；⑦体育场馆的经营管理；⑧全民健身活动站（点）的管理；⑨国民体质测试；⑩体育中介服务；⑪公共体育服务的其他项目。

可以看出，常州市政府购买体育公共服务最多的是体育赛事类项目，构成了政府购买体育公共服务的主体部分，这符合财政部《政府采购品分类目录》中关于体育公共服务的第一类，即体育组织服务；其他体育公共服务项目则构成了《政府采购品分类目录》中的第三类；同时它也符合《江苏省本级向社会组织购买公共体育服务暂行办法》关于政府购买公共体育服务内容与范围的规定，主要是符合开展群众性体育活动的内容。

同时，常州市从 2014 年开始每年都要颁布政府购买体育公共服务采购目录并进行公示。公共体育服务指导性目录是政府购买体育公共服务的依据，是确定公共体育服务政府购买边界的基础。从购买的具体内容来看，2014 年购买了业务培训、群体赛事、健身活动、管理服务和设施建设等 5 大类 22 项，2015 年购买了黄金联赛、谁是球王、业余比赛、展示活动和健身服务等 5 大类 31 项，2016 年又购买了黄金联赛、谁是球王、展示活动、业余比赛和健身服务等 5 大类 36 项。常州市每年购买的体育公共服务项目都在增加，并且所购买的内容均以群众性的体育赛事为主。以 2016 年常州市政府购买公共体育服务内容为例，具体内容见表 5-3。

表 5-3 2016 年常州市政府购买公共体育服务内容

项目类别	项目名称
“黄金联赛”（2 项）	1. 常州市足球俱乐部联赛 2. 常州市篮球俱乐部联赛
“谁是球王”（5 项）	3. 常州市五人制足球比赛 4. 常州市三人制篮球比赛 5. 常州市羽毛球比赛 6. 常州市乒乓球比赛 7. 常州市网球比赛
“展示活动”（7 项）	8. 8 月 8 日常州市首届吉尼斯全民健身达人赛（全民健身征文、体育摄影比赛） 9. 常州市健身气功交流展示活动 10. 常州市太极拳（剑）展示活动 11. 常州市柔力球展示活动 12. 常州市健身腰鼓展示活动 13. 常州市健步走活动 14. 常州市风筝节展示活动
“业余比赛”（17 项）	15. 常州市排球比赛 16. 常州市自行车比赛 17. 常州市门球比赛 18. 常州市游泳比赛 19. 常州市体育舞蹈比赛 20. 常州市跆拳道比赛 21. 常州市台球比赛 22. 常州市轮滑比赛 23. 常州市保龄球比赛 24. 常州市象棋比赛

续表

项目类别	项目名称
“业余比赛”（17项）	25. 常州市围棋比赛 26. 常州市国际跳棋比赛 27. 常州市钓鱼比赛 28. 常州市舞龙舞狮比赛 29. 常州市健身操（舞）比赛 30. 常州市广场舞比赛 31. 常州市扑克牌“掼蛋”比赛
“健身服务”（5项）	32. 国民体质测试服务 33. 社会体育指导员培训 34. 校园足球布点校运动队课后培训 35. 校园足球校外公开课 36. 第三方绩效评估

资料来源：常州日报数字报纸，组织各类比赛等公共体育服务：今年政府购买项目增加到36项。

（2）2014年7月，江苏省体育局、江苏省财政厅颁布的《江苏省本级向社会组织购买公共体育公共服务暂行办法》（以下简称《办法》）。

该《办法》中将购买公共体育服务的主要内容分为5大类：①开展群众体育活动和青少年体育活动；②组织运动员、教练员、裁判员和社会体育指导员等培训；③国民体质监测与健身指导；④体育公益宣传；⑤其他适宜由社会组织承担的公共体育服务事项。《办法》中发布了江苏省本级向社会组织购买公共体育服务目录，具体内容见表5-4。

虽然《江苏省本级向社会组织购买公共体育服务暂行办法》规定的5项范围也不能与《政府采购品分类目录》一一对应，但基本范围也是一致的。

表 5-4　江苏省本级向社会组织购买公共体育服务目录

代码	一级目录	二级目录
C200401	体育组织服务	
C20040101		社会体育指导员等培训
C20040102		运动员、教练员、裁判员等培训
C200498	体育活动服务	
C20049801		群众体育活动开展
C20049802		青少年体育活动开展
C200499	其他体育服务	
C20049901		国民体质测定与运动健身指导
C20049902		体育公益宣传
C20049903		其他体育公共服务

（3）2016 年《黑龙江省体育局政府购买服务项目指导性目录（试行）》（以下简称《目录》）。

该《目录》中采用列举的方式详细列出了可以购买的体育公共服务共有 21 项（表 5-5）。《目录》中虽没有对体育公共服务进行明确的分类，但从这 21 项具体内容来看，主要涉及制度类、信息类、活动类、设施类、人才类等多种类型的公共体育服务，几乎涵盖了所有体育公共服务的内容，最为突出的是该《目录》将公共体育规划和政策研究这一制度类服务纳入购买范围。反映出现阶段我国政府承担的大部分体育公共服务都可以被纳入政府购买的范围。

表 5-5　黑龙江省体育局政府购买服务项目指导性目录（试行）

代码	内容
309A05	体育
309A0501	公共体育规划和政策研究
309A0502	公共体育资讯收集与统计分析

续表

代码	内容
309A0503	全民健身和公益性运动训练竞赛的宣传与推广
309A0504	面向特殊群体的公益性体育产品的创作与传播
309A0505	其他公益性体育产品的创作与传播
309A0506	公益性体育竞赛活动的组织与承办
309A0507	全民健身活动的组织与承办
309A0508	公益性健身指导、国民体质监测与体育锻炼标准测验达标活动的组织与承办
309A0509	公益性青少年体育活动的组织与承办
309A0510	面向特殊群体的公益性文化体育活动的组织与承办
309A0511	其他公益性文化体育活动的组织与承办
309A0512	民族民间传统体育项目的保护、传承与展示
309A0513	其他优秀传统文化和传统体育的保护、传承与展示
309A0514	公共体育设施、户外营地的运营和管理
309A0515	公共体育健身器材的维修维护和监管
309A0516	其他公共文化体育设施的运营和管理
309A0517	民办体育场馆设施、民办健身机构面向社会提供的免费或低收费服务
309A0518	其他民办体育机构面向社会提供的免费或低收费服务
309A0519	政府组织的各类体育人才的培训
309A0520	政府组织的体育交流合作与推广
309A0521	政府实施的其他公共体育服务

二、判断政府购买体育公共服务边界的基本标准

政府购买体育公共服务边界是政府购买的底线，因此应该建立一个政府购买体育公共服务的基本标准，为政府部门提供一个可以评价是否要向市场购买体育

公共服务的依据。根据政府购买公共服务边界的有关理论以及我国目前中央层面和地方层面政策对购买内容的规定，本研究认为判断政府购买体育公共服务边界主要有以下五个基本标准。

（一）政府职能重要性标准

政府职能重要性标准是指界定政府购买公共服务边界主要看该项服务是否为政府重要的本质核心职能，如果是，则不能购买，否则即可购买。如在美国，判断是否可以向社会组织购买公共服务的标准在于，该项职能是否属于“本质性政府职能”。除本质性政府职能外，政府均可以购买社会组织的服务。按照美国联邦采购局第92号政策令函的解释，所谓的本质性政府职能“乃是指政府的某职能与公共利益密切相关，应由政府公务员自行执行者”[1]。

因此，越是属于政府的核心职能，越不能以购买的方式提供。

属于政府职责范围内的非选择性、非竞争性的纯体育公共服务，如体育法律法规、方针政策的制定、体育公共设施的建设、体育外交、体育行政管理等，因为不存在排他性，也不存在其他竞争性的生产者，属于应当由政府生产、不适合社会力量承担的体育公共服务，因此，政府应当直接提供，不得向社会力量购买，属于禁止性购买服务范畴。

不同时或不完全具有非竞争性和非排他性的准体育公共服务，如职业体育的经营管理，休闲健身俱乐部的经营管理，一般体育设施的建设，体育经纪人、社会体育指导员的培训等，政府组织、企业组织、非营利组织和社区组织共同构成准体育公共服务的供给主体，可导入竞争机制，充分利用社会和市场的资源进行购买[2]。但总体而言，政府职能重要性标准应该成为购买体育公共服务的基本边界。这就是说，是否向市场购买体育公共服务，首先要分析该项职权是否属于政府的核心职能的范围。如果是，原则上不得向市场购买；反之，则可以考虑转变职能，或者向市场购买体育公共服务。

〔1〕 项显生．我国政府购买公共服务边界问题研究［J］．中国行政管理，2015（6）：38-45.

〔2〕 周爱光．从体育公共服务的概念审视政府的地位和作用［J］．体育科学，2012，32（5）：64-70.

（二）民生标准

民生标准即依据公共服务与民生密切程度来判定，如果密切就购买，否则就不购买。民生性是购买内容的首要特征。如法国就将社会公共服务项目进行分类，视其关系民生的重要性和关键程度来决定购买的深度和广度[1]。

政府购买体育公共服务的终极目的，是为了满足公众不断增长的体育需求，以提高全民族的健康素质，这也是履行政府提供体育公共服务的职责。因此，政府购买体育公共服务必须优先考虑民生。

由于不同历史发展时期人民群众的体育需求各异，同时由于我国地域宽广，即使在同一历史时期，人民群众的体育服务需求也存在较大差异，因此在制度设计中，购买体育公共服务的内容应当限定在基本体育公共服务范畴，而不是那些差异化的体育服务方面。基本的体育公共服务应当是人们在追求健康体质过程中所普遍采用的、较为便利的、成本较为低廉、政府有能力实施的体育公共服务。

因此，在确定购买内容时，首先要考虑的是具有"公共性"的基本体育公共服务。在公民社会，政府本身就是公民推举的管理公共体育事务的一个组织，公共性是它的核心。我国现阶段的体育公共服务对象指的不是某一部分人，甚至也指的不是多数人，而是指"全体人民"，目的要使"全体人民"共享改革发展的成果。只有那些具有"公共性"的服务才是基本的体育公共服务，由公共财政承担供给，差异化的服务则由社会个体通过非政府供给的方式获取。

其次要考虑的是具有"便利性"的基本体育公共服务。基本体育公共服务的供给在于满足群众基本的体育服务需求，这个基本需求应当是通过政府供给的服务能够较为便利地为群众采用，而群众通过这种方式的服务能够有效地实现健身目的。

最后要考虑的是具有"低廉性"的基本体育公共服务。如在健身的过程中，有很多手段都可以实现健身目的，既包括价格高昂的高尔夫户外运动，也包括价格较为低廉的散步、广场舞。基本体育公共服务作为能够普遍实施，能够为全民

[1] 张汝立，陈书洁．西方发达国家政府购买社会公共服务的经验和教训［J］．中国行政管理，2010（11）：98-102.

族、全区域群众采用的方式，由于需要由公共财政买单，因而供给的服务应当是价格低廉的体育服务。价格高昂的差异化体育服务则不在基本体育公共服务范畴。

政府购买公共体育服务不是一蹴而就的，在社会经济发展水平较低的现实下，我们只有首先从基本公共服务购买做起，等到我国整体发展到一定程度，可再扩大政府购买体育公共服务的范围。

（三）公益性标准

公益性是公共部门的重要属性，公益性是政府作为公共部门与私人机构的主要特征。政府购买体育公共服务，作为一项由公共财政支持的体育基本公共服务的供给行为，公益性是其基本特征。购买虽然属于经济行为，对于体育公共服务而言，体育公共服务以普遍实现公共体育权益为准则，追求社会效益的最大化，因此公益性依然排在首位，在购买过程中，体育公共服务的供给必须是以满足公众需求为主要目的。《关于政府向社会力量购买服务的指导意见》中对包括体育服务在内的公共服务供给内容有明确的规定："适合采取市场化方式提供、社会力量能够承担的公共服务，突出公共性和公益性"，公共性和公益性都是购买内容的基本特征，只是公共性跟民生关系更密切，因而放入民生标准中。

（四）成本效益标准

政府在决定是否向社会购买某项政府职能之前，需从绩效评估的角度开展"成本—效益"分析。美国《联邦政府绩效与结果法》要求政府部门必须对政府职能是否选择外包进行绩效评估，而绩效评估的基础就是"成本—效益"。购买服务的成本需包含政府向服务提供者支付的费用、缔结合同的成本以及监管成本，购买成本与服务收益的衡量也是必须考虑的重要因素。

政府购买体育公共服务能否有效节约供给成本，这是衡量政府购买行为的核心标准。根据国内外政府的采购实践来看，公共部门服务合同的节约成本总额取决于服务的类型、采购目前的竞争程度、服务提供的位置以及其他因素的影响。并非所有的政府购买的公共服务案例都会导致相应的成本下降。

政府在购买体育公共服务过程中，政府内部供给成本核算是最重要的，也是政府购买体育公共服务的起点。只有购买体育公共服务的成本以及承包商通过竞标以后的成本在一定范围内低于政府内部供给成本，政府购买才有意义。此外，针对承包商提供的成本核算清单，政府可以和市场同质的服务进行价格调查对比，划定一个承包商盈利的范围或者比例，同时也能在合同谈判中更具有优势。当然并非中标价格越低越好，盲目追求低价中标，并不能保证提高效益，同时也不利于政府采购市场的健康发展。例如，美国联邦政府规定了一个成本节约的门槛比率：只有人事方面的预期节约超过10%才能进行政府购买〔1〕。

在充分考虑交易成本基础上，政府购买体育公共服务的成本低于政府自身供给的成本时，政府购买才能得以实施。政府会在充分调研“成本—收益”的基础上，来界定购买体育公共服务边界。

（五）可操作性标准

可操作性是购买内容的必要性特征。政府购买体育公共服务范围的这一特征具体表现如下。

1. 是否有适当的承接方

购买成立的前提是既要有购买者，又要有承接者，只有存在能够提供该项公共服务的主体时，政府购买体育公共服务才能得以成立。当然最好是有足够的体育公共服务承接者，包括体育社会组织和企业等。承接主体充足、地位平等才能进行充分竞争，从而降低成本。

2. 是否有比较确实的价格和相对可以量化的质量标准

政府购买体育公共服务引入了合同、招标等市场竞争因素，这就要求政府购买的体育公共服务是可以具体化的。价格与质量越容易量化的体育公共服务，往往越容易以购买的方式提供。

3. 是否可评估

政府购买体育公共服务最终要向体育公共服务的生产者支付费用。虽然，政府可以根据合同的规定来支付费用，但是政府在支付费用之前必须要对购买的体育公共服务进行评估，并根据评估的情况来确定是否支付费用以及支付多少费用。

---

〔1〕 汪晓琳，王丛虎．政府购买公共服务分析框架的构建［J］．中国政府采购，2014（6）：69-71.

因此，购买的体育公共服务必须要具有可评估性，也就是说，政府可以通过建立相应的工作制度，确定相应的工作人员，可以对购买的体育公共服务做出较为科学、合理的评估。

三、政府购买体育公共服务的主要内容

根据政府购买公共服务边界的理论、我国政府购买体育公共服务的政策、判断政府购买体育公共服务边界的基本标准以及前文所介绍的我国体育公共服务的分类，结合地方体育公共服务供给的经验，可将政府购买体育公共服务的主要内容归纳如下。

（一）制度类的体育公共服务

制度类的体育公共服务主要包括体育法律法规、方针政策的研制和宣传等服务。一般而言，制度类服务属于政府职责范围内的非选择性、非竞争性的纯体育公共服务，应当由政府直接提供，不得向社会力量购买，属于禁止性购买服务范畴。但在制度研制过程中会有部分必要的服务产生，如规划立法前期研究和后期宣传等，这些可向市场购买[1]。随着政府职能的调整与改革，传统由政府制定政策文件的方式发生改变。政府通过咨询课题或者委托课题的形式，逐渐将由政府亲力亲为的政策制定事务转交给具有较高专业水准的专家学者，他们作为智库的构成成员，在政府相关的政策文件制定以及专业咨询中扮演着重要的角色。

（二）设施类的体育公共服务

体育场地设施是体育公共服务体系的物质载体，也是构成公共体育服务体系的重要保证。主要包括公共体育场馆、以健身路径工程为主的社会健身休闲场地、经营性体育场所以及各级机关、学校、社会团体、企事业单位所属的体育场地设施等多种类型。以物质载体为分类标准，认为广义的体育场地设施相关服务不仅可根据《政府采购品目分类目录》囊括了体育场馆的管理和维护服务，而且可以

〔1〕 财政部科研所课题组．政府购买公共服务的理论与边界分析［J］．财政研究，2014（3）：2-11.

将社区、街心公园、公园等运动场所的管理，体育器材装备服务及与体育设施器材相关的服务也归为此类[1]。

（三）组织类的体育公共服务

根据《政府采购品目分类目录》规定，主要包括竞技体育组织服务、非竞技体育组织服务以及其他体育组织服务。在具体实践中主要包括对街道、社区基层体育组织、体育社团，民办非企业单位、基金会等组织培育和建设相关的服务。

（四）活动类的体育公共服务

活动类的体育公共服务包括各类竞赛、表演和展示、健身活动的组织与承办、国民体质测试以及体育项目的引进与推广等服务。这些活动是动员、号召群众参与到体育运动中来的活动形式。各种类型的体育活动是体育事业发展的具体表现形式，其内容与形式一定程度上反映了体育的发展水平。

（五）指导与培训类的体育公共服务

指导与培训类的体育公共服务主要包括运动技术指导、宣传等指导类的服务，以及与体育指导相关的如社会体育指导员、教练员、裁判员等各种人群的教育培训活动。

（六）信息类的体育公共服务

信息类的体育公共服务主要指体育发展过程中，各种体育知识、体育技术、体育咨询、体育评价等信息类的体育服务。信息类的体育公共服务是体育工作开展的重要资讯条件，当前，随着信息技术的发展，信息传递的途径愈加丰富、传递效率愈加高效，依靠互联网的便捷方式，政府通过建立体育服务信息平台将大量的体育资讯迅速地传递给普通民众，使民众更加便利地获取群众性的体育知识、体育技术指导、体育活动资讯、体育发展动态等信息。

---

〔1〕 刘国永，裴立新，范广升，等．中国体育社会组织发展报告［M］．北京：社会科学文献出版社，2016.

当然，随着政府向社会力量购买体育公共服务的机制创新不断推进，越来越多的服务项目会被纳入政府购买体育公共服务的范围，政府购买的体育公共服务的内容也会日趋丰富。

第二节 政府购买体育公共服务的方式

一、政府购买体育公共服务方式的确立

政府购买体育公共服务在确定购买主体以及承接主体之后，还要明确购买方式，购买方式就是一种契约关系，通过契约或合同，将买卖双方的权利义务关系予以明确，政府购买方式的选择取决于很多因素。根据政府采购的公开、公平、公正原则，凡是政府购买服务都应按照一定程序与规则执行，在采购方式上，既要考虑到国家政策规定，又要考虑到政府购买体育公共服务本身的特性，视实际情况选择采购方式。

（一）需比照政府采购相关法律来规范政府购买体育公共服务的方式

当前规范我国各级政府购买体育公共服务行为的法律法规，可以看作是政府采购政策的延伸和补充。但就根本属性来说，《中华人民共和国政府采购法》目前仍然是我国政府购买体育公共服务实践唯一可采用的国家法律。《中华人民共和国政府采购法》第 26 条规定公开招标、邀请招标、竞争性谈判、单一来源采购、询价及国务院政府采购监督管理部门认定的其他采购方式这 6 种方式，并具体说明了竞争性谈判、单一来源采购、询价这 3 种采购方式的采购程序。

（二）要考虑政府购买体育公共服务与政府采购在购买方式上存在不同

因为《中华人民共和国政府采购法》立法宗旨实际上并不是政府购买公共服

务的制度设置和设计目的。如由于采购目的及消费对象等原因，政府采购的采购方式一般采取以项目为载体方式进行；而政府购买公共服务，则由于消费对象的差异性，仅按项目来并不能完全实现政府购买的目的[1]。因此在坚持公开招标为主原则的基础上，要适当考虑公共服务本身的独特性、专业性与稀缺性[2]，视实际情况选择确定采购方式。

体育公共服务的独特性表现在，体育公共服务不像公共体育场馆的建设、体育设备器材的购买，它是无形的，购买服务只能从感知上了解其后果；它是同步的，服务提供即是消费过程，如购买社会体育指导员培训服务、购买游泳场馆服务等，服务质量难以全过程检测；它是非存储的，若没有合理使用，服务资源容易闲置。体育公共服务具有专业性，是因为政府各部门购买的体育公共服务是围绕其职能业务开展，各业务之间独立性强、交叉性少，如购买群众体育服务与购买竞技体育服务，购买体育组织服务与购买体育场馆服务等，需要服务提供者具备一定的专业素质、人才资源与技术保障。体育公共服务具有稀缺性，是因为由社会力量承接政府购买体育公共服务是新生事物，社会上专门从事体育公共服务的机构组织相对于市场经济主体来说，无论数量上还是质量上都显得薄弱。

二、政府购买体育公共服务的主要方式

根据政府采购相关法律以及目前我国政府购买体育公共服务的实践来看，我国政府购买体育公共服务可采用的主要方式有合同制、直接资助制、项目申请制和岗位购买制等。

（一）合同制

合同制是最为常见的一种购买方式，就是由政府确定某种公共服务的项目规划和标准，然后向民营企业或者非营利性社会组织招标。中标者与政府签订公共

〔1〕 王浦劬，郝秋笛，等．政府向社会力量购买公共服务发展研究——基于中英经验的分析［M］．北京：北京大学出版社，2016：41.

〔2〕 马俊达，冯君懿．政府购买服务问题研究（上）［J］．中国政府采购，2011（6）：64-66.

服务购买合同，并按照合同规定的标准向社会公众提供公共服务和产品，政府向其支付费用。通过这一方法，政府可以利用社会力量在技术和人才方面的优势提高公共服务的质量，减轻政府的负担，有效缩减政府的行政支出，同时也给服务的提供者带来了收益，因此得到各国的普遍采用。

合同的内容应该包含公共服务从政策制定到后期测评的全部过程。大致应该包含：公共服务的范围、标的、数量、质量要求，以及服务期限、服务和产品的标准、价格和收费的确定方法、设施的权属与处置、设施维护和更新改造、安全管理、履约担保、违约责任、争议解决方式，最后还应包括合同双方认为应该约定的其他事项。详细的合同能明确和细化合同双方的权利和义务，减少将来发生纠纷的可能性，而且合同制预先将公共服务项目的各种程序都做了规定。

合同制可以根据竞争程度细分为 3 种方式：竞争性购买、谈判式购买及指定性购买。

1. 竞争性购买

在实践中，竞争性购买通常采用公开招标与邀请招标的方式。

公开招标方式是指由政府先行确定某项公共服务的各项指标，然后通过公开招标的方式，由私营企业或者非营利性社会组织参与竞争，政府选择较优者与其签订提供公共服务的合同。政府依合同向受托者支付相应报酬并对其活动进行监督和管理，具体的公共服务活动由合同中的受托者负责提供。例如：2013 年上海市民体育大联赛中政府采用了公开招投标的方式，引入竞争机制向体育社会组织购买赛事组织服务。公开招标方式在国外也是很多国家常用的一种政府购买体育公共服务的方式。例如：英国是世界上最早进行政府购买体育公共服务的国家，英国政府强调在公共服务供给中，凡是能由市场供给的，必须通过强制性竞标方式完成。加拿大体育与休闲部通过《竞争投标与合同办法》对政府购买体育公共服务的内容、程序及后期的合同管理均做了明确的规定。

邀请招标是指政府向选定的若干供应商发出邀请，请其报价投标，与符合资格且价格最低的提供者签订合同。这种招标方式效率高、能节省招标费用，但容易将许多符合资质的服务提供机构排除在购买范围之外，竞争的充分性不及公开招标。

2. 谈判式购买

谈判式购买是指政府采购人或其代理机构直接邀请 3 家以上供应商，就采购事

宜而进行协商谈判。这种购买方式的核心是购买双方就交易条件达成双方都满意的一致意见。显而易见，协商谈判的方式灵活，游刃有余，能省去购买的许多前期工作，但不利于公开公平地竞争。《政府采购货物和服务招标投标管理办法》(财政部第 18 号令）第 43 条规定了竞争性谈判的适用范围。该款规定，投标截止时间结束后参加投标的供应商未达到 3 家的，在不存在取消采购任务的情形且符合竞争性谈判条件的，可以采用竞争性谈判的方式进行采购。竞标期间，在符合专业条件的供应商或对招标文件给予实质性响应的供应商不足 3 家这种情况下，也可采用竞争性谈判的方式。其主要流程为成立谈判小组、制定谈判文件、确定邀请参加谈判的供应商名单、谈判、确定结果、签订合同。竞争性谈判具有准备期短、工作量少、谈判方式灵活、对供应商的选择比较有目的性的特点，因而成为政府购买公共服务的方式之一。在 2013 年上海市民体育大联赛中也采用了竞争性谈判的购买方式，对于竞标单位较多的项目采用竞争性谈判这一购买方式，然后签订购买合同，开展政府购买活动。

3. 指定性购买

指定性购买是指政府向指定的供应商直接购买。这种购买方式不存在竞争，可以省去购买的前期所有工作，快捷方便易将政府垄断转化为企业垄断，通常是提供的体育公共服务具有特定性、非竞争性，数量也有所限制。我国政府对学校等事业单位提供体育设施的政府购买就是采用指定性购买方式，通过定向购买的方式，获得学校的体育设施在一定时间内对社会公众免费或低收费开放，如上海市静安区政府向社会组织指定购买学校体育场馆服务，满足广大社区居民体育健身的需要。

（二）直接资助制

直接资助制在我国政府目前购买体育公共服务中是常见的方式。直接资助制是指政府通过实物资助、经费资助和优惠政策扶持等形式对承担公共服务的社会组织给一定的资助。其中经费资助是最主要的方式。

虽然说资助或者拨款的方式并不是政府通过委托直接购买，但实质上是一种变相的购买。政府不会无缘无故地给予支持，受到扶持的社会组织提供的服务必须是社会需求比较大的或者某一新兴产业。就体育公共服务而言，社会公众对其需求量不断增加，而原有的规模很难满足新的需求，但体育社会组织由于自身条件的限制又不可能即时扩大规模，因而政府通过资助或者拨款的方式对该组织进行财政上的扶持，也是为了更好地满足社会公众的需求。同时也帮助了公共服务提供方渡过难关，促进其加快成长，从而获得更广阔的发展空间。资助的方式由政府直接选定对象进行资助，也可以由社会组织向政府提供工作计划，再由政府决定对哪个组织进行资助。

例如，2014 年长沙市政府购买游泳馆服务采用了直接资助式，由于在游泳设施服务市场，不存在大量卖方形成相互竞争的服务供给形态，不具备开展公开招标的条件，政府通过对游泳场馆进行考察与场馆签约，在特定时间段向中小学生开放，费用在活动结束后根据预算指导价格和接待人次确定各游泳场所购买服务金额，按合同约定一次性支付给各相关游泳场所；南通市通州区政府在购买健身项目培训、社会体育指导员培训（再培训）、国民体质监测工作项目、承办区以上的各类体育赛事、组队参加省级以上各项体育赛事中均采用了政府补贴的方式；北京市在 2013 年以直接资助（政府订单）的方式向北京市中小学体育运动协会、市汽车摩托车运动协会、市体育休闲产业协会和市模型运动协会等市级体育社团购买体育公共服务也属于直接资助制；江苏省体育局通过以奖代补的形式对健身站点加以扶持，每年评选 1 000 个省级优秀健身站点，对每个健身站点给予 2 000 元奖励；苏州市每年对评选出的 50 个示范健身站点，并从 2010 年开始，选取全市 10 个人气较高的健身站点，由政府买单开展“全民健身系列大课堂”活动；无锡市每年拿出 70 万元专项资金，对健身站点进行资助。在当前购买公共体育服务制度尚不配套的情况下，这种方式具有一定的借鉴意义[1]。

目前，发达国家对于一些投资比较大、公益性强的特殊公共体育服务项目，也常采用政府补助的方式，通过直接资金资助、免税或税收优惠等吸引社会组织参与公共体育服务的生产。例如：挪威政府对 BHSC 体育健康中心就是通过直接资助与税收优惠相结合的方式，对残疾人公共体育服务进行购买，满足残疾人特殊

〔1〕 刘国永，裴立新，范广升，等．中国体育社会组织发展报告［M］．北京：社会科学文献出版社，2016：187.

的公共体育服务需求[1]。

对体育社会组织的资助，可以使更多的体育社会组织参与到体育公共服务的提供中来，以降低体育公共服务的成本、提高体育公共服务的购买力，让更多社会公众享受到服务。达成特定的服务目的是直接资助的目的之一，但其主要目的还是帮助体育社会组织自身能力的提高和发展。

（三）项目申请制

项目申请制是政府直接资助项目或采用公开招标的形式委托社会组织提供公共产品和服务。可分为两种情况：第一种是作为购买的政府根据所要提供的公共服务的具体内容先行设计好特定的专项项目，然后面向社会公开招标，由中标者（承接者）完成该特定项目，政府支付中标者费用，以此种方式提供公共服务；第二种是作为公共服务提供者的社会组织，主动向政府有关部门提出要求申请立项，经过评审后，政府以项目方式予以资金支持。目前，这种方式随意性较强，没有形成制度化、市场化、程序化和规范化管理体系。政府可针对群众最迫切、最希望解决的有关体育需求的问题，或政府设计的特定体育发展计划、体育科研项目设立项目申请专项资金等，向社会购买体育公共服务。同时，项目申请必须做好以下工作：一是广泛动员，逐级召开项目征集部署会，信息公开，搭建交流平台，促使体育社会组织广泛参与服务项目申报工作；二是精细化服务，聘请专家为体育社会组织讲解项目申报的条件、程序及注意事项；三是严格按照项目指南的要求，把控审批关，严格筛选，严审申报资格条件。

（四）岗位购买制

这是我国政府购买公共服务实践中一种比较特殊的购买方式。岗位购买制主要是指机关和所属事业单位将原来占用行政编制或事业编制、从事一定技术性或一般辅助性职能的公益性服务岗位向社会和市场开放，通过劳务派遣、聘用制等方式，延聘社会专业人员或辅助人员协助政府提供公共服务，以促进财政供给方

---

[1] 汪波．政府购买公共体育服务：国际经验与我国推进路径［J］．上海体育学院学报，2014，38（6）：25-30.

式从“养人为主”到“办事为主”的转变，购买岗位关注人而非事。如2008年吉林长春购买“社区体育管理员”岗位，同年辽宁阜新购买“社会体育指导员”岗位以及2009年马鞍山市购买“学校体育设施开放管理”公益岗位等均属于岗位购买制。在政府购买服务的实践中，更多的是在政府系统内部购买岗位，这种模式又可以称为体制内吸式。在此模式中，资金基本上还是在政府体制内循环，人员进行社会招聘，项目由政府“给”而非公开招投标。政府大力支持这种模式主要有3个原因：一是参与这种购买服务的社会组织是由政府主动成立的，其政治合法性很高；二是资金仍在体制内运行，政府易于控制和使用资金；三是在一定程度上，可以解决部分就业问题。

三、政府购买体育公共服务的程序

在依法治国的国策下，一个概念逐渐被更多人所认可：程序有时比内容更重要[1]。所以政府购买体育公共服务的程序需更加规范和完善。关于政府购买体育服务的具体程序，尽管各地在实施过程中有所差别，但根据《政府购买服务管理办法（暂行）》的具体规定，大致包含以下6项程序：确定服务内容、实施购买公示、遴选承接组织、签订购买合同、实施合同管理、评价验收。

（一）确定服务内容

依据本区域体育公共服务供给与需求现状，按照年度的体育公共服务购买预算方案，确定年度的体育公共服务的购买内容，如常州、苏州、无锡等地每年都会公布政府购买体育公共服务的指导性目录。

（二）实施购买公示

确立了购买服务内容、服务对象之后，制定详尽的某类型服务的具体实施方案，通过互联网的便捷方式公示方案。通过方案公示，传播政府购买体育公共服

〔1〕上海金融学院城市财政与公共管理研究所．政府购买公共服务：理论、实务与评价［M］．北京：中国时政经济出版社，2015：37.

务的相关信息，与服务生产者、服务受用者等形成初步的互动。

（三）遴选承接组织

依据《政府采购法》，通过公开招标、邀请招标、竞争性招标等方式确定具有专业化服务水准、具备服务供给资质的社会体育组织作为服务生产方。与政府购买服务相关的采购限额标准、公开招标数额标准、采购方式审核、信息公开、质疑投诉等按照政府采购相关法律制度规定执行。

（四）签订购买合同

通过协商谈判，就政府购买服务的标准、服务要求、服务流程、服务价格、服务评估、服务责权等问题做出明确的约定。购买服务合同是具有强制性且服务购买双方必须严格遵守的法律文件。对于双方的责、权、利有着明晰的约定，详尽具体的合同可以确保政府购买体育服务的有序运行。

（五）实施合同管理

购买主体应当在购买预算下达后，根据政府采购管理要求编制政府采购实施计划，报同级政府采购监管部门备案后开展采购活动。依据合同的约定，对服务生产的过程、服务供给的质量等进行有效的监管，对偏离合同的不当行为进行有效的控制，确保按照合同的约定，高效地供给服务。购买主体应当加强购买合同管理，督促承接主体严格履行合同，及时了解掌握购买项目实施进度，严格按照国库集中支付管理有关规定和合同执行进度支付款项，并根据实际需求和合同规定积极帮助承接主体做好与相关政府部门、服务对象的沟通、协调。

（六）验收评价

购买服务实施完成后，基于过程以及事后采集的评价信息，通过第三方或者多方的评估，对服务生产做出最后的评估验收，交付相关的购买费用。在其他领域政府购买公共服务的具体实践过程中，各地已进行了长期的有效探索，形成了各具特色的购买服务流程，可为今后体育公共服务的购买提供参考借鉴。其细化

过程详见图 5-1[1]。

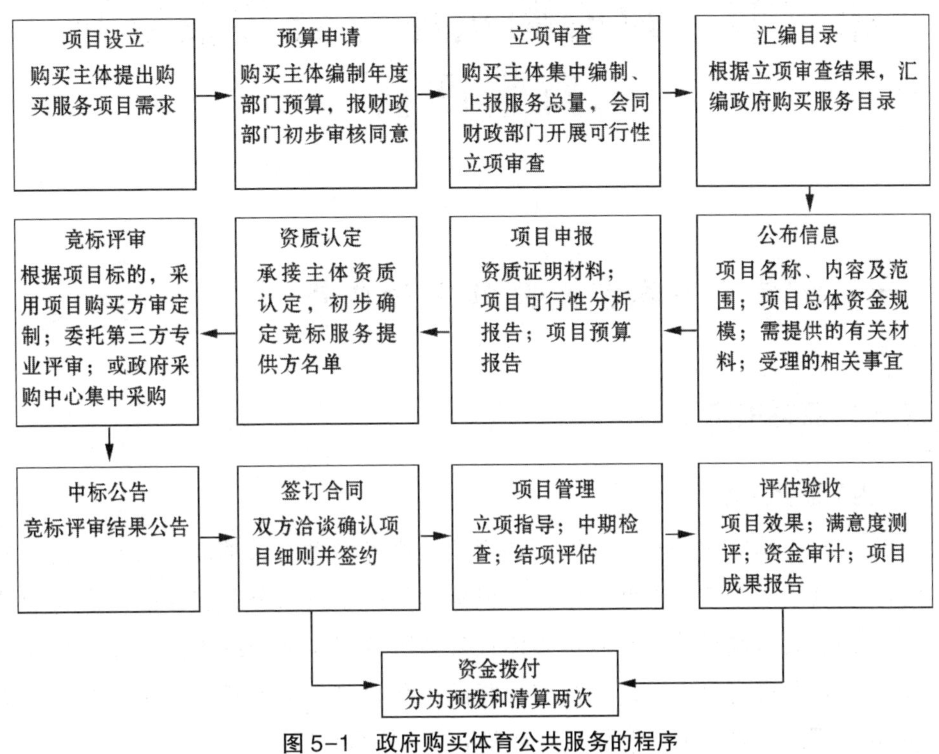

图 5-1　政府购买体育公共服务的程序

[1] 上海金融学院城市财政与公共管理研究所．政府购买公共服务：理论、实务与评价［M］．北京：中国时政经济出版社，2015：36.

第三节 政府购买体育公共服务的监督评估

一、政府购买体育公共服务的监督

（一）监督主体

1. 内部监督主体

内部监督主体应该是与政府购买体育公共服务活动有关的职能监督部门，如政府购买公共服务管理、财政、审计、督察等部门以及与公共服务品质有关的部门，如工商、质量监督等。政府购买体育公共服务职能部门或承接主体对购买活动各要素、环节进行要建立内部自我监督的工作机制。根据各监督主体在监督机制中的角色不同，可分为职能部门监督和承接主体自身监督。

《关于政府向社会力量购买服务的指导意见》指出，购买主体应建立健全内部监督管理制度，并自觉接受社会监督，财政部门要进行资金监管，承接主体应当健全财务报告制度，并要接受审计。《政府购买服务管理办法（暂行）》指出，要对购买行为和承接行为进行全过程监督，工商管理、民政及行业主管等部门要将政府购买服务行为信用记录纳入年检、评估、执法等监管体系。

2. 外部监督主体

根据监督主体在外部监督机制中的角色不同，可分为人大监督、司法监督、

监察监督、社会监督等[1]。

（1）人大监督。它是指县级以上人民代表大会及其常委会对政府购买体育公共服务活动开展的监督，是最高层次的监督。人大监督重在对政府购买体育公共服务中的一些根本性、全局性和普遍性的问题开展监督。一是对购买目录、购买计划和购买资金的监督审核；二是根据社会经济发展规模、财政实力以及服务消费群体数量来核定购买体育公共服务监督管理机构和人员；三是定期听取购买项目的预决算和经费使用情况的报告，并根据购买项目进展情况督促财政部门及时拨付购买资金；四是按照法律规定，充分行使质询权、询问权、重大问题调查权和罢免权。

（2）司法监督。在我国，司法监督主要是指检察机关、审判机关的监督。检察机关是我国的法律监督机关，可依法对政府购买体育公共服务活动开展监督。监督的重点是看政府购买体育公共服务管理机构的工作人员是否有渎职腐败的行为，并及时加以惩处。

（3）监察监督。监察监督是指履行监察权的政府部门对政府购买体育公共服务活动开展的监督，包含监察监督和审计监督，主要监督内容是政府职能部门的作为和不作为以及工作人员合法权益的维护。监察监督部门要建立相应的举报线索受理机制，及时受理公众举报并开展调查处理工作。

（4）社会监督。政府购买体育公共服务的社会监督包括媒体监督和公众监督。新闻媒体作为舆论工具，除了宣传政府购买体育公共服务政策和工作制度外，还发挥着重要的监督作用。在政府购买活动中，新闻媒体可以对政府购买活动中的违法违规行为进行跟踪报道，起到引导和教育的作用。同时，它可以利用自身信息传播快、辐射面广、影响力大的特点，及时收集群众意见，反映购买中出现的问题。公众作为体育公共服务的受益者，对政府购买活动感受最深，关注程度最高。因此，政府购买体育公共服务的监督部门要密切关注和听取公共服务消费者的意见和建议，并及时调整工作安排和部署；同时，要建立公共服务对象反映诉求的工作机制程序，特别是投诉和质疑程序，通过这些程序及时处理购买活动中出

〔1〕项显生．我国政府购买公共服务监督机制研究［J］．福建论坛：人文社会科学版，2014（1）：167-175.

现的问题。

（二）监督内容

1. 立项监督

项目立项是整个政府购买公共服务活动的源头。只有加强立项监督，才能确保整个购买活动科学、规范，减少随意性。立项监督的要点有以下几个。一是合法性监督，即购买的公共服务必须符合国家法律的规定，不得违反法律规定超范围购买或人为缩小购买范围；地方政府购买公共服务还必须充分考虑到当地有关规范性文件的要求，严格按照法律法规和规范性文件的规定开展购买工作。同时，还要监督购买的公共服务是否符合本年度或特定阶段的购买计划。二是必要性监督。政府要通过咨询、会商、问卷等形式对公众、承接主体等进行调查，了解购买的公共服务是否符合当前公众的需求；是否将公众不需要或不符合购买要求的项目纳入购买计划。三是合规性监督，即监督购买项目是否符合政府部门、相关协会、学会编制的技术标准或规范。四是可行性监督。监督主体要对购买项目进行风险评估和成本核算、确定购买的项目是否有足够的财政资金、是否对公众权益造成侵害、是否有专门的机构以及人员负责政府购买活动等。五是文本监督，主要是监督立项建议书、可行性分析报告、政府批文等是否齐全以及是否以符合规定的文本格式呈现。

2. 执行监督

购买项目立项后，政府购买就进入执行过程。执行过程是政府购买活动的动态体现和目的，政府购买活动执行过程点多、面广，监督难度大，比如：需要监督购买内容是否与购买计划一致；各类参与人员的行为是否合法，是否有超越职权或滥用职权的行为等。

3. 数据采集录入监督

信息化监督是政府购买活动监督方式改进的措施之一。实现信息化监督的关键是政府购买过程中相关数据的采集录入。因此，数据采集录入就成为政府购买公共服务监督不可或缺的内容。数据采集录入重点要解决“全”“实”“新”以及保障问题。“全”即监督采集的数据是否齐全，这就要求数据及时采集、及时录入，不

拖延、不滞后。保障工作主要看是否配备专门工作人员和机构；是否安排专项资金；是否配置必要的硬件和固定的工作场所等[1]。

二、政府购买体育公共服务的评估

（一）政府购买体育公共服务的评估内容

优化体育公共服务的供给、确保体育公共服务的质量，需要引入科学、客观的评价机制。对于政府购买体育公共服务可从以下几个方面进行评价。

1. 从购买体育公共服务的流程评估

也就是说，把政府购买体育公共服务的完整过程分解为相对独立的一些环节，然后依据预先制定的科学标准，评价其实施过程是否达到了有效供给服务的目标。诸如在政府购买体育公共服务的过程中，会有购买服务信息的发布、购买服务的招标、购买服务的实施、购买服务的监督，每一个过程的有效运行与否都会影响到其他环节或者整体的购买服务过程的运行质量。因此，有必要通过科学地评估购买体育公共服务的各个过程，以便确保服务供给的质量；《政府购买服务管理办法（暂行）》第三十一条强调：财政部门应当按照建立全过程预算绩效管理机制的要求，加强成本效益分析，推进政府购买服务绩效评价工作。财政部门应当推动建立由购买主体、服务对象及专业机构组成的综合性评价机制，推进第三方评价，按照过程评价与结果评价、短期效果评价，要有长远效果评价、社会效益评价与经济效益评价相结合的原则，对购买服务项目数量、质量和资金使用绩效等进行考核评价。评价结果作为选择承接主体的重要参考依据。

2. 从体育公共服务供给过程的介入主体视角进行评估

在政府购买体育公共服务的过程中，涉及了政府、体育社会组织以及服务的受用方等多个主体，依据各个主体在政府购买体育公共服务的过程所承担的职能

---

〔1〕 项显生．我国政府购买公共服务监督机制研究［J］．福建论坛：人文社会科学版，2014（1）：167-175.

进行评估，评估其是否实现了各自的职能。对于服务购买方——政府，承担了“为什么要购买”“怎么购买”“向谁购买”“为谁购买”等职能。由于政府以公共财政实施政府购买体育公共服务，因而政府需要确保公共财政在政府购买体育公共服务使用过程的公益性、公正性。诸如：政府购买体育公共服务的供给范围相当于基本层次的体育公共服务，并且体育公共服务的供给应当按照差异化与公正原则，优先供给社会的弱势群体；政府购买体育公共服务的内容必须精准，否则容易造成过度购买而产生公共财政的浪费。对于服务生产方——体育社会组织，则必须对其服务生产、供给的整个过程进行监督，以确保其服务的生产是高质量的。在 2009 年的长沙购买游泳服务的过程中由于缺少供给服务的社会组织，也因为政府为减少购买服务的协商决策的过程，所以政府通过将服务供给任务直接委托给体制内的单位，如此使得政府通过较为便利的沟通将购买服务事项贯彻下去。然而，没有按照完全的市场法则运行的政府购买服务，使得体制内的服务供给方为了维系自身的利益，在购买服务的过程中，存在较大的追求私利的现象。部分游泳池本应该按照协议每天供给 6 小时的游泳服务，但某些游泳池却私自将供给服务时间压缩，甚至将游泳服务的受众（诸如门槛）私自修改。除了政府、社会组织等需要评价，事实上，体育公共服务的受益方也需要引入评价手段。政府通过公共财政为民众供给体育公共服务，人民群众可以免费享用政府提供的服务，在人民群众享受服务权利的同时，也应当担负起相应的责任——有效地使用好体育公共服务。显然，不当、过度地使用体育公共服务，就是对体育公共服务的浪费。例如，某些个体长期过度占有体育公共服务，使得体育公共服务的使用效能受到限制；又如，在政府供给了体育公共服务之后，某些社会个体却不去使用免费的体育公共服务，导致体育公共服务的供给浪费[1]。在调查中，曾经发现湖南省的 Y 市、江苏省的 S 市政府通过购买体育公共服务免费向市民提供了国民体质监测服务，然而，民众对于这一免费服务出现了默然相对的状况，民众对于体质监测的意义不甚明了，由此拒绝参加体质监测——尽管是免费的。

3. 按照购买体育公共服务的事务职能进行评估

比如：在政府购买体育公共服务的过程中，资金的筹集使用是比较重要的一

〔1〕 石伟伟．政府购买体育公共服务行为的研究［D］．苏州：苏州大学，2015.

项职能，是否有效地利用好了购买资金，有没有造成资金浪费？这都需要进行评价。针对资金使用的评价，财政部出台的《政府购买服务管理办法（暂行）》第三十二条规定：财政、审计等有关部门应当加强对政府购买服务的监督、审计，确保政府购买服务资金规范管理和合理使用。对截留、挪用和滞留资金以及其他违反本办法规定的行为，依照《中华人民共和国政府采购法》《财政违法行为处罚处分条例》等国家有关规定追究法律责任；涉嫌犯罪的，依法移交司法机关处理。

（二）政府购买体育公共服务的评估方法

1. 政府购买体育公共服务的交互评估

在体育公共服务购买的过程中，评估是交互的，也就是说，既可以服务购买者评估服务生产者，也可以服务生产者评估服务购买者；既可以服务生产者评估服务使用者，也可以服务使用者评估服务生产者，见图 5-2。

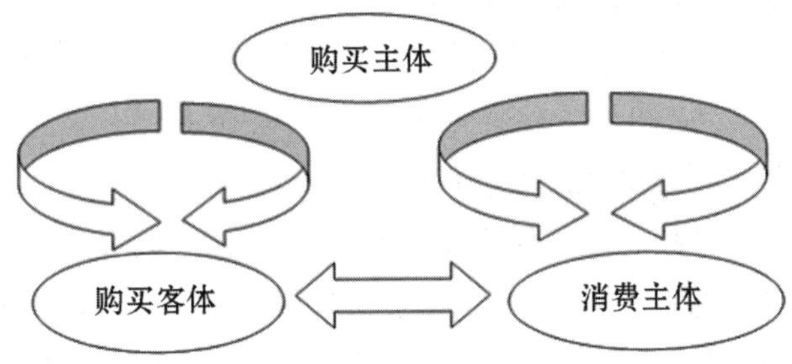

图 5-2　购买体育公共服务各方交互评估关系图

（1）政府监督部门对购买者的评估。

政府是有层级的。在购买体育公共服务的过程中，不同层级的政府实际承担了不同的购买职能，因此需要对不同层级政府甚至政府不同部门在体育公共服务购买过程中的职能进行评估。诸如湖南省长沙市实行的政府购买游泳服务，采用的是市区两级政府共同购买的方式。市一级的政府重点在于政策引导以及支付部分购买资金，而区一级的政府除了承担部分购买服务资金的支付，还需要发动教育、体育、公安、卫生等多个部门联合实施政府购买服务的这项工作。在实施政府购买服务的过程中，政府各部门是否完好地履行责任对于服务质量具有决定性作用。为了确保体育公共服务供给质量，有必要对承担相应责任的各部门进行监督评估。

（2）购买者对服务生产者的监督评估。

基于政府无直接生产体育公共服务的职能与必要，因而才将体育公共服务的生产与供给进行剥离，将体育公共服务的生产直接委托给具有资质的体育社会组织。政府能否有效地转移生产体育公共服务的职能，取决于社会是否存在足够体量规模的体育社会组织。为此，为了确保强调的体育社会组织能够有效地承接政府职能改变以来的公共服务供给，需要对体育社会组织进行培育。从政府培育的体育社会组织中遴选出具有体育公共服务供给资质的组织予以合作。这是政府遴选购买服务伙伴的视角。在政府购买体育公共服务的过程中，承接服务的体育社会组织是否完好地完成了体育公共服务的生产与供给，这都需要政府通过有效的方式对服务生产方进行评估。在长沙政府购买游泳服务的过程中，政府设立了专门的渠道对游泳服务生产组织进行监督评估，然后依据服务供给质量给予经费补助。对于完成服务供给任务较好的游泳场馆予以较大的奖励，对于服务质量较差的游泳场馆减少补贴。

（3）服务使用者对服务生产者的评估。

顾客满意——这是政府购买体育服务评估中最核心的要素。由于服务使用者是直接接触使用服务的社会群体，他们对于服务有切身的经历与感受，对于服务质量有着最权威的发言权。因而在交互的评估过程中，服务使用者对于服务生产者的评估是最核心的评估。因此，在实施对政府购买体育公共服务的过程中，应当首先重视服务使用者对于服务生产者的评估。

2. 政府购买体育公共服务的第三方评估

评估也是一项专业性很强的事务，它需要有科学、客观的评估标准。事实上除了服务使用者对于服务生产者有着一些主观的感受评估外，其他所涉及的政府对体育社会组织的评估，政府对政府体育服务购买实施机构的评估都需要引入专业化的第三方机构来进行评估。从西方国家实行“第三方评估”的经验看，第三方是指处于第一方（被评对象）和第二方——顾客（服务对象）之外的一方。由于“第三方”与“第一方”“第二方”既不具有任何行政隶属关系，也不具有任

何利益关系，所以一般也会被称为“独立第三方”。在西方，多数情况下是由非政府组织（NGO），即一些专业的评估机构或研究机构充当“第三方”。这些非政府组织可以保证作为“第三方”的独立性、专业性、权威性的要求。

由于“第三方”评估可以从交互的利益关系中剥离开来，因而，他们依据自身的专业能力可以在评估政府购买服务各方的过程中做出较为公正的评估。当前，采用“第三方”评估是较为普遍的评估方式，在政府购买体育服务领域也有较多的应用。诸如常州为不断完善政府购买体育公共服务实施过程和实施办法，更好地实现“体育惠民”的宗旨，在2014年实施办法的基础上，2015年又增加了“第三方”评审、媒体公告和“第三方”绩效评估环节，使政府购买服务过程更加科学和完善。其中在“第三方”评审环节中聘请国内知名专家和地方专家组成“第三方”评审组，在前期充分查看竞标书的基础上，现场听取竞标单位阐述承接赛事的具体思路，直观地了解竞标者的情况，采取现场公布结果的方式，保证评审的公开和公平性；在签订合同后，及时在媒体公布各项赛事的承接单位和报名电话，方便市民直接报名参赛；另外，为了更好地对各项赛事进行监督和评估，2015年专门成立了“第三方”绩效评估考核小组，对所有28项赛事进行评估，以财政资金使用情况和群众满意度为主线，从条件保障、体系建设、组织管理、活动成果、特色创新5个方面38个点对各承办方进行全方位评估，最终形成关于2015年政府购买服务绩效评估报告、政府购买服务蓝皮书和宣传片，以便对2015年购买服务项目进行科学、全面的总结，并对2016年此项工作的实施提出建设性的建议。

（三）政府购买体育公共服务的评估途径

评估技术是采集、反馈、加工评估信息的重要工具。原来对于政府购买体育服务的评估仅仅采用了消费者的满意度评估，评估的方式多以消费者的面对面反馈为主。随着互联网技术的发展，在政府购买体育服务的过程中，已有越来越多的技术手段介入政府购买体育服务评估的过程中来。新技术的运用，加大了信息流通的速度、降低了信息采集的成本，也使得评估的效率得到提高。当前常用的政府购买体育服务评估途径包括：第一，电话投诉方式。设立服务热线电话，安排专人接听相关服务质量的各种意见、投诉电话。第二，网络评估方式。通过互联网技术，实施服务使用者注册、预定、使用、评估一体化流程，在消费者使用体育公共服务之后，通过网上反馈的方式对服务质量进行评估。第三，随机抽检方式。以随机方式针对服务的某个环节进行突击式检查，及时做出评估。诸如卫检部门临时突击检查游泳池水质，由此给予泳池卫生的实时评估。当前也出现了基于网络平台，集成各种评估途径的评估模式。诸如长沙市体育局为了提高夏季购买游泳服务的质量，设立了服务评估的“公众服务平台”，市民通过电话、短信、微信等方式参与游泳服务的评估。为了有效地规范游泳服务生产者的活动，提高游泳服务供给的质量，购买服务在合同签订环节便引入了保证金制度。每个游泳场馆预先提交一定的保证金额，如果在后续的评估过程中，出现了评估异常事件，则需要根据协议扣除相应的资金。通过及时有效的评估技术在购买服务过程中的介入，极大程度地确保了政府购买体育服务过程的质量。

第四节　政府购买体育公共服务的制度安排

政府购买体育公共服务不仅需要有持续的经济和政治支持，更需要健全的法律法规作保障，才能使政府购买体育公共服务落到实处。相对完善的法律法规，可以明确各方应履行的责任，保障参与各方的合法权利，为政府购买体育公共服务的顺利开展营造良好的法治环境。目前，我国已颁布了各类有关政府购买体育公共服务的法律法规，包括中央层面的法律法规和地方层面的法规条例两大层次。

一、中央层面的法律法规

政府购买服务作为政府职能改革的重要举措之一，将传统由政府统抓统管的业务逐渐转交给专业化的社会组织。为了规范政府购买服务的开展，国务院、财政部、民政部以及地方各政府部门相继出台了一系列的政策法规文件。

国家层面出台的与政府购买公共服务相关的政策文件，主要包括政府的中期

发展规划、综合性的改革性文件、专门性的政府购买公共服务文件等。各种国家级的政策文件从宏观层面对如何有效推进政府职能转变、向社会组织购买服务提供了原则性的指导意见与建议。在国家层级的政策文件中，除了由单个部门发布文件之外，还有一部分文件是由政府多部门联合牵头签发的文件。显然，以多部委联合推进的方式破除政府购买服务的行业及部门壁垒，对于有效推进政府购买服务产生了积极作用。依靠中央政府及各部委的积极推动，政府购买服务得以在全国快速推广。

（一）《中华人民共和国政府采购法》

2002 年 6 月，第九届全国人民代表大会常务委员会第二十八次会议通过《中华人民共和国政府采购法》，共 88 条，对政府采购当事人、政府采购方式、政府采购程序、政府采购合同等进行系统规范。

（二）《2012 年政府采购工作要点》

2012 年 2 月，财政部办公厅出台的《2012 年政府采购工作要点》第一条提到研究制定推进和规范服务采购的指导意见，创造条件推进政府购买服务，逐步扩大公共服务、商务服务及专业服务的政府采购实施范围。

（三）《关于进一步规范政府采购评审工作有关问题的通知》

2012 年 6 月，财政部下发《关于进一步规范政府采购评审工作有关问题的通知》，提出加强评审工作管理，明确评审工作相关各方的职责，提高评审工作质量。

（四）《民政部　财政部关于政府购买社会工作服务的指导意见》

2012 年 11 月，民政部、财政部联合印发《民政部　财政部关于政府购买社会工作服务的指导意见》，要求重点围绕城市流动人口、农村留守人员、困难群体、特殊人群和受灾群众的个性化、多样化社会服务要求，组织开展政府购买社会工作服务。

（五）《文化部“十二五”时期公共文化服务体系建设实施纲要》

2013 年 1 月，文化部印发《文化部“十二五”时期公共文化服务体系建设实施纲要》，要求逐步建立公共文化服务政府采购制度。

（六）《国务院机构改革和职能转变方案》

2013 年 3 月，《国务院机构改革和职能转变方案》下达，要求加大政府购买服务力度。

（七）《国务院办公厅关于政府向社会力量购买服务的指导意见》

2013 年 9 月，国务院办公厅发布《国务院办公厅关于政府向社会力量购买服务的指导意见》，提出到 2020 年，在全国基本建立比较完善的政府向社会力量购买服务制度。

（八）《中共中央关于全面深化改革若干重大问题的决定》

2013 年 11 月，党的十八届三中全会通过《中共中央关于全面深化改革若干重大问题的决定》，提出推广政府购买服务，凡属事务性管理服务，原则上都要引入竞争机制，通过合同、委托等方式向社会购买。

（九）《关于政府购买服务有关预算管理问题的通知》

2014 年 1 月，财政部印发《关于政府购买服务有关预算管理问题的通知》，提出妥善安排购买服务所需资金、健全购买服务预算管理体系、强化购买服务预算执行监控、推进购买服务预算信息公开、实施购买服务预算绩效评估、严格购买服务资金监督检查。

（十）《关于推进和完善服务项目政府采购有关问题的通知》

2014 年 4 月，财政部出台《关于推进和完善服务项目政府采购有关问题的通知》，提出要按照“方式灵活、程序简便、竞争有序、结果评价”的原则，针对服务项目的不同特点，探索与之相适应的采购方式、评审制度与合同类型，建立健

全适应服务项目政府采购工作特点的新机制。

（十一）《关于支持和规范社会组织承接政府购买服务的通知》

2014 年 11 月，财政部、民政部印发《关于支持和规范社会组织承接政府购买服务的通知》，扩大承接主体范围，并将“社会组织”改为“社会力量”。通知中强调应充分发挥社会组织在公共服务供给中的独特功能和积极作用，指出要探索多种有效方式，加大社会组织承接政府购买服务支持力度；指出要采用公开招标、邀请招标、个性谈判、单一来源采购等方式确定承接主体，有针对性地培育和发展社会组织，促进社会组织的发展；行业协会商会类、科技类、公益慈善类、城乡社区服务类社会组织是重点培育和优先发展的对象；同时要求进一步建立健全社会组织承接政府购买服务信用记录管理机制。

（十二）《中华人民共和国政府采购法实施条例》

2015 年 2 月，《中华人民共和国政府采购法实施条例》发布，对政府采购活动及行为进行了全面规范，对政府采购工程以及与工程建设有关的货物、服务等进行了明确的界定与说明；明确政府采购服务包括政府自身需要的服务和政府向社会公众提供的公共服务，政府应当就公共服务项目采购需求征求社会公众意见，验收时应当邀请服务对象参与并出具意见，验收结果向社会公告。

（十三）《关于做好政府向社会力量购买公共文化服务工作的意见》

2015 年 5 月，文化部、财政部、新闻出版广电总局、体育总局联合发布《关于做好政府向社会力量购买公共文化服务工作的意见》，明确了政府向社会力量购买公共文化服务的购买主体、承接主体及购买机制等，并在附件“政府向社会力量购买公共文化服务指导性目录”中将购买内容做了一定程度的细化，为各地方政府向社会力量购买公共文化服务工作指明了方向。

（十四）《国务院办公厅关于成立政府购买服务改革工作领导小组的通知》

2016 年 6 月，国务院办公厅颁布《国务院办公厅关于成立政府购买服务改革

工作领导小组的通知》，目的是加快推进政府购买服务改革，加强对有关工作的组织领导和政策协调。

（十五）《政府购买服务管理办法》

2020 年 1 月，《政府购买服务管理办法》发布，全面规范政府购买服务基本原则、购买主体和承接主体、购买内容和目录等内容，加快推进政府购买服务改革。

二、地方层面的法规条例

除了全国性的、综合性的政府购买公共服务法律法规，地方政府也发布了一系列依据中央政策文件而指导与推进本区域政府购买公共服务（包括体育公共服务）的法规条例和政策文件。与全国性的法规条例和政策文件相比，地方性的政府购买体育公共服务的法规条例和政策文件能更多基于自身区域的实际提出具有地域特征的政府购买体育公共服务的操作办法。因此，地方专门性的政府购买体育公共服务的政策制度，更具有操作性。但目前地方政府针对购买体育公共服务的专门性政策制度还较少，现有江苏和浙江两省出台了本级政府向社会力量购买体育公共服务的实施办法和配套政策。在江苏省之后，2016 年浙江省出台了《关于政府向社会力量购买公共文体服务的实施意见》。随后金华市、嘉兴市等城市也相继出台了《金华市政府向社会力量购买公共文体服务的管理办法（试行）》《嘉兴市体育局关于向社会力量购买公共体育服务实施办法（暂行）》。不同于江苏省出台的政府购买公共体育服务的专项规定，浙江省是将公共文化服务和公共体育服务结合起来统一进行规范的。

目前较早颁布并具有代表性的地方政策制度主要如下。

（一）《常州市关于购买公共体育服务的实施办法（暂行）》

2013 年底，常州市在全国率先出台《常州市关于购买公共体育服务的实施办法（暂行）》（以下简称《实施办法》），其主要内容包括以下几个方面。

1. 明确了政府购买体育服务的购买主体

此《实施办法》强调政府向社会力量购买公共体育服务的主体是市级体育行

政部门和参照公务员法管理、具有行政管理职能的事业单位。

2. 指明了承接主体

《实施办法》对承接主体的资质资格进行了相应的约束，明确承接政府购买服务的主体包括依法在民政部门登记成立的社会组织以及依法在工商管理或行业主管部门登记成立的企业、机构等社会力量。承接政府购买服务的主体应具有独立承担民事责任的能力，具备提供服务所必需的设施、人员和专业技术的能力，具有健全的内部治理结构、财务会计和资产管理制度，具有良好的社会和商业信誉，具有依法缴纳税金和社会保险的良好记录，并符合登记管理部门依法认定的其他条件。承接主体的具体条件由购买主体会同财政部门根据购买服务项目的性质和质量要求确定。

3. 限定了购买服务内容

按照受益广泛、群众急需、保障基本的原则，突出公益性、普惠性，重点购买各类公共体育服务。购买服务的主要内容包括：①承办市级以上的各类体育赛事（活动）；②组队参加省级以上各类体育赛事（活动）；③业余训练等项目的培训；④社会体育指导员等的教育培训；⑤体育运动员、教练员、科研人员和管理人员的教育培训；⑥学校等企事业单位的体育设施向社会开放服务；⑦体育场馆的经营管理；⑧全民健身活动站（点）的管理；⑨国民体质测试；⑩体育中介服务；⑪公共体育服务的其他项目。

4. 规范了购买服务方式

《实施办法》中要求根据政府购买公共体育服务项目的特点和要求，选择不同的购买方式。购买方式主要包括政府采购制、直接资助制和项目申请制。

（1）政府采购制。凡是符合政府采购条件的购买公共体育服务项目，均应纳入政府采购的范畴，严格按照《政府采购法》及相关法律法规组织采购。

（2）直接资助制。由购买主体根据省、市相关的文件政策规定，对具有一定资质能够提供公共体育服务的社会组织（社会力量），按照提供服务的数量、质量、补贴标准及绩效评估结果支付补助资金。①定额补助。根据社会组织（社会力量）提供特定公共体育服务的数量和质量，按一定标准给予补贴，从而促进和鼓励社会组织（社会力量）提供公共体育服务。②凭单结算。向符合规定条件的公共体育服务对象发放凭单，由公共体育服务的消费者选择服务提供方，并向服

务提供方交付凭单，服务提供方持凭单向体育主管部门结算兑现资金。

（3）项目申请制。按照市财政局《关于印发〈常州市市级政府购买公共服务操作流程〉的通知》要求操作，包括：项目公布、项目申报、项目初审、项目论证（项目评审）、项目公示、项目签约、项目实施。

除了上述几点外，《实施办法》还对组织实施、经费管理、监督评估等进行了具体的规定。

（二）《江苏省本级向社会组织购买公共体育公共服务暂行办法》

2014 年江苏省体育局、江苏省财政厅颁布《江苏省本级向社会组织购买公共体育公共服务暂行办法》（以下简称《暂行办法》）。这是一个由省级体育部门出台的购买公共体育服务的办法。其主要内容包括以下几个方面。

1. 明确了政府购买体育服务的购买主体

《暂行办法》规定向社会组织购买公共体育服务的主体是省体育局及其承担行政管理职能或公益服务职能的直属事业单位。

2. 指明了承接主体

《暂行办法》要求承接主体应当是在民政部门登记或经国务院批准免予登记的社会组织，同时特别强调了评估等级 3A 级以上的优先。

3. 明确了购买服务内容

购买服务内容包括开展群众体育活动和青少年体育活动；组织运动员、教练员、裁判员和社会体育指导员等培训；国民体质检测与健身指导；体育公益宣传；其他适宜由社会组织承担的公共体育服务事项共 5 类，同时公布了向社会组织购买公共体育服务目录。

4. 规范了购买服务方式

根据政府采购的有关规定，由购买主体立足实际需求和初步意向选择确定购买方式。具体方式为公开招标、定向委托、有限竞争。

除了上述几点外，该《暂行办法》也对组织实施、经费管理、监督评估等进行了具体的规定。

第六章　政府购买体育公共服务的地方实践

第一节　上海市案例：政府购买市民体育大联赛服务

一、案例背景

1995年，上海市浦东新区社会发展局新建罗山市民休闲中心，委托上海基督教青年会管理，并于1998年接受政府养老服务的委托，这可以说是政府购买公共服务的发端[1]。上海市作为最早开展政府购买服务的城市之一，经过多年的探索，政府购买公共服务的范围从刚开始的养老服务逐步拓展到慈善教育、就业扶助、司法矫正和问题青少年教育等诸多领域，并且也延伸到体育公共服务领域，在长期的实践中积累了众多的宝贵经验。

---

〔1〕王浦劬，萨拉蒙．政府向社会组织购买公共服务研究：中国与全球经验分析［M］．北京：北京大学出版社，2010.

2007 年，上海市浦东新区就出台了《浦东新区关于政府购买公共服务的实施意见（试行）》，首次以专门文件对政府购买公共服务予以明确规范。2010 年 3 月，上海市闵行区制定了《关于规范政府购买社会组织公共服务的实施意见（试行）》，进一步明确了购买公共服务的指导思想、基本内涵、实施原则、操作规程等。2011 年 4 月，上海市委办公厅、市政府办公厅印发《关于进一步加强本市社会组织建设的指导意见》，提出要加大政府职能转变力度，通过公开招标、契约管理、绩效评估等形式，建立政府购买公共服务机制。此后，上海市静安区、长宁区和松江区等相继出台了政府购买社会组织服务的专门性指导意见或实施办法。上海市建立了跨部门的工作协调机制，探索多样化的购买服务方式，不断拓宽购买服务资金渠道，扩大政府购买服务范围，加强资金监管和绩效评估等。2010 年，上海各级政府通过购买服务、补助等形式为社会组织提供资金 37.89 亿元，2011 年达到了 41.02 亿元[1]。

在此背景下，上海市也积极探索政府购买体育公共服务的实践，自 2006 年起就开始了静安区政府向静安区公益场所管理服务中心购买学校笼式足球场服务的探索，通过社会组织承接政府购买服务，将学校操场在双休日向社会公众免费开放，为市民体育锻炼提供场地，提高了人民群众身体健康和生活质量水平，深受群众欢迎，同时也更好地履行了政府提供体育公共服务的职能。随后，政府购买体育公共服务逐渐扩散至闵行区、杨浦区和松江区等区县。如在 2013 年上海市闵行区政府扶持社会组织开展公益性公共服务项目中，政府向上海市闵行区体育总会、上海市闵行区老年体育协会、上海市闵行区太极拳协会、上海市闵行区国际标准舞协会等体育社会组织购买体育比赛、交流、推广培训等，共计 30.62 万元。在上海市杨浦区 2013 年度首批政府购买体育社会组织公共服务项目目录中：杨浦区体育局购买“每天锻炼一小时，远离亚健康”项目，预算资金为 6.5 万元；杨浦区长白新村街道办事处购买“长白新村街道百姓健身屋项目委托管理”，预算资金为 20 万元；杨浦区延吉新村街道办事处购买“延吉社区文化体育俱乐部委托管

〔1〕刘振国，王一鸣．上海市政府向社会组织购买服务调研报告［EB/OL］．［2014-06-20］．https：//wenku.baidu.com/view/93949acbe518964bcf847cf8.html.

理”，预算资金为48万元[1]。

目前，政府购买体育公共服务的实践已在上海全市广泛开展，并逐渐向全国推广。广东省佛山市、湖南长沙市、广东省深圳市等地方政府也陆续开始了政府向体育社会组织购买体育场馆服务的实践探索。

2014年，上海又在全国首创了政府通过第三方委托公开招投标方式购买群众体育赛事服务的实践探索，将竞争引入了政府购买的过程，强调购买的公开化，这正是今后政府购买公共服务的发展趋势。

群众性体育赛事作为丰富人民群众体育文化生活、满足人民群众体育健身需求的主要方式，已经受到越来越多市民的热情参与，而办赛质量却始终受管理体制的制约没有得到长足的发展。为了全面提升赛事品质，吸引更多的市民参与比赛，对群众性体育赛事进行专业的运作就显得尤为重要。在我国建立健全体育公共服务体系、政府简政放权、调动社会力量参与办赛的当下，如何在赛事运作过程中实现政府、企业、社会组织三种力量的均衡，探索出适合群众性体育赛事发展的运作模式，对于整合赛事社会资源、提高赛事办赛质量、进一步打造赛事品牌、形成良好的品牌效益具有重要的意义。上海市体育局按照“政府主导、协会举办、中介协助、媒体参与、企业支持”的办赛理念，尝试利用竞争机制，通过公开招投标的方式向体育社会组织购买市民体育大联赛服务，将大联赛建设成全民健身赛事的展示平台、体育社会组织的发展平台、体育市场资源的配置平台和体育文化环境的建设平台，这一做法取得了很大的成效并引起了广泛的关注。以上海市体育局购买市民体育大联赛服务为个案，总结上海市在购买体育赛事服务方面的优秀经验和存在的问题，可为全国其他城市购买体育公共服务提供经验和指导。

二、基本情况

上海市政府、市体育局为了调动人们参与体育的热情，满足他们的体育需求，

---

〔1〕 郭修金，戴健．政府购买体育社会组织公共体育服务的实践、问题与措施——以上海市、广东省为例［J］．上海体育学院学报，2014，38（3）：7-12.

培养和扩大体育人口的数量，推动群众体育的蓬勃发展，从 2013 年开始举办为期一年的上海市民体育大联赛，至今已连续举办两届，并且计划每年举办一次。市民体育大联赛以“美丽上海、人人运动、幸福生活”为理念，以在上海工作、学习、居住的人员为主要参赛对象，以社会化运行机制为办赛模式，抓项目普及、抓资源整合、抓文化传承、抓水平提升。市民体育大联赛促进人人学会一项运动、人人参与一项运动、人人喜爱一项运动，企业有工间操、运动队、运动会，有效增强市民对群众体育的归属感，营造群众体育文化氛围，全面提升上海市民的身体素质和幸福指数。2014 年和 2015 年连续两年引入政府购买体育公共服务模式，通过公开招投标的方式向体育社会组织购买服务，引入第三方评估机构，走市场化道路，充分激发社会组织的活力，将市民体育大联赛的各项赛事交由中标的体育社会组织承办。2014 年、2015 年相关部门还制定了《2014 年上海市民体育大联赛竞赛总则》《2015 年上海市民体育大联赛竞赛规程总则》，对市民体育大联赛的指导思想、主办单位、举办日期、项目设置、参赛条件等进行了详细说明。2014 年的市民体育大联赛竞赛项目由正式项目、申报项目和展示项目组成，数量由 2013 年的 11 个扩展至 38 个（表 6-1），并且考虑市民的实际需求，根据不同季节对赛事项目进行灵活机动的安排。除上海市社会体育管理中心以及各区的社体中心以外，2014 年的市民体育大联赛有 34 个协会承办赛事，比 2013 年新增协会 22 个。自 1 月 1 日起至 12 月 16 日，2014 年上海市民体育大联赛历时 350 天，共举办各类赛事 3 810 场，吸引 147 万余名市民参赛，取得了显著的成效，有了突破性的进展。

表 6-1　2014 年上海市民体育大联赛比赛项目及承接主体

正式项目（承接主体）	申报项目（承接主体）	展示项目（承接主体）
足球（市足球协会等）	体育舞蹈（市体育舞蹈协会等）	龙狮（市龙狮协会）
篮球（市篮球协会等）	广播操（市社体中心等）	极限运动（市极限运动协会）
排球（市排球协会等）	健身排舞（市健身排舞协会）	武术（市武术协会）

续表

正式项目（承接主体）	申报项目（承接主体）	展示项目（承接主体）
乒乓球（市乒乓球协会等）	农耕运动（市农民体育运动会）	自行车（市自行车协会等）
羽毛球（市羽毛球协会等）	木兰拳（市木兰拳协会）	健身秧歌（市健身秧歌协会）
网球（市网球协会等）	练功十八法（市练功十八法协会）	健身气功（市健身气功中心）
游泳（市游泳协会等）	钓鱼（市钓鱼协会）	剑道（市剑道协会）
龙舟（市龙舟协会等）	飞镖（市飞镖协会）	
陆上划船器（市船艇协会等）	轮滑（市轮滑协会）	
跑步（市体育总会等）	跆拳道（市跆拳道协会）	
登高（市登山协会）	射箭（市射箭协会）	
城市定向（市登山协会等）	台球（市台球协会）	
健身操（市健身操协会等）	风筝（市风筝协会）	
	门球（市门球协会）	
	围棋、桥牌、大怪路子、“三打一”（市休闲棋牌协会）	

在 2014 年上海市民体育大联赛承办过程中，上海市体育局发布《上海市民体育大联赛正式承办单位采购公告》，委托上海申权招标咨询有限公司为采购代理机构，向全市体育社会组织采购市民体育大联赛正式项目、申报项目的承办。参与投标的 36 家体育社会组织，有 30 家体育社会组织中标，并与上海市体育局签订了购买服务合同。在 2015 年市民体育大联赛承办过程中，全市 87 家体育社会组织，其中 55 家体育社会组织参与投标，最终 51 家单位中标[1]。为了确保整个招投标

[1] 秦东颖 . 2015 年市民体育大联赛招投标谈判结束 50 个项目 2 月底出炉［N］. 解放日报，2015-02-13.

过程公平、公正和透明，上海市体育局不仅在相关网站公示了应标和中标的单位，而且允许媒体全程介入到招投标工作中，不仅邀请媒体代表参与评标，而且向各大媒体开放招投标现场。

尝试竞争机制购买服务，通过公开招投标方式激发体育协会活力，是件新鲜事。对上海市民来说，这意味着群众性的体育赛事有了更多的项目选择。作为上海市体育局围绕管办分离、简政放权等一系列改革的第一项有益探索，这标志着上海体育改革迈出了实质性步伐。

政府部门把部分“办”的职能交给协会，政府加强指导、加强评估、加强监管，实现了服务主体的社会化、多元化。此外，从“闭门办体育”到“开门办体育”，充分发挥了中介组织、行业协会等社会力量的作用，拓宽了群众体育的参与面。

三、购买过程

（一）购买目的

上海市购买市民大联赛服务的行为的口号是“魅力上海、人人运动、幸福生活”，政府购买的目的是鼓励市民参与体育，满足他们的健身需求，培育和扩大体育人口，进一步推动群众体育蓬勃发展。

（二）购买主体：上海市体育局

上海市体育局作为购买主体，其主要职责是加强指导、评估和监管。根据《政府购买服务管理办法（暂行）》中的关于购买主体有关规定，上海市体育局具体职责有：在公平竞争的原则下鼓励各类体育社会组织参与承接政府购买服务，培育发展体育社会组织，提升体育社会组织承担体育公共服务能力；根据购买内容的供求特点、市场发育程度等因素，按照方式灵活、程序简便、公开透明、竞争有序、结果评估的原则组织实施政府购买服务；按照政府采购法的有关规定，采用公开招标、邀请招标、竞争性谈判、单一来源采购等方式确定承接主体；建立监督检查机制，加强对政府购买服务的全过程监督，积极配合有关部门将承接主体的承接政府购买服务行为纳入年检（报）、评估、执法等监管体系。

（三）承接主体：体育社会组织

通过参与竞标的方式，30 家体育社会组织承接了 2014 年市民体育大联赛系列赛。上海市体育局与篮球、网球、乒乓球、游泳、登山、棋牌、健美操等 27 家市级体育协会、2 家区级体育协会，以及 1 家体育俱乐部共 30 家体育社会组织完成了最终的签约。

参与竞标的主要是各级各类体育协会、体育俱乐部等体育组织，并均有一个鲜明的特征，即都是在民政局登记过的、规范程度较高、发展较好的体育社会组织，其中市级体育协会最多。这与上海市对承接购买服务的体育社会组织的限定条件有关，上海市规定参与竞标的体育社会组织必须在相关部门登记、注册，具备独立承担民事责任能力，有健全的法人治理结构、内部管理制度和民主监督制度，有独立的财务核算机制，具备相应的专业技能，获得 3A 级以上等级评估等。只有具备这些条件的体育社会组织才有资格成为承接主体。我国众多的基层体育社会组织不具备《社会团体登记管理条例》所规定的成立组织的条件，不能在相关的部门进行登记注册，身份得不到认可，因此也不具备承接政府购买公共服务、承办市民体育大联赛的资质，很难参与到大联赛中为社会大众提供体育公共服务，这对基层体育社会组织的发展有很大的局限性，同时也不利于体育社会组织提供体育公共服务，满足社会大众的体育健身需求。

为此，2015 年市民体育大联赛打破传统的协会限制，充分发挥体育中介组织、行业协会等社会力量的作用。凡是合法经营、运作的社会组织，包括各类民办非企业单位和企业，都可参加投标竞争，获取办赛资格。在 2015 年市民体育大联赛承办过程中，全市 87 家体育社会组织，其中 55 家体育社会组织参与投标，最终 51 家单位中标。

（四）消费主体：参赛者

根据上海市民体育大联赛竞赛规程的规定，参赛者是指在上海市工作、学习、居住的身体健康的人员（以成年人为主要参赛对象）。同时对参赛者进行了限制，即凡属市运动队在编的一、二线运动员、教练员不得参加在训项目的比赛（包括职业俱乐部运动员、教练员）。2013 年，上海市民体育大联赛参赛人数达 128 万人，2014 年上海市民体育大联赛参赛人数就达到了 147 万人。真正体现了市民体育大联赛“美丽上海、人人运动、幸福生活”的理念。

（五）购买内容：市民体育大联赛赛事组织服务

赛事组织服务的购买主要采用项目购买的方式进行，根据比赛项目的设置来购买相关的赛事服务。具体比赛的项目由大项和项群组成。大项中包括篮球、排球、足球、羽毛球、乒乓球、网球、游泳、龙舟（陆上划船器）等；项群为路跑类和健身操舞，包括跑步（健步走）、登高、定向越野、健身操、体育舞蹈、广播操、排舞、农耕运动会等子项目。

上海市购买赛事组织服务内容从量上来看，数量多；从项目类别上来看，种类齐全，既有常见的球类运动项目又有竞技类项目，既有民族民间传统项目又有新兴运动项目；从各类运动项目举办的具体项目来看，如 2014 年的市民体育大联赛中足球 26 项，篮球 65 项，乒乓球 46 项，并且比赛等级不同地区各异，覆盖范围广，能够满足老、中、青的不同体育需求。

为了确保大联赛竞赛项目符合公众需求，增加比赛吸引力，上海市体育局在每一年度做购买服务计划时，提前对市民的体育公共服务需求进行摸底，明确公众需要，有针对性地制订购买计划，使得购买的服务切实满足公众需求，从而更好地履行政府公共服务的职能。上海市体育局主要通过两种方式来确定竞赛项目：一是对申报项目类由市级以上体育协会自行申报，经体育局审核并最终选定。在 2014 年上海市市民体育大联赛中设置了正式项目与申报项目，正式项目共 13 个，为大联赛历年来的传统项目，而通过申报项目的设置，使各种不同项目的体育协会能充分发挥自身的优势，提供更多切实可行的比赛项目。二是主办方采用“问需于民”的方式，对大联赛项目设置进行公开投票，根据公众投票结果，确立比赛项目，使众多具有参与性、娱乐性的项目进入比赛范围。如 2014 年根据各体育协会的申报、居民的投票，经上海市体育局审核并最终选定跆拳道、台球、棋牌、木兰拳、轮滑、射箭、钓鱼、练功十八法、门球、风筝、飞镖等为本届比赛的申报项目，受到了居民的欢迎与好评，极大地调动了协会与居民参与的积极性，充分体现服务型政府的执政方针，提高了公众满意度。

（六）购买方式："竞争性谈判"和"单一来源采购"

上海市民体育大联赛采用公开招投标，引入竞争机制购买服务，综合采用"竞争性谈判"和"单一来源采购"两种招投标方式对体育公共服务进行购买。这两种购买方式分别属于竞争性购买模式和非竞争性购买模式。

为了规范招标过程，首先成立市民体育大联赛办公室，并成立由体育部门、上海市有关方面负责人和专家以及媒体代表组成的专家组，通过结合上海市社会体育需要和民意调查初步确定购买项目，并将购买内容进行公示，采用公开招标、公开竞标的方式向体育社会组织购买赛事组织服务。对于竞标单位较多的项目采用"竞争性谈判"，对于供应方较为单一的项目采取"单一来源采购"，然后签订购买合同，开展政府购买活动。购买的资金来源于市、区两级政府。

（七）监督评估

监督评估是购买服务的部门对财政购买资金使用、服务质量及数量的监督，是政府履行购买服务监督管理职能的重要方式。

在监督方面，上海市体育局充分利用第三方独立主体的特点，积极引入了第三方监督机制开展购买服务工作。在整个购买服务过程中，第三方监督主要体现在两个方面。第一，在招投标方面采取第三方委托代理的方式进行招投标，委托上海申权招标咨询有限公司作为上海市体育局招标代理方开展和监督招投标工作。第二，全程邀请媒体代表介入监督。全程介入主要表现在 3 个方面，首先是邀请媒体代表参与评标工作，其次整个评标过程对所有媒体开放，最后将评标结果在媒体上公布。

在评估方面，市民体育大联赛组委会办公室制定了《2014 年上海市民体育大联赛赛事项目绩效评价实施办法》，从项目管理和项目绩效两个方面对大联赛各承办单位进行综合性的考核和评估，从社会化运作模式、社会动员力度、社会宣传广度、社会合作深度、社会满意程度 5 个方面，确保购买服务"买得值"。上海市体育局委托上海玄钥管理咨询公司对市民体育大联赛进行绩效评估，对 2014 年市民体育大联赛项目展开绩效跟踪评估，上海玄钥管理咨询公司对 27 个承办协会及其组织的赛事进行走访，根据市民体育大联赛绩效评估指标体系，对项目的资金投入使用情况、项目组织管理实施情况、项目产出绩效目标和效果绩效目标进行了评估，并形成《绩效评估结果报告》。根据评估报告结果，上海市体育局再将20%的购买金额尾款付给承办对象。此外，对于绩效评估排名在后两位的承办协会实行末位淘汰，它们将没有资格参与新一年度的政府购买项目[1]。

四、基本经验和存在的问题

（一）基本经验

1. 推进政府职能转型，建设服务型政府

在精简政府部门、提高公共服务效率的目标下，政府职能改革进程加快，有限政府、服务型政府成为政府今后的发展趋势。有限政府对政府的规模、职能、权力进行限制，强调将部分权力还给人民，主张市场的自主和社会的自治。服务型政府的宗旨是“为人民服务”，政府的执政理念、职能范围、运行机制、管理方式及行为后果都应向“服务”转变。政府购买公共服务强调社会分工的专业化，将公共服务的提供与生产分离。在政府购买的过程中，政府仍然承担着公共服务供给的职能，只是由公共服务的直接生产者转变为向市场采购再向社会提供的购买者。政府的工作重心转移到了决策、监督、评估等方面。在上海市民体育大联赛中，上海市体育局在管办分离、简政放权方面进行了一系列的有益探索。改变了以往政府办比赛的形式，以市民体育大联赛为平台，大力培育扶持体育协会，尝试引入竞争机制购买服务，通过公开招投标方式激发体育协会活力，推进体育协会改革，努力提升体育类社会团体适应市场竞争及规范化运作的能力。2014 年，29 家协会通过“单一来源采购”和“竞争性谈判”获得赛事项目承办权，得到不等额资金支持。同时，市体育局以“以奖代补”的方式对 7 家协会进行支持。市民体育大联赛组委会办公室还制定了《2014 年上海市民体育大联赛赛事项目绩效评价实施办法》，从项目管理和项目绩效两个方面对市民体育大联赛各承办单位进

[1] 吴卅，常娟．政府购买公共体育服务研究——基于上海市民体育大联赛个案调查［J］．体育文化导刊，2016（1）：3-6.

行综合性的考核和评估，从社会化运作模式、社会动员力度、社会宣传广度、社会合作深度、社会满意程度5个方面，确保购买服务“买得值”。上海市体育局也由体育比赛直接生产者转变为购买者、监督者。上海市体育局通过政府购买的方式，将工作重心从繁重的竞赛组织中转移，更加关注比赛的整体规划与实际效果，以实际行动进行了政府职能的转变[1]。

2. 公众决定购买项目内容，提高公众满意度

为了履行服务社会公众的责任与职能，在政府购买体育公共服务中，政府购买的内容是体育公共服务，“体育公共服务是通过提供各种体育产品满足公民需要的公共服务”[2]，政府购买体育公共服务范围与规模应该根据社会公众的体育需求和体育公共服务的产品属性来确定。“以公众的体育利益为导向，重视公众的体育需求，是体育公共服务的逻辑起点”[3]，因此，决定政府购买的具体对象首先要满足公众的体育需求，而公众的参与才能有助于政府了解公众的需求。为确保市民体育大联赛竞赛项目符合公众需求，增加比赛吸引力，上海市体育局举办赛事项目社会公开投票活动。如在2014年8月—10月，就对2015年第三届市民体育大联赛项目进行了公开投票，候选项目为71个。根据公众投票结果，最终确立了50个公众喜爱的项目。

在当前我国公民社会未充分发育背景下，成熟公民的培养离不开政府的支持，政府提供一个良好的公众参与环境，营造浓厚的社会氛围，促进公民社会发展，并有利于服务型政府的建设。大联赛举办项目由公众投票决定，既能培养公众的社会参与意识与能力，使其逐步成长为能够理解自身承担的社会义务和社会责任的成熟公民，同时还能充分体现服务型政府的执政方针，提高了公众满意度。

3. 结合实际采取竞争性和非竞争性两种购买机制

上海市体育局采取竞争性购买和非竞争性购买两种机制向多家体育社会组织购买市民体育大联赛承办主体服务，采取竞争性购买方式主要基于两个方面的考虑，一方面是大部分项目存在承办竞争市场；另一方面通过引入竞争性购买机制

---

[1] 江龙．上海市政府购买体育公共服务模式研究［J］．体育科研，2015（36）：76-81.
[2] 周爱光．从体育公共服务的概念审视政府的地位和作用［J］．体育科学，2012，32（5）：64-70.
[3] 刘亮．我国体育公共服务的概念溯源与再认识［J］．体育学刊，2011，18（3）：34-40.

可以挑选到“价廉物美”的承办主体，“价廉物美”顾名思义就是较低的承办成本和较高的承办服务质量。由于承办竞争市场的存在，上海市体育局就有可能在众多的竞争供给主体中通过比较挑选出承办成本低且服务质量好的承办方。例如：上海市体育局考虑到各项目供给主体竞争环境的实情，对多数具有供给主体竞争市场的，通过招投标竞争性谈判的方式从众多竞标体育社会组织筛选出最佳的承办单位；而采取非竞争性购买方式主要鉴于少数项目缺乏承办竞争市场，上海市体育局承办这部分赛事又不占有专业优势，直接承办势必需要支出较高的成本来弥补自身的专业短板，但是让具有专业优势的体育社会组织去承办这部分赛事便可以降低承办成本，所以对于缺乏供给主体竞争市场的项目采取单一来源采购的方式指定具有承接能力的体育社会组织作为承办单位。因此，从承办成本来看，对于缺乏承办竞争市场的项目采取表面看似是折中办法的非竞争性购买方式，也不失为一种较佳的选择〔1〕。

在实际购买过程中，为了确保招投标工作的科学规范和公平公正，上海市体育局主要采取了公开招投标方式进行了购买。从“卖方”间的竞争性程度来看，上海市体育局采取了竞争性谈判和单一来源采购两种招投标方式来选择购买服务的承接方，也就是一部分项目供给主体具有竞争性，另一部分项目供给主体具有非竞争性。竞争性谈判就是指购买主体或采购人分别与不同的体育公共服务供应商（一般来说至少有3家，但也不会太多）进行分别谈判，就采购人所要求的体育公共服务进行价格、技术规格、质量、服务要求等相关性的事宜进行价格磋商，最后确定中标供应商或承接主体并与之签订合同行为的采购方式；单一来源采购也称为直接采购，通常发生在提供产品或服务的唯一性上，是购买主体直接与一个特定的供应商或承接主体签订合同购买体育公共服务的方式。单一来源采购完全排除竞争，只有一家供应商，购买人只能与一家供应商签订合同购买体育公共服务。目前，公开招标的竞争性购买在我国还非常少，多以竞争性谈判和单一来源采购为主，这一方面与竞争性市场不足，即缺乏多元化的承接主体有关；另一方面也因为还没有确立公开、公平竞争招标的法律、制度等依据。因此，上海市

〔1〕 张程锋，张林，刘兵．政府购买公共体育服务研究——以上海市体育局购买市民体育大联赛承办单位为个案［J］．山东体育学院学报，2015，31（5）：4-8.

体育局主要采用了这两种方式进行了购买，对于竞标单位较多的项目采用竞争性谈判这一竞争手段，对于供应方较为单一的项目采取竞争性谈判的形式，然后签订购买合同，开展政府购买活动。

4. 积极引入第三方专业化监督机制

政府购买公共服务监督机制的终极目标是提高政府购买公共服务效益。第三方监督机制是区别于政府部门自身监督的外部监督形式，是监督主体多元化的体现。第三方监督机制以其专业性、独立性、权威性等优势在政府购买公共服务绩效考核中日益受到重视，第三方专业化监督是指具有专业知识的专家学者或者专门机构对购买活动开展的监督。独立的第三方专业化监督机构有会计事务所、法律事务所、审计事务所、专业调查公司等。独立的第三方专业化监督管理机制非常重要，因为公共服务领域成本的核算、价格的确定、服务质量标准的核定等都具有较强的专业性，需要独立的监督机构或专业人员对评估信息的真实性和有效性进行研判。因此，与其他监督方式比较而言，它具有明显优势[1]。

上海市体育局在整个购买赛事服务过程中积极引入了第三方监督机制开展购买服务工作，尤其是委托第三方上海申权招标咨询有限公司作为上海市体育局招标代理方开展和监督招投标工作，有利于提高政府购买体育公共服务的效益。第三方专业化监督管理机制可以起到以下作用。一是保持客观性和公正性。由于第三方监督机构或人员，都是独立于政府购买活动之外，没有个人的直接私利，因此，他们可以以专业、公正的精神来开展监督工作，不会出现运动员与裁判员集一身的矛盾监督逻辑。二是拥有专业人才，更具专业性和科学性。第三方监督人员一般都是该购买项目领域的专家，他们能够对政府购买活动中出现的问题做出专业权威的判断。三是监督对象广。一般而言，政府监督部门主要的监督对象是承接主体，而专业监督对象既可以是承接主体，也可以是体育公共服务购买的政府职能部门。因此，监督对象的确定不在于监督形式本身，而在于监督工作的需要。

5. 有助于提升体育社会组织的活力

政府购买促进了政府与社会良性互动的发展与完善，政府购买与体育社会组

---

〔1〕 项显生．我国政府购买公共服务监督机制研究［J］．福建论坛：人文社会科学版，2014（1）：167-175.

织相互发展、相互促进，政府购买为体育社会组织的发展提供了契机；同时，体育社会组织的发展又为政府购买奠定了基础。实施政府购买服务这种方式，对体育社会组织来说，首先表现在拓宽筹资渠道和增加收入方面，体育社会组织在完成承办市民体育大联赛工作后，上海市体育局需要按照合同规定向体育社会组织支付承办服务费用，这便可以增加体育社会组织的收入，保障这些体育社会组织的良性发展。其次体现在专业化承接服务能力提升方面，政府购买体育公共服务实则是一种契约式购买，体育社会组织需要按照合同内容按质按量完成承办工作，如果上海市体育局认定承办单位承办工作服务不合格就会终止购买合作，不予以资金回报，这就迫使体育社会组织主动改善管理，提高专业技能，进而提升各自的专业化服务能力。总体而言，通过政府购买服务模式可以改变以往体育社会组织“等、靠、要”的发展模式，提高自身的市场意识和竞争意识。

（二）存在的问题

1. 承接主体不够壮大

政府购买体育公共服务需要有足够的体育社会组织作为承接主体，才能有利于购买活动的进行。上海市在购买市民体育大联赛过程中，中标的体育社会组织无论在数量上、类型上还是自身能力上都存在严重的不足。

首先，从数量上看，以 2014 年市民体育大联赛为例，上海市有各级各类体育协会 918 家，其中市级体育协会有 86 家，但是主动提出参与竞标承办市民体育大联赛赛事的体育协会只有 36 家，中标 27 家，中标率达到了 75%，而区级体育协会和体育俱乐部参与投标承办赛事的则更少。中标的 27 家协会要承担 38 个项目的比赛，一方面反映出承接主体的数量严重不足；另一方面也反映出上海市体育社会组织参与竞标承办赛事的意识还不高，竞争性的市场还不完备，还不能形成有效的竞争，承接购买服务的过程中存在着没有竞争市场的尴尬，市场机制的调节作用还不能得到充分发挥[1]。其次，从类型上看，2014 年市民体育大联赛 27 个承办组织中，有 23 个是官办协会，仅有 4 个是民间协会，而且承接的组织主要是市

〔1〕 冯晓丽，郭帅．政府购买公共服务下体育社会组织承接购买服务研究——基于上海市体育社会组织承办市民体育大联赛［J］．沈阳体育学院学报，2015，34（4）：23-28.

级体育协会，区级体育协会、体育俱乐部以及各种基层体育组织参与投标承办赛事的则更少，承接组织的类型较单一，不利于整个社会组织力量的发挥。最后，从组织自身能力上看，政府为了激发体育协会的活力进行了大胆的尝试，但是由于体育协会自身能力不足，导致政府在购买公共体育服务过程中很难找到提供高水平服务的体育协会。官办背景协会尤其是非奥运项目协会，尽管在政府的“庇护”下，它们可免费享用办公用地并能优先获得一些政府资源，但它们普遍呈现出活力不足、人员老化等问题，自身市场运营意识与能力不强，加上社会大环境并未形成对社会组织的支持机制，大多数的体育社会组织生存举步维艰，极大地制约了它们承接购买服务的能力[1]。

2. 招投标形式不够丰富

尽管上海在全国首创了政府通过第三方委托公开招投标方式购买群众体育赛事服务，但从购买过程中所运用的主要招投标形式来看还略显单一。

上海市民体育大联赛在公开招投标中主要采用了“竞争性谈判”和“单一来源采购”两种招投标方式对市民体育大联赛进行购买。政府购买公共服务招投标的实质是引入市场竞争机制，通过招标公告邀请不特定的、或通过投标邀请书邀请特定的法人或其他组织投标承接公共服务，前者称为公开招标，后者称为邀请招标，除了以上两种招标方式外，还可以根据情况采用竞争性谈判、单一来源采购、询价或国务院政府采购监督管理部门认定的其他采购方式进行采购，也可以通过直接委托、补贴、奖励以及消费券的方式获取其他主体的服务。因此，上海市体育局在购买市民体育大联赛过程中可根据需要采用更多的购买方式获得理想的承接组织。如由于体育的专业性限制，符合条件承接某一类体育项目服务的组织数量不是太多，“不能够”公开招标，或从经济合理性或成本效益衡量，“不适合”采取公开招标时则可以采取邀请招标的方式进行，以得到合适的承接主体。当然如果有充足的体育社会组织，则最好采用公开招标的方式进行，因为这种方式不仅公平、公正、公开，而且容易接受社会监督，保障体育公共服务提供的质量与效率。

---

〔1〕 吴卅，常娟．政府购买公共体育服务研究——基于上海市民体育大联赛个案调查［J］．体育文化导刊，2016（1）：3-6.

3. 监督评估体系不健全

尽管在购买市民体育大联赛的过程中，上海市体育局积极引入了第三方监督评估的机制，但就整个购买过程来看，并没有形成完整的监督评估体系。政府购买体育公共服务过程的监督评估体系可包括3个方面：事前评估、事中评估和事后评估。事前评估主要是作为购买主体的政府对承接主体的资质和服务策划的评估，目的在于选拔出专业化水平普遍较高、筹资能力较强的承接主体，保证体育公共服务供给的效率；事中评估主要是对承接主体服务的过程的评估，主要在于监督承接主体是否达到了事先约定的效果、对于不足的地方提出整改意见，以保证政府购买服务的预期效果；事后评估主要是对效果的评估，考核承接主体所提供的服务是否达到了预期的效果，被服务主体是否满意等的评估。上海市体育局在整个监督评估过程中只是在市民体育大联赛接近尾声时，委托第三方对市民体育大联赛项目进行绩效评估，根据购买对象提供文字与图像材料，第三方给出绩效跟踪结果报告，并且在每年度的市民体育大联赛开始后，体育局并没有对购买对象和购买内容进行严格的监督评估[1]。

因此，在整个购买过程中，缺乏事前评估、事中评估的环节，即使存在不完整的事后评估，但就评估内容、评估方式等来看，评估过程流于形式。

〔1〕 吴卅，常娟．政府购买公共体育服务研究——基于上海市民体育大联赛个案调查［J］．体育文化导刊，2016（1）：3-6.

第二节　长春市案例：政府购买“社区体育管理员”公益岗位服务

一、案例背景

（一）长春市公益岗位设置背景

公益性岗位是再就业工作中出现的新名词概念，最早出现在2002年11月1日发布的《中共中央国务院关于进一步做好下岗失业人员再就业工作的通知》中。该通知中第二点“努力开辟就业门路，积极创造就业岗位”的第5项中明确表明，要在第三产业中开发“公益性岗位”。劳动保障部《关于开展下岗失业人员再就业统计的通知》对公益性岗位的解释为：“主要由政府出资扶持或社会筹集资金开发的，符合公共利益的管理和服务类岗位。”目前，对公益性岗位的普遍解释为，指城市公共管理和涉及居民利益的非营利性的服务岗位，包括各级政府投资开发的城市公共管理中的公共设施维护、社区保安、保洁、保绿、停车看管等。各级机关事业单位的后勤服务岗位，以及适宜就业困难人员再就业的其他公益性岗位。公益性岗位主要是指由政府出资扶持或社会筹集资金开发的，符合公共利益的管理和服务类岗位，用来优先安置大龄就业对象就业的社区公益性岗位。

从地方的情况看，对公益性岗位范围规定不一，大致分为政府出资，政府、社会、消费者共同出资，企业出资等形式产生的以安置大龄下岗失业人员为主的岗位。概括起来有3类：一是社区管理岗位，包括社区劳动保障协管员、交通执勤、市场管理、环境管理、物业管理等；二是社区服务岗位，包括社区保安、卫生保洁、环境绿化、停车场管理、公用设施维护、报刊亭、电话亭、社区文化、教育体育、保健、托老、托幼服务等；三是社区内单位的后勤岗位，包括机关事

业单位的门卫、收发、后勤服务等临时用工岗位。由政府出资开发，以满足社区及居民公共利益为目的的管理和服务岗位。公益性岗位优先安排困难人员或特殊群体，并从就业专项资金中给予社会保险补贴和岗位补贴。政府购买服务岗位是政府购买服务的一种特殊形式，其实质是一种规范的编外用工行为。

2003 年，在国企改制过程中，吉林省作为东北老工业基地，向社会抛出了大量“下岗职工”，即“40、50”人员。由于他们劳动技能低、年龄偏大、从业经验少等综合因素无法实现自主择业，长此以往形成了就业困难群体。他们不仅生活得不到保障，而且形成了社会稳定的负效应。为解决他们就业困难的问题，吉林省根据国家政策要求，通过开发公益性岗位，缓解就业压力。在此政策背景下，吉林省公益性岗位迅速发展，为了提高基层服务质量，不断增加社区公益性岗位数量，以满足就业需求及公共服务需求。目前来看，社区公益性岗位数量在公益性岗位总人数中占很大比重。同时，各项公共事业发展也为社区公益性岗位的不断开发提供机遇，从而对我国的公益性岗位制度提出新的要求。

在长春，解决特困群体就业的办法之一是“岗位批量开发、人员规模就业”“岗位零散开发、人员灵活就业”。这是 2004 年以来为解决大龄就业人员就业采取的措施之一。几年来，劳动部门发挥就业牵头作用，与 28 个政府相关部门建立“再就业联席会议”制度，携手挖掘适合“40、50”下岗失业人员就业的岗位，由财政、企业、社保共同承担工资、社保补贴。这些岗位，用于安置特困人员的就业。长春市公益性岗位的设立主要基于 3 个方面因素：一是开辟新的就业援助渠道，属于政府对就业困难人员的托底安置；二是通过公益性岗位的设置，也加强了社会公益性服务、基层管理性服务以及便民服务；三是全市要加强社区劳动保障平台建设，每个街道要设立劳动保障服务所，每个社区要建立劳动保障服务站。为此，长春市于 2005 年在全省率先设立了公益性岗位，到了 2006 年、2007 年，公益性岗位在全省推开。

长春的公益性岗位从设立到现在，它所援助的对象也在发生着变化。2005 年到 2006 年，由于国企并轨改制，“40、50”人员、下岗失业人员以及低保人员是就业压力最大的人群，当年公益性岗位主要是保障这些人就业。长春的公益性岗位每年会有 15%~20%的人员流动，岗位会适时增补，其援助的对象也在发生着变化。近几年来，计划生育特殊家庭、复员转业退伍军人及随军家属、就业困难大学生等也被列入了援助对象。公益性岗位的种类也在变化。从最初的公益性岗位就是“社区劳动保障服务员”，近几年来，随着私家车增多，道路堵塞现象严重，围绕交通陆续开发了交通协管员岗位；随着和谐社区的建立，又开发了治安员、110协警员等一系列公益性岗位；随着采暖越来越受重视，公益性岗位又增加了“公共事业管理服务员”。

（二）长春市购买社区体育管理员公益岗位的原因

政府购买服务一般分为购买岗位和购买项目两种模式[1]。

购买项目相当于国外的“公共服务合同外包”，即将项目外包给市场组织和社会组织，以达到提升服务质量和效率的目的。还有一种模式是政府购买岗位，在政府系统内部购买岗位，主要是指机关和所属事业单位将原来占用行政编制或事业编制、从事一定技术性或一般辅助性职能的公益性服务岗位向社会和市场开放，通过劳务派遣、聘用制等方式，延聘社会专业人员或辅助人员协助政府提供公共服务，以促进财政供给方式从“养人为主”到“办事为主”的转变，如公安文员、法院文员、公益电话咨询员等。他们分布在条和块、行业和基层，服务于政府某个项目、某个部门或下属事业单位，但是不具备行政职务，不行使行政权力，不占用行政编制和事业编制，与政府之间不构成行政职务关系，也不拥有行政法上的权利和义务，完全是借鉴企业用人的制度和做法，按照《中华人民共和国劳动合同法》的规定签订聘用合同，并实行合同管理。

长春市探索政府购买岗位的原因主要有：一是政府购买服务还处在起步和探索阶段，社会组织发育滞后，数量少、规模小、管理散，有效的监管体制尚未真正建立起来，难以承接政府转移出来的基本公共服务职能。二是政府城市管理中许多工作具有涉密性，特别是对于关系到公众基本生活和公共安全的基本公共服务项目，政府应予以直接提供或在政府的直接监管下将一些技术性、辅助性服务岗位向社会和市场购买，如公安机关文职岗位职能设置确定了4个标准：非执法、非指挥和管理、非重要涉密、服务外包排除。三是在编制严格控制的情况下适度

〔1〕 齐海丽．我国地方政府购买服务模式研究——以上海市政府购买岗位为例［J］．西北农林科技大学学报：社会科学版，2013，13（5）：123-128.

引入市场机制。由于机关和事业单位编制控制非常严格，用购买岗位的方式吸纳编外人员，既降低成本，又提高效率，也是事业单位改革不到位、竞争机制不完善、社会组织不成熟的情况下的特殊选择。

长春市社区体育管理员岗位的设置和购买与上述的第一个、第三个原因有关。随着我国经济的高速发展，国民人均收入的不断增加，越来越多的人开始意识到身心健康的重要性与必要性，体育健身已经成了人们日常生活的一项重要需求。社区体育的快速发展，加大了社区体育健身资源的需求，但由于体制改革，长春市体育管理机构发生了较大变化，区文体局仅保留两三人，街道取消文体站，体育工作的负责人多是一人身兼多职。2008 年前，长春市社区体育工作无专职人员负责，即使有兼职人员，也是一人多岗，基本弱化了体育工作职能，社区体育工作实际上处于无人、无序状态。针对街道社区工作千头万绪、事务繁杂，“千根线纫一根针”这一特殊情况，要做好社区百姓的健身工作，让社区百姓享受到体育带来的健康与快乐，就亟待设置专职岗位、配备专职人员从事社区体育工作。然而，面对机构改革，要在人员编制极其有限的条件下，满足社区体育工作的需要，实现专人负责社区体育工作，仅仅依靠体育部门、各区政府、街道、社区本身，都是难以解决实现的。随着长春市公益性岗位的不断开发，经过长春市体育行政部门和长春市人力资源和社会保障部门的积极沟通，在市政府的大力支持下，2008 年，长春市尝试通过政府购买服务的方式，在长春市开发了社区体育公益性岗位，通过笔试和面试的形式，面向下岗失业中的“40、50”人员、零就业家庭、残疾人、复员退伍军人、随军家属、家庭困难的高校毕业生，招聘了 108 名社区体育管理员。根据工作需要，2009 年 8 月，按照每 2 个社区不低于 1 名社区体育管理员、每个国民体质监测站有 2 名监测人员的岗位进行人员配置，又招用社区体育管理员 80 人，其中社区国民体质监测人员 30 人。截至 2016 年底，长春已有社区体育管理员 376 名。他们的主要任务是宣传科学健身知识，传授体育健身技能，指导体育健身活动，同时对社区健身器材和设施进行有效的管理和维护。

社区体育管理员公益性岗位的设立是长春市完善社区体育健身组织、开展社区体育健身活动、加强社区体育健身设施管理的一项新举措。由体育行政部门与劳动和社会保障部门联手设立服务群众体育的公益岗位，这在国内也堪称首例，且招聘对象大多为下岗失业人员、特困户，真正实现了其部门联动性和公益性。

这一举措，改变了社区体育没有专人抓的现状，使体育工作的触角真正延伸到社区；体现了政府购买基本公共服务、关心体育民生的具体行动；解决了部分下岗职工的再就业，维护了社会稳定。在此基础上，制定和实施了社区体育管理员公益性岗位的一系列政策措施，推动了社区体育工作的开展[1]。

长春市社区体育管理员公益性岗位的设立，引起了国务院、国家体育总局等各级领导的高度重视。时任中共中央政治局委员、国务委员的刘延东批示："长春健康城市工作有效地推动了全民健身运动，效果好，可予推广。"在2010年全国群众体育大会上，国家体育总局局长刘鹏对长春市设立社区体育管理员公益性岗位所开辟的先河给予了高度评价，他认为，抓好社会体育指导员工作，就抓住了群众体育工作的"牛鼻子"，这对于认真履行政府体育公共服务职能，努力实现基本公共体育服务均等化，实现好、维护好、发展好最广大人民群众体育健身权益具有十分重要的作用和意义。如今，社区体育管理员逐步成为社区健身设施的维护者、社区健身活动的组织者、居民科学健身的指导者、体育健身项目的推广者、全民健身知识的宣传者、社区体育资源的整合者、驻区单位体育场馆开放的协管者、国民体质监测的实施者。社区体育管理员已经融入了百姓的日常生活，实现了每个社区都有一名社区体育管理员的目标，被群众亲切地称为"小巷体育部长"。

2008年长春市颁布的《长春市全民健身条例》中有"应当在社区居民委员会采取公益性岗位方式逐步设立社区体育管理员"的规定，长春市设立"社区体育管理员"公益岗位因而有了地方性法规做保障，在长春的政策和做法的影响下，同年辽宁省阜新市设立"社区健身体育指导员"公益岗位，2009年安徽省马鞍山市设立"学校体育设施开放管理"公益岗位。辽宁省在制定《辽宁省群众体育事业"十二五"发展规划》时总结社会体育指导员"公益性岗位"经验，将"推行社会体育指导员公益岗位"纳入群众体育事业"十二五"发展规划，以地方性法规《辽宁省全民健身条例》给予政策保障。长春市建立的社区体育管理员公益岗位，为各级政府购买体育公共服务提供了一个新的路径选择。

---

〔1〕 中外群众体育信息．2011年全国群众体育工作会议典型经验介绍材料［EB/OL］．［2015-08-28］．http：//www. vo2max. com. cn/read. php？ tid=17709.

二、基本情况

（一）社区体育管理员公益性岗位的招聘

长春市制定了社区体育公益性岗位的招聘办法，规定社区体育管理员招聘对象主要为“40、50”人员、复转军人、企业下岗职工、低保家庭、“零就业”家庭人员，明确了由体育部门协同人社部门负责招录等工作程序。招聘具体条件为：①长春市非农业户口；②高中以上学历具有《再就业优惠证》的“40、50”人员、复转军人、企业下岗职工、低保家庭、“零就业”家庭有劳动能力人员；③身体健康；④热爱全民健身事业；⑤有一定的组织和管理能力；⑥有一定的体育爱好和特长。

社区体育管理员的招录通过媒体公布招工简章，接受社会报名，报名确认后发放准考证，参加考试人员首先持证进行笔试，试题由体育和人社部门共同研究确定，考试内容包括综合知识（60 分）和体育专业知识（40 分）。参加考试人员按照笔试成绩 1∶1.5 的人员比例确定面试人员名单后，再按照 1∶1 比例进行录取。社区体育管理员组成的队伍，体育部门要对其进行统一培训，培训内容分为政策法规、体育基础理论知识、实践操作、国民体质监测器材使用培训、健身项目学习等，使其做到熟练掌握一拳、一球、一操，培训合格后方可上岗。具体见图 6-1，长春市社区体育管理员审批录用流程。

社区体育管理员岗位职责主要是以下 6 项。

（1）发挥社区体育组织作用，充分利用当地资源，积极组织社区居民参加全民健身活动，指导社区居民科学健身，推广群众体育健身项目。

（2）对社区全民健身工程设施进行检查、维护和管理，保证器材完好、安全，指导市民正确地使用。

（3）配合做好学校体育场馆向社会开放工作。

（4）了解、掌握本区内健身站点、健身团队、健身俱乐部、体育兴趣小组的情况。

（5）做好国民体质监测工作，组织社区居民定期进行体质监测。

（6）完成上级部门交办的其他工作。

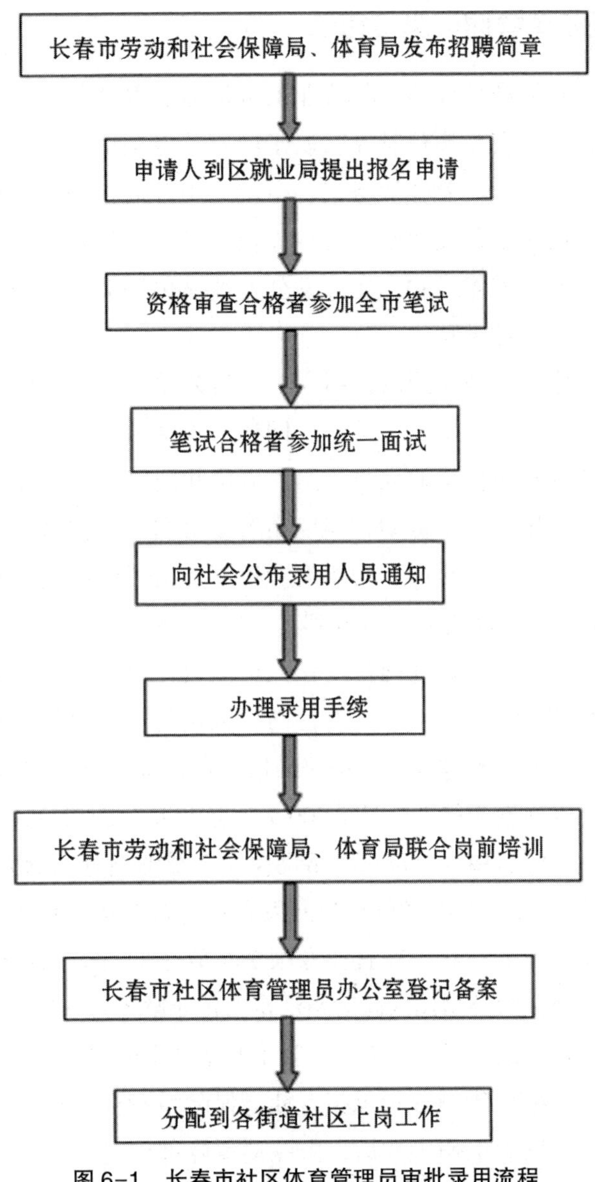

图 6-1　长春市社区体育管理员审批录用流程

（资料来源：长春市社区体育管理员办公室）

（二）社区体育管理员岗位待遇

公益性岗位不是福利性岗位，是就业困难群体过渡性的一个岗位，属于就业援助的一个手段，其工资是岗位补贴，属于国家的专项资金，公益性岗位人员岗位补贴由市财政局拨付给市就业服务局，市就业服务局视用人单位的管理情况拨付到用人单位，由用人单位发放给公益性岗位人员。岗位补贴不低于本市最低工资标准，用人单位不得随意克扣。新开发公益性岗位和需要补充岗位空缺的，用人单位要承担40%的岗位补贴。

公益性岗位工作人员被聘用后，用人单位与公益性岗位工作人员签订一年以上期限的公益性岗位协议。按照《劳动合同法》有关规定，与其签订一式三份的劳动合同，并由公益性岗位从业人员、用人单位和同级劳动就业服务机构各持一份。劳动合同实行一年一签，劳动合同期满后，由用人单位进行年度考核，经考核合格者可续签下一年劳动合同；对年度考核不合格者应终止劳动合同，由同级劳动就业服务机构另行培训考核后推荐到其他用人单位。

用人单位需按月支付公益性岗位工作人员工资，根据《吉林省公益性岗位开发管理暂行办法》第十六条规定：公益性岗位人员的劳动报酬一般不低于当地最低工资标准（非全日制公益性岗位按小时最低工资标准计算）。目前长春市社区体育公益性岗位的工资标准为每人每月 1 000 元。这种政策的扶持，保证了社区体育公益人员的稳定性。同时用人单位还需帮助岗位人员缴纳社会保险费，包括养老、失业和医疗保险费。《吉林省公益性岗位开发管理暂行办法》第十七条规定，用人单位按照省财政厅、省劳动保障厅就业专项资金管理的有关规定申请岗位补贴和社会保险补贴。社会保险补贴期限除对距法定退休年龄不足 5 年的人员可延长至退休外，其余人员原则上最长不超过 3 年。第十八条规定公益性岗位人员的社会保险由用人单位和个人按缴费比例分别承担，社会保险缴费标准按所在地有关规定执行。公益性岗位人员发生工伤事故后，由劳动保障部门进行工伤认定、劳动能力鉴定，并按照《工伤保险条例》和《吉林省实施〈工伤保险条例〉若干规定》（省政府令第 151 号）享受相关待遇，享受待遇发生的有关费用由用人单位所在地财政负担。

（三）社区体育管理员公益性岗位的管理

在组织管理方面实行统一管理，依托市全民健身活动中心，2008 年 12 月组建了市社会体育指导员协会，成立了市社区体育管理员管理办公室，形成了“三块牌子一套人马”的工作体制，办公地点设在长春市全民健身活动中心。所招聘的社区体育管理员主要分配在两类工作岗位上：一类是在区体育行政部门工作，主要是为了缓解城区、开发区体育行政部门人员紧缺的矛盾；另一类是在社区、街道工作，主要是承担社区体育工作以及社区分配的其他工作。在区级层面，开发区多采取垂直管理模式，在管委会社会发展局内统一管理使用；城区多采取调度式管理，将社区体育公益性岗位人员的日常管理放在街道、社区，根据工作需要随时集中使用，有时社区体育管理员在完成业务工作的同时，还协助社区完成了诸多其他工作。同时，制定了日常管理制度，工作制度，周（月）例会制度，由群众当评委、社会当考官的考核奖惩机制，明察暗访的督导制度，市、区两级培训制度，市、区、街道三级考评制度等。

此外，还形成了自上而下的市、区、街道、社区四级工作运行机制，做到部门分工明确，工作职责明晰，工作责任到人。具体就是社区体育管理员的招录、辞退、考核由体育部门会同人力资源和劳动保障部门负责；社区体育管理员日常管理由街道、社区负责；社区体育管理员日常工作按照工作职责由体育部门统一安排部署。

为了让公益性岗位更加科学化、规范化，长春市政府把这项工作作为提升居民幸福指数的发展性民生工程来抓，并进行了深层次的探索和实践。

在制度化上，制定《长春市全民健身条例》，以地方性法规形式明确规定：“在社区居委会采取公益性岗位逐步设立社区体育管理员。”今后，将增加社区体育公益性岗位数量，力争每个社区都设一个社区体育公益性岗位，扩大乡镇、村屯健身指导队伍；并加大政府购买公共服务力度，增加财政投入，积极通过社会化运作，提高社区体育公益岗位人员待遇。

在规范化上，建立社区体育公益性岗位电子信息管理系统，强化社区体育管理员量化绩效考核，完善激励奖惩与流动机制。加强社区体育管理员素质建设，使每个人不仅都要有“三证”（即上岗证、培训证、社会体育指导证），而且都要

有工作日志。

在系统化上，延伸社区体育服务组织链条，在街道设立社区体育公益性岗位服务中心，在小区、楼道、驻区单位选任“块长、片长、楼长”，形成以社区体育管理员为中心的纵向到底、横向到边的社区体育管理服务网络。

三、购买过程

（一）购买目的

政府购买“社会体育管理员”公益岗位服务的目的是：开辟新的就业援助渠道，解决部分下岗职工的再就业，维护社会稳定；加强社会公益性服务、社区体育管理性服务以及便民服务，满足人们的体育健身需求。

具体表现在：一是让社区体育管理有专人负责，使体育工作的触角真正延伸到社区，满足人们的体育健身需求；二是体现政府购买基本公共体育服务、关心体育民生的态度和举措；三是解决了部分下岗职工的再就业，维护社会稳定。

（二）购买主体

社区体育管理员公益性岗位的购买涉及多个购买主体。公益性岗位是政府出资或者政策扶持的岗位，并且是通过劳动和社会保障局同意而设置的岗位，其岗位劳动者的工资也由财政部门负责，同时这些劳动者在签订合同时，又是和用人单位签订劳动合同，与用人单位形成劳动关系。吉林省劳动保障厅等部门制定的《吉林省公益性岗位开发管理暂行办法的通知》中对涉及的购买主体有明确规定，如“第四条　各级劳动保障和财政部门分别负责本地公益性岗位的开发管理和专项资金筹集、使用等项工作”“第十八条　公益性岗位人员的社会保险由用人单位和个人按缴费比例分别承担，社会保险缴费标准按所在地有关规定执行”和“第十条　公益性岗位人员被聘用后，根据岗位实际需要，用人单位与被聘用人员应签订全日制用工或非全日制用工协议”。因此，长春市在购买社区体育管理员工作岗位时，市人力资源和社会保障局、市财政局和市（区）体育局、街道社区等用人单位，他们在购买过程中形成一个整体构成了政府购买公益性岗位的主体，其

中市（区）体育局、街道社区等用人单位是责任主体。

各主体承担了不同的职责，根据《关于进一步加强全省公益性岗位管理的通知》的规定，各地人力资源和社会保障部门负责本地公益性岗位的项目设置、管理监督检查等项工作。用人单位要按照“谁用人、谁管理”的原则，具体负责公益性岗位人员的日常管理和业务指导工作。各主体具体职责如下。

1. 人社部门职责

人社部门的职责：制定本地区社区体育管理员公益性岗位管理实施细则；拟定社区体育管理员公益性岗位项目设置计划；组织或监督用人单位招用和补招工作；建立社区体育管理员公益性岗位用人单位申请备案和社区体育管理员公益性岗位人员基础信息备案制度；负责落实社区体育管理员公益性岗位补贴和社会保险补贴政策；指导用人单位建立社区体育管理员公益性岗位管理制度；负责对社区体育管理员公益性岗位开发管理和政策落实情况监督、检查，并对用人单位社区体育管理员公益性岗位使用和管理情况提出整改建议。

2. 财政部门职责

财政部门职责：会同人社部门制订社区体育管理员公益性岗位项目设置计划，岗位补贴、社会保险补贴标准和申领程序；负责筹集、拨付社区体育管理员公益性岗位补贴资金；负责监督检查社区体育管理员公益性岗位专项资金使用情况。

3. 用人单位职责

用人单位职责：在区体育行政部门工作，申报人力资源和社会保障部门公益性岗位项目，参与人力资源和社会保障部门公益性岗位人员招用面试；与人力资源和社会保障部门公益性岗位人员签订用工协议，建立人员基础档案；制定公益性岗位人员工作职责，组织岗前培训；制定人力资源和社会保障部门公益性岗位人员管理制度和考核奖惩办法；负责对人力资源和社会保障部门公益性岗位人员日常管理、考核和考勤；负责本单位人力资源和社会保障部门公益性岗位人员辞退，办理终止（解除）手续，并报所在地人社部门备案。

总体而言，长春市在购买社区体育管理员岗位过程中，长春市劳动和社会保障部门负责社区体育管理员公益性岗位人员的招聘录用等工作；财政局负责筹集、拨付公益性岗位补贴资金、监督检查公益性岗位专项资金使用情况等工作；体育行政部门负责业务培训、指导、管理、考核等工作；街道社区负责日常管理等工作。

（三）承接主体

长春市购买社区体育管理员公益岗位中，并没有明确的第三方服务承接主体，在2008年《吉林省公益性岗位开发管理暂行办法》和2016年《吉林省公益性岗位开发管理暂行办法的通知》这两个重要政策中均没有关于承接主体的政策规定。按照这两个文件中规定的“谁用人”“谁管理”的原则，长春市在购买社区体育管理员岗位时，购买主体（体育行政部门与社区用人单位）与服务提供者社区体育管理员直接签订合同。一般而言，合同制的员工是直接和政府部门或事业单位签订合同，而政府购买岗位则应是委托第三方承接主体去招聘，服务提供者的合同也是和第三方承接主体签订，而不是与政府部门直接签订。在政府购买服务过程中，购买主体、承接主体和消费者是必不可少的“三元主体”，2013年颁布的《政府向社会力量购买服务的指导意见》和2014年颁布的《政府购买服务管理办法（暂行）》的政策中均有关于承接主体的明确规定，但由于岗位购买在实践中仍然处于探索过程中，一些地方由于人力资源市场、社会组织不完善，难以找到符合条件的服务承接主体，因此，通常也会直接以地方劳动就业部门和行政事业单位作为服务承接主体，这样就形成了购买主体与承接主体同为一体的现象。

理论上讲，政府购买体育公共服务的承接主体，主要是指有能力、也愿意接受政府委托并提供体育公共服务的社会力量，包括所有有能力承接体育公共服务的社会主体。从具体情况来看，主要包括差额与自收自支的事业单位、企业和体育社会组织。一是差额与自收自支的体育事业单位，即承担“服务”职能的营利性体育事业单位以及公益性体育事业单位，它们本身一直从事公益类服务，由于自身职能所赋予的公益性，长期承担着部分体育公共服务，通过事业单位分类改革，可以使之成为我国政府购买体育公共服务的最大承接主体。二是企业。政府购买公共服务，自然不能忽视企业的力量，但是企业与生俱来的追逐利益的本性，决定了不能单纯依靠企业来提供体育公共服务。但是如果采取政府购买公共服务的方式，由企业来负责公共服务的生产，政府执行严格的评估监督机制，就有可能充分发挥各自优势，提升体育公共服务供给的效益。三是体育社会组织。体育社会组织因其非营利性、贴近社会、灵活性等特点，一直被视为最合适的政府购买体育公共服务承接主体。但是，我国的体育社会组织起步较晚、数量较少、参差不齐、发展不健全等，相对于事业单位和企业来说，体育社会组织的力量还比较薄弱。因此，为了更好地完成政府购买公益性岗位的任务，应不断加大对体育社会组织这一承接主体的培育。

（四）服务提供者

在政府购买社区体育管理员岗位上工作的人员是体育公共服务的提供者，负责政府购买服务的实际提供。通过机构搭桥，由政府购买，在设有购买岗位的体育行政部门、街道社区开展工作，协助解决各方面问题。长春市政府对于服务提供者是有条件的，确定既要符合一般公益性岗位要求的“40、50”人员、“零就业家庭”等就业困难群体的基本条件，同时又规定从事社区体育的 3 个基本条件，即要热爱全民健身事业、有一定的组织和管理能力、有一定的体育爱好和特长的人员。

（五）消费主体

在体育公共服务领域，公众是体育公共服务的消费主体，也是政府购买体育公共服务的受益人。长春市在购买社区体育管理员岗位过程中，消费主体主要是参与社区体育活动的公众。

（六）购买内容

根据社区体育管理员岗位的职责要求，政府购买服务的主要内容表现为：宣传科学健身知识；传授体育健身技能；指导体育健身活动；对社区健身器材和设施进行有效的管理和维护。

（七）购买方式

长春市采取的是岗位购买制的方式购买“社区体育管理员”公益岗位服务。岗位购买制也可以称为体制内吸式，是指在政府由于编制人员所限而无法承担大量事务性公共服务的情况下，直接由政府出资，突破原有的编制限制，根据服务

需求面向社会招聘人员，以促进政府从“养人”到“办事”的转变，也是一种社会制度的创新。在此模式中，资金基本上还是在政府体制内进行循环，购买公共服务岗位人员进行社会招聘。岗位购买制的优势在于简单易操作，只需要根据公共服务的需要结合财政预算设置岗位，由第三方机构负责招聘、管理和实施等。这种模式得到了政府的大力支持，主要原因有以下3点：第一，参与这种购买服务的社会组织多是依附于政府成立的，或是与政府有很密切关系的，其政治合法性很高，可信度高；第二，财政资金仍在体制内运行，政府容易对资金运行进行监控，不易出现大规模的资金违规操作等问题；第三，解决部分就业问题，政府购买公共服务岗位提高了服务效率，扩大了服务范围，同时也为公众创造了更多的就业岗位[1]。

长春市采用岗位购买制是政府为规范机关事业单位用人行为，由政府相关部门统一组织，向社会公开通过考试或考核程序招聘录用工作人员，并由政府核拨相应经费补助的一种方法。聘用人员签订劳动合同，实行合同管理，续聘、解除或终止劳动合同均按《中华人民共和国劳动合同法》规定执行。人社部门不办理录用手续，编制部门不办理列编手续，财政部门不办理财政供养人员手续。在长春市的政府购买社区体育管理员岗位中，市财政局作为牵头单位，给予了资金保证，每年的政府购买社区体育管理员岗位发生的费用都由财政预算及专项基金支付。长春市体育局、长春市社会体育指导员协会负责对符合条件的招聘人，通过报名，考核合格，然后进行一定时间的针对性的专业培训。培训合格后方可持证上岗，成为正式被聘用人员。

但是购买岗位制也存在一些问题。例如：资金仍然在体制内循环，只能是政府内部监督，而公众和社会组织无法进行监督；参与购买的社会组织仍然是政府职能的延伸，无法起到培育社会组织的作用。

（八）资金支持

在任何一项活动中，都离不开资金支持，政府购买社区体育管理员岗位的资金支持主要来源于当地的财政部门。财政部门是重要的政府职能部门，为政府购

〔1〕张妍．市级政府购买基层公共服务岗位研究［D］．北京：中央民族大学，2016.

买公益性岗位提供资金支持和资金管理，是政府实施购买的经济基础。根据《吉林省公益性岗位开发管理暂行办法》第二十条规定：“从2009年起，采取全额支付和按比例给予岗位补贴相结合的形式支付公益性岗位人员的劳动报酬。对无经费来源和经营收入的用人单位，由当地财政根据其岗位安置就业困难人员数量，按当地最低工资标准给予全额的岗位补贴。对有经费来源或经营收入的用人单位，由当地财政根据其岗位安置就业困难人员数量，按每人不低于当地最低工资标准的40%给予岗位补贴。”在政府购买社区体育管理员岗位中，财政部门通过资金管理参与到各部门的管理工作中，财政资金为引线，全程参与体育公共服务的立项、招标、评价、监督等，通过对财政资金的管理，加强对政府社区体育管理员岗位行为的规范管理。在长春市的政府购买社区体育管理员岗位中，财政局作为牵头单位，给予了资金保证，每年的政府购买社区体育管理员岗位发生的费用都由财政预算及专项基金支付。长春市政府购买社区体育管理员岗位聘请人员的岗位工资，按长春市的最低工资标准执行，并按规定为聘用人员缴纳社会保险及其他相关福利待遇。

（九）监督评估

加强对社区体育管理员公益性岗位的监督、评估，对促进社区体育管理员公益性岗位开发管理工作有序、健康发展具有重要的意义。

对政府购买社区体育管理员公益性岗位的监督涉及对购买过程中的各个环节以及各个主体的监督，如对公益性岗位人员招聘活动的监督，对公益性岗位用人单位所申请拨付经费的监督、对用人单位申领公益性岗位补贴和社会保险补贴情况的监督以及社区体育管理员工作的监督等。长春市在招聘社区体育管理员活动过程中，设立监督举报电话，接受社会各界的监督，以保证招聘工作的“公平、公正、公开”；各社区体育管理员公益性岗位用人单位对所申请拨付的有关费用设立专账管理，专款专用，单独列账，按规定使用，接受劳动保障、财政、审计和监察部门的监督检查，市劳动保障和财政部门定期对用人单位申领公益性岗位补贴和社会保险补贴情况进行检查；用人单位负责对使用的社区体育管理员公益性岗位人员日常工作进行监督管理，包括进行岗前培训，岗中管理，实行严格考勤制度，将其上岗工作表现与劳动报酬、社会保险补贴发放挂钩，确定社区体育管理员公益性岗位人员工作职责，制定相应的管理制度和考核奖惩办法。在吉林省颁布的《关于进一步加强全省公益性岗位管理的通知》中进一步规定，对公益性岗位实行动态管理，执行退出制度。通知中要求运用就业信息网络，通过同工商、地税、住建、社保、医保、劳动关系等相关部门协调，进行信息比对，实现跟踪监控，了解掌握情况，对公益性岗位人员形成全程有效的动态管理模式。对进入公益性岗位的就业困难人员，距法定退休年龄不足5年的公益性岗位人员岗位补贴和社会保险期限可延长至退休，其余人员不超过3年。对3年期满退出后仍属于就业困难人员的，要继续帮助落实各项创业就业扶持政策，鼓励引导他们就业创业。

对政府购买社区体育管理员公益性岗位的评估涉及对购买服务流程的评估、对购买过程的介入主体进行评估以及对购买体育公共服务的事务职能进行评估。目前长春市对政府购买社区体育管理员公益岗位的评估主要针对承接主体社区体育管理员群体的事务职能进行评估，为保障社区体育公益性岗位有效发挥作用，长春市探索了市、区、街道三级考评制度，建立了由群众当评委、社会当考官的考核奖惩机制，对工作积极、群众比较认可的社区体育管理员，通过多种形式予以宣传和表彰；还完善了周（月）例会制、明察暗访的督导抽查机制，使每个社区体育管理员既有压力，也有动力，还有活力。社区体育管理员的业绩考核主要以社区成员的反馈以及有关部门的定期不定期的现场监督为依据。对合格的继续聘用，优秀的给予物质和精神奖励，对不合格、不能胜任工作的将予以解聘。

四、基本经验和存在的问题

（一）基本经验

1. 购买社区体育管理员公益性岗位服务，丰富了政府购买体育公共服务的方式

政府购买体育公共服务是政府提供体育公共服务的一种新模式，也是一种新的方法和手段，它的运用和实践，推动了体育公共服务质量的提升和效率的提高。在实践中多以购买项目的方式购买体育公共服务，长春市政府开始实施购买体育公共服务时选择了相对简单易操作的购买岗位模式，这种购买模式避免了直接进

行政府购买体育公共服务项目时的风险，同时，从购买岗位入手，逐渐总结经验，结合本地实际情况，摸索出哪些领域适宜进行购买岗位、哪些领域适宜进行购买项目。长春市通过引入政府购买社区体育管理员岗位过程中取得了一定的成效，缓解了部分体育供需矛盾。通过在体育领域的政府购买，既可提供部分就业岗位，又可增加体育公共服务供给，满足公众对体育公共服务的需求，还提高了公众对政府购买体育公共服务的认识，增加了信任度。

2. 就业人员选聘照顾特殊人群，解决了部分特殊人群的就业问题

随着公众需要的体育公共服务的增加，将需要的体育公共服务通过购买岗位的形式实现，不仅满足了公众的体育需要，也解决了部分就业问题。公益性岗位的就业人员具有特殊性，一般是《就业促进法》中的就业援助对象，包括持再就业优惠证的下岗工人，“40、50”再就业人员，“零就业”家庭，伤残但未完全丧失劳动能力的人，退伍军人等。对于社区体育管理员的人员选聘条件，长春市政府针对特殊人群进行照顾，比如特困家庭，“40、50”再就业人员等经过专业培训后进行上岗。所以，此举不仅解决了社区体育开展无人指导和设施无人维护的问题，同时也创造了就业岗位，而且对特殊家庭来讲是重大的民生工程，也具有雪中送炭的作用。

3. 增加了体育公共服务供给

政府是体育公共服务的提供者，政府的主要职能之一就是体育公共服务的供给者。当前公众的体育公共服务需求越来越多元化，原有供给本身不足，又有新增的体育公共服务需求，体育公共服务再也不能完全依靠政府来提供，否则很难满足公众对体育公共服务的需求。政府购买体育公共服务是一种新的体育公共服务供给方式，适合通过购买交由社会力量来提供，政府将不再直接提供，交由第三方来生产提供。长春市从政府购买基层体育公共服务岗位开始，使一些贴近群众、易于实现的体育公共服务由政府购买来提供，逐渐形成多元化的体育公共服务供给机制，不仅可以增加体育公共服务供给，扩大体育公共服务受益范围，而且使公众真正感受到了政府购买体育公共服务的益处。

4. 减轻了政府的财政压力

通过政府购买岗位，突破以前核编制、拨资金的做法，根据服务需求审核人

员额度，以促进财政供给方式从“养人为主”到“办事为主”的转变，有效地控制了政府的人员增长，部分解决了财政开支刚性增长的问题。购买岗位人员并不占用行政编制，也在很大程度上降低了政府的行政成本。

5. 实现了“一买多赢”

经过近8年的探索，政府购买体育公共服务“一买多赢”的特点已经显现：从百姓角度看，群众体育活动内容更丰富，选择范围更大了；从政府角度看，体育行政部门转变了工作职能，实现了向“小政府、大社会”的转变；而对于体育经营场所等社会力量而言，收获的不仅是经济效益，而且还有服务能力、水平以及社会影响力的提升。

政府购买公共服务，是体育工作发生的新变化，也是社会领域发生的新变化。如今，体育已不再是单纯的项目竞赛和活动组织，它对人们的生活方式和习惯产生巨大影响。据不完全统计，目前长春市约有一半的人常年坚持体育锻炼。从这个角度讲，体育已经成为一项民生工作。长春市将进一步规范政府购买公共服务，对于那些服务好、活动多的体育社会组织，将加大扶持力度；对滑冰、滑雪等热门项目，将逐步采取竞标的方式，让更多的体育机构享受平等参与的机会，让百姓享受服务更优质、体验更丰富的体育项目。

（二）存在问题

1. 服务提供者的专业性不足

由于招聘人员主要是下岗和就业困难等特殊人群，其没有专业性背景，所以对提供的体育服务仍欠缺专业性，这也是照顾特殊人群和提供专业性服务两者不可兼得的困境。尽管长春市体育局在不断加强对这支队伍的培训力度，如仅2016年就培训了来自9个城区的324名社区体育管理员，力争从多方面提高他们的业务能力和服务水平，但是对于要顺利完成社区体育管理员岗位职责来说，仅靠培训是不够的，政府应逐渐将购买对象范围不断扩大到当年应届大学毕业生或近两年未就业的大学毕业生，尤其是体育专业的大学毕业生，使岗位聘用人员队伍年轻化、专业化。学历层次的提高，不仅有助于解决现有岗位购买中社区体育管理员年龄偏高、专业化水平偏低的问题，满足岗位要求，为公众提供高质量的体育公

共服务，而且也有助于缓解体育专业学生的就业压力，特别是拓宽体育专业学生就业渠道。

2. 缺少第三方承接主体，体育行政部门既当教练员又当运动员

在政府购买社区体育管理员岗位中，涉及购买主体、承接主体和服务提供主体三者之间的购买关系。通常而言，在购买岗位过程中，由承接主体为购买主体提供岗位人员管理服务，购买主体与承接主体签订政府购买公益服务岗位协议，承接主体与服务提供主体签订劳动合同。购买主体负责对政府购买服务人员进行岗位管理，承接主体负责对政府购买服务人员进行身份管理，负责发放劳动报酬，办理社会保险（养老、医疗、工伤、生育、失业五险），托管人事档案等。

但是，在2008年《吉林省公益性岗位开发管理暂行办法》和2016年《吉林省公益性岗位开发管理暂行办法的通知》这两个重要政策中均没有关于承接主体的政策规定。2008年，长春市在刚开始购买社区体育管理员公益岗位时，也没有明确的第三方承接主体，购买主体（体育行政部门与社区用人单位）与服务提供主体（社区体育管理员）直接签订用工协议。在实际购买过程中，购买主体既要承担购买主体制定政策、开发岗位、发放补贴、加强监管的职责，又要承担承接主体的岗位招聘、业务培训、指导管理等职责，购买主体既当教练员又当运动员。这可能与目前体育社会组织发展不健全以及政府购买公共服务的制度不完善有关。缺乏承接主体，既不利于政府职能的转变，也不利于对体育社会组织的培育。政府购买服务应增加承接主体，明确各主体职责。如体育行政部门只负责制定政策、开发岗位、发放补贴、加强监管，将公益性岗位招聘、管理工作放权给服务承接主体，让服务承接主体来当运动员，推动公益性岗位购买走向市场化，这是一种放权，不是“卸包袱”，有利于政府职能的转变和对社会力量的使用，更好地推动政府购买岗位服务工作。

3. 监督评估机制不健全

政府购买社区体育管理员公益性岗位属于新的政府管理理念指导下的探索实践，目前长春市对政府购买公共服务岗位的评估和监督机制不够完善。聘用人员的工作绩效考核很多无法通过量化标准进行，无法确定购买效果。政府购买社区体育管理员岗位的消费主体是公众，服务的质量无法做到直接量化的标准化评估，

在很大程度上取决于服务受益者也就是公众的主观感受，这样，作为购买主体政府部门很难确切地对购买的实际效果进行科学考核，从而也使得对财政资金的使用效率不能进行准确评估，给监管带来了很大难度。有效的体育公共服务供给是社会稳定的保障，完善的监督评估机制是体育公共服务有效供给的保障。政府作为购买体育公共服务的主体、政府购买的最终责任方，一定要加强监督评估体系建设。从长春市政府购买社区体育管理员岗位实践来看，监督评估体系在政府购买公共服务各环节中仍是薄弱环节，如社区体育管理员是以社区为基础进行配置，由劳动和社会保障部门及体育部门联合设立，对于培训是由体育部门来进行委托培训，而对于服务质量和监督没有明确的文件来执行，或者是由社区体育管理员所在社区进行自我约束。因此，为提高其服务水平和质量，应该进一步明确其管理和监督单位。

4. 相关政策法规需进一步完善

政府购买岗位缺乏相应的制度保障，难以真正形成长效机制。在国家层面上，2003 年《政府采购法》实施，其后颁布了政府采购范围。尽管采购法规定的范围包括货物、工程和服务，但是在采购范围中，对于服务的理解仅限于政府自身运作的后勤服务，而范围更广泛、更重要的公共服务并没有被列入采购范围。部分地方文件已经对此有所创新，但政府采购法律法规及相应财政制度体系等都存在着不完善的地方与环节，严重制约着政府购买服务的效能。特别是对于政府购买岗位这样一个本身具有一定争议的模式，尽管全国部分省、市开始了这方面的探索，但是尚没形成成功的经验和做法，对于这种模式的成效也没有科学的评估机制。在地方层面上，吉林省现有的岗位购买制度也不健全。有关文件虽明确了政府购买服务岗位的种类和购买方式，但对岗位的聘用渠道、所聘人员费用标准及保障方式、岗位使用期限等方面规定比较宏观，购买主体在申请岗位后不易实施，无法达到预期效果。在体育领域里的首例岗位购买，目前也只是在《长春市全民健身条例》中把社区体育管理员培训和配置列入其目标之一，但是相关的政策还不健全，亟待进一步加以完善来保障社区体育管理员的相关权益及进一步提高其服务质量和水平。

第三节　江苏张家港案例：体育社会组织承接政府购买体育公共服务[①]

一、案例背景

张家港位于中国大陆东部，长江下游南岸，是苏州市所管辖的县级市。张家港市辖 8 镇 2 区，8 镇分别为杨舍镇、金港镇、锦丰镇、塘桥镇、乐余镇、凤凰镇、南丰镇、大新镇；2 区为常阴沙现代农业示范园区、双山岛旅游度假区。

张家港是沿海和长江两大经济开发带交会处的新兴港口工业城市。张家港也是中国综合实力最强的县级市之一，自 2003 年以来，连续多年位居全国百强县、中国中小城市综合实力百强市前列，在经济、文化、金融、商贸、会展、服务业和社会建设等领域成就显著，是名副其实的经济发达地区的代表。在经济快速发展的同时，体育事业也飞速发展，体育公共服务也是张家港地方政府历来重视的工作。在江苏省县级体育考核中多次名列全省第一，尤其是在 2012 年“江苏省县级群众体育考核”中，张家港以满分位列全省第一。自 2006 年以来，张家港市群众体育工作先后 8 次获得“全国群众体育先进集体”“全国全民健身活动优秀组织奖”“全国实施农民体育健身工程先进县”等国家级荣誉称号，2014 年张家港市出台了《关于推进公共体育服务体系示范区建设的实施意见》，提出要大力发展公共体育事业，创新服务方式，提高供给能力。张家港市计划经过 2014 年和 2015 年的实践，努力建成公共体育服务体系示范区。

体育社会组织承接政府购买服务是深化体育改革、转变政府职能的重要途径，也是提高体育公共服务供给水平和效率的必然选择，体育公共服务供给不足，与

① 本案例由苏州大学体育学院张晓薇调研并撰写初稿。

其说是政府服务意识不强、创新能力不足，不如说是政府惯性执政造成的供给盲点。近年来，张家港市积极推进社会组织管理体制改革，发展壮大各类社会组织，积极探索体育社会组织承接政府购买服务这一新的体育公共服务提供方式，促进社会管理创新，尤其是2013年国务院办公厅颁布了《关于政府向社会力量购买服务的指导意见》，对建立健全政府向社会力量购买公共服务机制，完善公共服务供给体系，提高公共服务效能做出了重要部署；2014年初，该市出台了《关于推进公共体育服务体系示范区建设的实施意见》，这两个文件对培育扶持社会体育组织，推进政府购买体育公共服务这一方式起到了重要的指导作用。张家港市无论是经济建设、精神文明建设还是体育管理都形成了鲜明的地方特色和模式，积累了很多成功的经验。作为经济发达地区提供体育公共服务方面的典范，浓缩和凝聚了我国经济发达地区的基本特征和一般共性。深入总结张家港市体育社会组织承接政府购买服务的实践经验，并就承接政府购买服务过程中存在的问题提出相应对策，对丰富体育公共服务供给，提高体育公共服务效能，深度发展政府购买服务具有一定的理论和现实意义。

二、承接意义

（一）弥补政府供给的不足

张家港市体育行政部门人力资源有限，单单靠体育行政部门提供体育公共服务，难以满足张家港市群众的多样化的体育需求，而体育社会组织以种类繁多、功能各异、贴近群众为特点，可为群众提供多样化、专业化的体育服务，满足群众多元化的体育需求，弥补了政府单方面提供体育公共服务的不足。随着张家港市体育社会组织的不断发展，承接政府购买服务的体育社会组织越来越多。体育社会组织承接政府购买服务，不仅能提供高效的体育公共服务，而且创新了体育公共服务的供给方式，形成多元化的供给局面，满足人们多元化的体育需求，同时还使体育社会组织的活力得到了增强。

（二）加强体育社会组织自身建设

近年来，张家港市体育社会组织发展迅速，日益成为承接体育公共服务的重要载体，体育社会组织自身能力的强弱直接影响体育公共服务水平的高低。因此，体育社会组织应加大自身的能力建设。随着政府购买体育社会组织服务的实践探索越来越多，政府向体育社会组织购买服务的力度逐渐增大，体育社会组织承接政府购买服务，参与公开竞争、项目运作和绩效评估。这极大地提升了体育社会组织规范化和专业化水平。通过承接政府公共服务，社会对体育社会组织认知度和认同度显著提高，其在公众中的公信力和自身活动力大幅度提升，体育社会组织功能性更加突出，服务能力明显提高。

（三）加快政府职能的转变，提高行政效率

《2001—2010年体育改革与发展纲要》明确提出了中国深化体育体制改革的目标："进一步明确政府和社会的事权划分，实现政事分开，管办分离，把不应由政府行使的职能和社会能够办的事逐步转移给事业单位、社会团体和社会中介组织。促进体育行政部门的改革逐渐由传统的政府管理方式向服务型政府转变，需要体育社会组织的参与，体育社会组织成为承接政府购买服务的主体，承接政府转移的职能。"体育行政部门改革前，我国体育公共服务的供给在很大程度上取决于政府的偏好，政府官员根据政绩和利益决定体育公共服务的内容、数量和质量，严重影响了体育公共服务的质量，再加上体育行政部门把竞技体育成绩作为体育工作的重要考核标准，形成了竞技体育产品的过分供给，其他公共体育服务项目的供不应求的现象。随着体育社会组织的不断发展，自身能力不断提高，体育社会组织成为体育公共服务的重要供给主体，大大提高了体育公共服务的供给效率。政府购买体育社会组织服务，将体育公共服务交由有能力的体育社会组织承接，优化资源配置，避免政府重建造成的资源浪费，有效地降低了成本，我国部分地区政府购买体育社会组织的实践为此提供了佐证，如北京、上海、常州、无锡等地都已经进行政府购买体育社会组织服务的探索，并在提供体育公共服务过程中验证了政府购买体育社会组织服务相对于政府单一供给，起到了提高行政效率、降低政府成本、节省财政开支的效果。

三、承接过程

（一）承接主体

目前，张家港承接政府购买服务的体育社会组织主要包括各类体育协会、体育类民办非企业单位等。承接主体及承接内容见表6-2、表6-3。

表6-2　张家港市承接政府购买服务的体育协会组织及承接内容

名称	承接项目
篮球协会	1. “红红火火过大年”篮球邀请赛 2. “激情五一”篮球邀请赛 3. 张家港市第十届村级篮球赛 4. 2013年迎国庆老将篮球对抗赛、“港洋杯”篮球邀请赛 5. 2015年张家港市大型假日体育活动——篮球比赛 6. 2015年张家港市第五届全民健身大联赛暨“沙洲优黄”杯篮球联赛
足球协会	1. “红红火火过大年”足球比赛 2. “激情五一”足球超级联赛 3. 迎国庆足球邀请赛 4. 2015年张家港市大型假日体育活动——足球比赛 5. 张家港市全民健身大联赛——足球比赛
网球协会	1. “红红火火过大年”网球比赛 2. “庆五一”2015年网球双打积分赛 3. 2015年张家港市大型假日体育活动——网球比赛 4. 张家港市全民健身大联赛——网球比赛

续表

名称	承接项目
羽毛球协会	1. “红红火火过大年”羽毛球比赛 2. “庆五一”羽毛球比赛 3. 迎国庆羽毛球对抗赛 4. 2015 年张家港市大型假日体育活动——羽毛球比赛 5. 张家港市全民健身大联赛——羽毛球比赛
乒乓球协会	1. “红红火火过大年”迎新年乒乓球赛 2. 张家港市第九届社区乒乓球比赛 3. 2015 年张家港市大型假日体育活动——乒乓球比赛 4. 张家港市全民健身大联赛——乒乓球比赛
门球协会	1. “红红火火过大年”门球比赛 2. 迎国庆门球友谊赛 3. 2015 年张家港市大型假日体育活动——门球比赛
游泳协会	1. 张家港市第二届公开水域游泳比赛 2. 2015 年张家港市大型假日体育活动——游泳比赛
舞蹈协会	1. “红红火火过大年”体育舞蹈春节大联欢 2. 2015 年体育舞蹈公开赛暨张家港市第四届体育舞蹈锦标赛 3. 2015 年张家港市大型假日体育活动——体育舞蹈展示
田径协会	1. 2014 年张家港市短程马拉松系列赛——美丽锦丰绕圈赛 2. 2015 年张家港市大型假日体育活动——中小学生田径比赛 3. 2015 年张家港市短程马拉松系列赛（第四站）“沙洲新城”杯美丽锦丰绕圈赛
老年人体育协会	1. “红红火火过大年”文体节目交流演出、志愿服务、站点骨干座谈会 2. “激情五一”第四套健身秧歌教练员培训班 3. 迎国庆老年人技能大比拼 4. 2015 年张家港市大型假日体育活动——柔力球比赛

续表

名称	承接项目
农民体育协会	2015 年张家港市大型假日体育活动——拔河比赛
棋类协会	“红红火火过大年”全市象棋个人赛
社会体育指导员协会	1. “红红火火过大年”迎新春体育志愿服务 2. “激情五一”张家港市骨干社会体育指导员技能再培训 3. 2013 年迎国庆一线社会体育指导员技能再培训 4. 2015 年张家港市大型假日体育活动——新优体育现场教学
武术协会	1. “红红火火过大年”武韵表演 2. 迎国庆 26 式太极拳展示活动

资料来源：张家港市体育局。

表 6-3 张家港市承接政府购买服务的体育民办非企业单位及承接内容

名称	承接项目
上正威克多羽毛球馆	1. 2009 第二届“青年杯”羽毛球 2. 2014“三江杯”羽毛球团体邀请赛
大新镇文体服务中心体育健身俱乐部	1. 2012“运动健康、青春活力”广场舞培训班 2. 2015 全民健身节柔力球培训班 3. “激情颂大新”优秀广场舞展演
塘桥镇文体服务中心体育健身俱乐部	2015 年“红红火火过大年”志愿情趣运动会
金港镇文体服务中心体育健身俱乐部	1. 2011“庆元旦迎新春”台球比赛 2. 2011 金港镇“健身大拜年”全民登香山 3. 2012 全民健身运动会“每天锻炼一小时” 4. 2012“健身大拜年”庆元旦台球精英赛 5. 2015“激情香山”山地短程马拉松挑战赛

续表

名称	承接项目
张家港市爱跑俱乐部	1. 2013“张、澄、虞”跑步团队双山环岛半程马拉松交流赛 2. 张家港市全民健身月暨爱跑俱乐部第二届环暨阳湖长跑大赛 3. 2013 年张家港市快乐中秋大型假日体育活动——迷你马拉松接力赛
张家港市生态园跑步俱乐部	1. 2014 张家港“生态双山”半程马拉松邀请赛 2. “张家港之声杯”2013 中国·张家港跑步达人颁奖会

资料来源：张家港市体育局。

1. 各类体育社团

截至 2015 年底，张家港市共有市级体育社团 22 个，包括 1 个市体育总会，21 个市级体育协会，分别是篮球协会、乒乓球协会、农民体育协会、老年人体育协会、武术协会、棋类协会、信鸽协会、桥牌协会、门球协会、田径协会、航模协会、钓鱼协会、羽毛球协会、体育舞蹈协会、网球协会、自行车协会、游泳协会、社会体育指导员协会、台球协会、老年健身研究所、足球协会。现各市级社团镇级分会总数达 86 个，市级体育社团镇级分会各镇（区）均在 10 个以上。其中市老年人体育协会、农民体育协会和社会体育指导员协会的分支组织实现了村和社区全覆盖。市级体育社团下辖备案制俱乐部 726 个，各类社区俱乐部 273 个，全市 26 家体育社团获评 A 级社团称号，其中 4A 级 1 家、3A 级 8 家、2A 级 13 家。个人会员 65 000 多名，团体会员 140 多家。张家港市体育社团组织数量较多，部分组织分支已经覆盖全镇所有行政村与社区，覆盖率较广。

在承接政府购买服务的体育社会组织中，市级体育协会的参与率最高，张家港市所有市级体育协会均参与过承接政府购买服务，如：2011 年起张家港市每年举办一届的全民健身大联赛，由篮球协会、足球协会、网球协会、羽毛球协会、乒乓球五大协会承办；张家港市老年人体育协会承办的 2014 年苏州市市民运动会张家港老年人第六套健身秧歌赛；2014 年 8 月张家港市体育舞蹈运动协会举办的江苏省青少年儿童体育舞蹈技术等级考试和中国体育舞蹈联合会技术等级考试等。

除了市级体育协会组织外，而且包括依法登记的体育民办非企业单位，例如：爱跑俱乐部承办的“中秋假日体育活动迷你马拉松”，梁丰生态园跑步俱乐部承办的“半程马拉松”，张家港市体育中心体育馆多次承接篮球、排球和其他体育项目活动，并承接大型室内文艺演出，游泳馆主要以开展游泳活动为主，并利用淡季开展羽毛球、乒乓球等活动，东城体育公园主要承接台球、乒乓球、门球、网球等活动项目。张家港市承接政府购买服务的体育协会组织种类繁多，承接服务的体育社会组织一般都具有承接服务的能力。例如：2013 年张家港市篮球协会被评为 3A 级社会组织，该组织机构健全，其内部有着明确的协会章程，有其独立的网站、微博，经费来源渠道多样化，为普及篮球知识，开展篮球活动，网站会及时公布篮球协会的动态。

2. 体育民办非企业单位

张家港市有体育民办非企业单位 32 家，包括张家港市青少年体育俱乐部、张家港市上正威克多羽毛球馆、张家港市飞翔体育健身俱乐部、张家港市合力乒乓球俱乐部、张家港市金陵阳光网球俱乐部等。承接政府购买服务的民办非企业单位资金充足，俱乐部人数较多，有专业的兴趣爱好者，主动积极地承接政府购买服务。

但是相比较而言，承接政府购买服务的体育民办非企业单位的数量要远远少于体育协会组织。今后可以鼓励体育民办非企业单位积极参与，吸引更多的体育民办非企业单位承接政府购买的服务，从而推动体育社会组织承接政府购买服务的发展。

（二）承接内容

在政府购买服务过程中，政府部门转移体育公共服务领域的职能，政府是出售服务主体，体育社会组织是承接服务主体。通过调查得知，张家港市体育社会组织主要承接的是各种赛事活动和培训工作的购买。

1. 赛事活动

张家港市体育社会组织主要承接了各种赛事活动的购买，如篮球协会承接的“2015 年张家港市第五届全民健身大联赛暨‘沙洲优黄’杯篮球联赛”、张家港市

爱跑俱乐部承接的“2013 年‘张、澄、虞’跑步团队双山环岛半程马拉松交流赛”、舞蹈协会承接的“2015 年体育舞蹈公开赛暨张家港市第四届体育舞蹈锦标赛”以及张家港市生态园跑步俱乐部承接的“2014 年张家港‘生态双山’半程马拉松邀请赛”等。

2. 培训活动

张家港市体育社会组织也承接了各种培训活动的购买。如：社会体育指导员协会承接的 2013 年“迎国庆一线社会体育指导员技能再培训”；张家港市体育舞蹈运动协会承接的 2014 年江苏省青少年儿童体育舞蹈技术等级考试和中国体育舞蹈联合会技术等级考试；2014 年张家港市老年人体育协会 2014 年承接的第八套柔力球、健身球新套路培训活动；张家港市游泳协会 2014 年承接的游泳裁判员培训活动等。

（三）承接方式

由于张家港市体育社会组织对政府的依赖性较强，独立性较弱，大部分体育社会组织多由体育局等行政部门管理，因此造成体育社会组织承接政府购买服务的方式比较单一，主要以非竞争方式参与政府购买，被动地接受体育行政部门的“安排”。

也就是说，体育局没有通过正规的公开招标程序，而是根据自己的需要向自己中意的体育协会或体育民办非企业单位购买服务，学术界也称为“独立性的非竞争购买模式”。在这种模式中，那些成立时间较长、专业优势明显、社会信誉度较高、管理模式透明高效的体育协会组织或体育民办非企业单位一般都会成为政府的首选对象，这些被选中的体育协会组织或体育民办非企业单位依靠政府补贴，按照体育行政部门的要求和安排来承接政府的体育活动。如体育局把“2015 年张家港短程马拉松系列赛（第四站）‘沙洲新城’杯美丽锦丰绕圈赛”交由张家港市田径协会来承接、“2014 年‘三江杯’羽毛球团体邀请赛”指定由张家港上正威克多羽毛球馆来承办等；同时，政府也把同一个大型体育赛事，根据项目设置分别交给多个体育社会组织来承办，如“2015 年张家港市大型假日体育活动”和每年的“红红火火过大年”等体育活动交由篮球、足球、排球、羽毛球、门球、网

球等协会承办。

四、基本经验和存在的问题

（一）基本经验

1. 初步构建了多元化、规范化的体育社会组织网络，为政府购买服务提供了更多的选择

（1）体育社会组织的数量较充足。

近年来张家港初步构建了多元化、规范化的体育社会组织网络，除了市级体育协会的不断发展，镇级体育社团到2015年1月已经发展115个，体育社会组织不断发展壮大。体育社会组织数量多，为政府提供了更多的选择，促进体育社会组织公平竞争，积极参与承接政府购买服务。此外，张家港市承接政府购买服务的体育社会组织，在人、财、场馆、信息等多方面发展良好，能够自己承接政府购买服务。越来越多的体育社会组织参与促进政府购买的发展，有利于提高体育公共服务的质量。

（2）体育社会组织内部结构较为合理。

张家港市市级体育社会组织由会长、名誉会长、秘书长、副秘书长、委员、理事组成，并有内部成员共同遵守的章程。以张家港市足球协会为例，通过对张家港市足球协会的采访了解到，2014年12月，足球协会被评为3A级社会组织，拥有广泛的群众基础，具有规范的协会章程，对协会的业务范围、会员入会的条件、组织机构和负责人的产生和罢免、资产管理和使用原则等都提出了明确的要求；内设名誉会长、会长、常务副会长、第一副会长各1人，副会长7人，秘书长1人，常务副秘书长1人，副秘书长10人，常务委员24人，委员39人，常设工作委员会机构包括秘书处、注册委员会主任、竞赛委员会主任、训练委员会主任、裁判委员会主任、纪律委员会主任、宣传委员会主任、财务委员会主任等机构。完善的内部结构设置和协会章程，促进足球协会自身的正规化发展，有利于足球协会科学地承接政府购买服务，按规章制度办事。

(3) 体育社会组织经费来源渠道多元化。

体育协会组织收入来源多元化，如足球协会经费来源渠道主要包含会费、注册费，捐赠，政府资助，在核准的业务范围内开展活动或服务的收入，赛事资源开发、广告赞助收入，利息的收入等其他合法收入。经费来源渠道多样化，保证了足球协会顺利地承接政府购买服务。多元化的经费来源渠道能够促进足球协会自身的发展壮大，不断提高自身能力，提供令人们满意和政府满意的体育公共服务。

(4) 体育社会组织具有较专业的体育工作人员。

张家港市重视体育社会指导员能力的发展，定期举办社会体育指导员培训工作，提高社会体育指导员的专业化水平。各协会的工作人员具备基础的专业知识和专业技能，有较强的组织管理能力，能够较好地组织体育活动的开展。专业的体育工作人员在组织各种培训和赛事活动过程中，能够发挥自己的能动性，熟练地组织活动，对赛事活动中的突发事件能够进行及时处理，减少问题的发生。

2. 逐步形成了全社会共同参与、社会组织规范运作、政府科学引导的多元化公共体育供给模式

全市各类体育协会、体育民办非企业单位通过加强组织内部管理，优化组织架构等措施，增强了体育社会组织承接项目的能力，逐步形成了全社会共同参与、社会组织规范运作、政府科学引导的多元化公共体育供给模式，极大地提高了政府的体育公共服务供给能力，弥补了体育公共服务供给不足的问题。

3. 体现了体育社会组织在承接体育赛事和培训活动方面具有一定的优势

由于张家港市体育社会组织主要以各类项目协会组成为主，22 个市级体育协会中就有 17 个是各类项目协会。体育民办非企业单位平时也主要是以开展某一类活动项目为主，专业性较强，因此适合承担各种赛事活动和专业培训活动。

(二) 存在问题

1. 承接政府购买的内容、方式较单一

张家港市体育社会组织承接政府购买服务虽然发展得较快，但承接的内容和承接方式比较单一，见表 6-4。

表6-4 承接政府购买体育公共服务的组织、内容、方式

承接的体育社会组织	承接的内容	承接的方式
张家港市篮球协会	全民健身大联赛等活动、裁判员培训	非竞争性购买
张家港市足球协会	全民健身大联赛等活动、培训	非竞争性购买
张家港市网球协会	全民健身大联赛等活动	非竞争性购买
张家港市乒乓球协会	全民健身大联赛等活动	非竞争性购买
张家港市羽毛球协会	全民健身大联赛等活动	非竞争性购买
张家港市田径协会	苏州市市民运动会等运动会、裁判员培训	非竞争性购买
张家港市社会体育指导员协会	社会体育指导员培训	非竞争性购买
张家港市老年人体育协会	假日体育等活动	非竞争性购买
张家港市自行车协会	环太湖马拉松等活动	非竞争性购买
张家港市体育舞蹈协会	国家级、市级舞蹈等级考试	非竞争性购买

张家港市体育社会组织承接政府购买的内容主要集中在承办赛事活动和培训活动上面，内容较单一。承接方式主要采取非竞争性购买的方式，由政府指定性购买，造成其他体育社会组织难以公平地参与提供体育公共服务。

2. 承接政府购买的服务能力不足

由于我国体育社会组织一般是在各级政府部门自上而下的主导下成立的，存在着一定的依附和各种各样的指导关系，在组织人力资源、项目或者活动资金来源方面，这些组织几乎完全依赖于政府的拨款或项目支持。目前，张家港市有市级体育社会组织48家，有大约20家通过定向委托、项目资助等方式承接了政府转移的体育公共服务事项，而基层体育社会组织由于缺乏专业的技术、人才、经费，造成承接政府购买服务的能力不足，大部分基层体育社会组织不能满足政府的条件，而市级各体育协会由于其自身的实力较强，成为承接政府购买服务的体育社会组织主体，造成大部分基层体育社会组织无缘承接政府购买服务。但不可忽视的是市级体育社会组织在自治、法治、资金、人员和业务等方面也存在不少困境，这在很大程度上影响了它们承接政府转移职能项目的能力，直接体现在承接公共服务购买的能力上的先天不足。

由于我国现在人们体育公共服务需求的多元化，体育社会组织的结构单一，很难满足多元化的体育需求。体育社会组织承接政府购买服务主要以非竞争性购买的方式参与，此种模式中的体育社会组织对政府具有很强的依赖性，没有自主决策的能力，缺乏公平性和规范性，打消了体育社会组织参与政府购买的积极性，不利于发挥体育社会组织的作用。

3. 承接政府购买缺乏成熟的运作机制

体育社会组织承接政府购买服务作为一个有机的体育公共服务的供给机制，必然要求在购买合同、购买流程、法治化建设等方面形成一个成熟的承接运作机制。目前，张家港市在购买体育服务方面虽已迈出了稳健的步伐，处于稳步发展之中，但还没有形成公平竞争的社会环境，主要表现在购买行为上存在“内部化”、责任主体上政府和体育社会组织的地位不对等、购买程序上规范性偏低、合作上随意性较大、预算资金上的透明度较低、信息公开度上有待提高、评估监督机制上不完善、购买标准责任清晰度欠佳和购买成本上难以控制等方面。

4. 承接政府购买缺乏必要的制度保障

从调研的情况看，张家港市还没有出台关于政府购买体育服务的具体实施意见，体育社会组织承接的服务无论是项目购买前、实施中还是项目结束都缺乏相应的制度保障，虽然目前政府购买服务从政府层面已经着手实施，但在一定程度上仍属于政府有关部门与相关体育社会组织直接协商的结果，没有真正通过公开招标挑选承接体育公共服务的社会组织，有关购买服务的政策规定、购买服务的领域、政府购买服务制度化、监督与评估机制等相应的政策法规和配套设施尚需完善。

第七章 完善政府购买体育公共服务的对策

第一节 建立健全政府购买体育公共服务的法律制度体系

依法治体是全面深化改革和依法治国的具体实践。在依法治体背景下，完善政府购买体育公共服务的制度体系，有利于进一步加快政府购买体育公共服务的法治化进程。由于政府购买体育公共服务在很多地方初步实行，其法治化的实现既需要有国家层面的法律法规作保障，也需要地方政府出台一系列的配套文件进行规范。

一、国家层面：完善《政府采购法》和相关制度规定

从国家层面的立法来看，目前规范我国政府购买体育公共服务行为的法律是2002年颁布的《政府采购法》，该法对政府采购的对象规定为“货物、工程与服务”，但“服务”的内涵是什么并没有明确。直到2015年3月颁布实施的《中华人民共和国政府采购法实施条例》才将政府向社会公众提供的公共服务纳入采购

范围之中。公共服务在采购时与一般的实物产品存在诸多不同，而体育公共服务又具有其特殊性，仅有的一部《政府采购法》虽然可以提供政策方针上的指导，但是难以在具体操作与执行上提供规范。同时，政府购买公共服务作为一项制度，也应有一套成熟的法律规范，由此才能成为完整独立意义上的国家治理制度。但是，从现有法律规范来看，我国政府购买公共服务的法定内容往往被《政府采购法》所涵盖，其制度的独特性被政府采购行为的特征所淡化，这也是导致至今我国政府购买公共服务尚没有完整意义上的法律规制规范的原因之一。因此，目前我国政府购买公共服务基本处于法律缺失状态。现有法律的缺失，对于实践中不断出现的政府购买体育公共服务的地区性创新举措，将无法从顶层制度做出科学引导和弹性规范，以适应政府购买体育公共服务发展的现实态势。

从体育部门专项立法来看，截至目前，我国中央层面尚未出台政府购买公共体育服务的专项立法，仅有《关于做好政府向社会力量购买公共文化服务工作的意见》将公共体育文化服务纳入政府购买公共文化服务内容中，即便是国家体育总局也没有制定和出台政府购买公共体育服务的部门规章。目前，只有江苏和浙江两省出台了政府购买公共体育服务的地方规章和政策文件。这种尴尬现状反映出我国体育行业部门购买服务立法的滞后，并直接影响我国政府购买体育公共服务工作的开展。

具体建议：①在国家立法层面完善《政府采购法》和相关制度规定。首先，应尽快将“公共服务”纳入《政府采购法》；其次，以《政府采购法》为主，配套相应的政府购买公共服务单行法规；最后在条件成熟时，制定统一的“政府购买公共服务法”，为政府购买体育公共服务提供法律保障。②在体育专项立法层面，我国体育行政部门应当尽快联合其他政府部门制定政府购买体育公共服务专项立法，健全政府购买服务法律政策体系。

二、地方政府层面：完善规章制度，强化执行监督

鉴于我国还没有国家层面的关于政府购买服务的相关法律法规，也没有体育专项立法，因此地方政府购买体育公共服务的实际操作面临很大挑战，如果法律暂时缺乏修订条件时，其无法调整的范围可以由法规、规章或者法律政策来代替。

考虑到我国政府购买体育公共服务立法工作尚处于探索时期，主要依赖发达地区地方政策创新，吸纳再上升至中央层面专项立法，因此地方政府应当摒弃等待中央法律政策指导的被动思想，加快辖区内政府购买体育公共服务专项立法，有效指导和规范势在必行的政府购买体育公共服务活动，为健全我国政府购买服务法律政策体系做出贡献。目前，我国一些地方政府已制定了政府购买体育公共服务的办法，如江苏省政府制定了《江苏省本级向社会组织购买公共体育服务暂行办法》、常州市政府制定了《关于购买公共体育服务的实施办法》、嘉兴市政府制定了《嘉兴市体育局关于向社会力量购买公共体育服务实施办法（暂行）》等。地方政府需要对现有的政府购买服务规章制度进行全面梳理，在此基础上结合实际，制定适合本地区的关于政府购买体育公共服务的规章制度。

具体建议：①地方政府要根据实际情况，建立健全购买体育公共服务的目录筛选制度，依据《政府采购品目分类目录》中关于“体育服务”的分类、《政府向社会力量购买公共文化服务指导性目录》中关于体育公共服务的分类以及其他分类方法，合理划分体育公共服务类别、制定政府购买体育公共服务指导性目录；在总结试点经验的基础上，研究制定政府购买体育公共服务的具体办法；②进一步规范购买执行人和评审专家的行为，应制定政府购买服务评标标准、政府购买服务评审专家管理办法、政府购买服务计划和合同确认办法、政府购买服务供给机构管理办法等；③制定政府购买体育公共服务的相关财政与财务管理办法；④制定支持政府购买体育公共服务的税收优惠政策等，使购买工作有章可循。

同时要加强政府购买服务政策制度的执行，除了在管理机构内部形成一种相互制衡的约束机制外，还必须明确、合理地规范政府购买体育公共服务的决策和执行程序，并使决策和执行两套程序相互监督、相互制约，决策程序中不能包含执行程序，更不能以执行程序代替决策程序；还要科学设置内部机构，合理划分工作人员的职责权限，实现责、权、利的对称；要建立岗位目标责任制，明确工作责任和任务，加强监督检查与绩效评估。

第二节　明确政府在购买体育公共服务中的角色定位

一、明确政府作为规划决策者的角色

政府购买体育公共服务的过程错综复杂，涉及公共部门、私营部门以及各利益相关者，政府应站在全局的高度，统筹规划。各层级的政府部门应结合本区域经济社会的实际情况，对体育公共服务供给的具体范围，购买的规模、方式、操作思路做出整体规划安排，进行总体调控，确定本辖区体育公共服务供给的基本类型、总体规模、具体标准、先后顺序和空间分布，从而有计划、有组织地开展体育公共服务供给活动。

二、明确政府作为制度供给者的角色

作为供给者的政府，应加快完善体育公共服务供给的相关制度，要建立以公民体育需求为导向的体育公共服务供给体系。“十三五”期间，人民群众日益增长的多元化、多层次体育需求与体育有效供给不足的矛盾依然突出，单独依靠政府供给远不能满足公民的体育需求，要不断拓宽体育公共服务提供的内容，政府还必须吸纳第三部门和体育社会组织参与，寻求最优方式以满足公民的体育需求。

三、明确政府作为购买者的角色

政府要做一个精明的购买者，以最小的购买投入实现体育公共服务目标的最大化，主要解决“怎样购买”“怎样购买得值”的问题。政府应该为体育公共服务

的承接主体创造良好的公平竞争环境，运用市场机制的作用实现优胜劣汰，降低政府购买体育公共服务的投入。健全政府购买体育公共服务的信息公开制度，包括购买体育公共服务的项目内容、购买体育公共服务的操作流程特别是招投标流程、购买服务的财政预算等，都应该采取公开透明的方式，以保证所有符合条件者能够平等地参与竞争。

四、明确政府作为经费补贴者的角色

政府作为体育公共服务的提供责任主体，理应筹集经费对承接者或消费者予以补贴，以保证体育公共服务供给有效地开展。政府把购买体育公共服务的资金纳入公共预算，确保资金使用的合法性和合理性，同时政府应对财政资金的投入进行监管，促使政府合法和规范地支出购买经费。

五、明确政府作为体育社会组织培育者的角色

体育社会组织是政府购买体育公共服务的主要承接者，目前，能够承接政府购买体育公共服务的体育社会组织在数量、规模、专业化和社会公信力方面都存在较大的问题，政府向体育社会组织购买服务既具有购买服务又有培养发展的双重意义。因此，政府应该为体育社会组织的独立发展创造良好的环境，研究制定体育社会组织改革相关政策，大力引导、培育、扶持体育社团、体育民办非企业单位、体育基金会等体育社会组织发展，创新体育社会组织管理方式。落实《行业协会商会与行政机关脱钩总体方案》，稳步推进全国性体育社会组织改革试点工作，统筹解决试点工作中的重点、难点问题，及时总结和推广改革试点经验，推动各级各类体育社会组织改革。

六、明确政府作为监督评估者的角色

在购买体育公共服务的过程中，政府把体育公共服务交给生产者后，政府对生产者形成新的职责即契约管理的责任。这些责任具体体现为与购买合同相关的

权利义务，包括订约、合同管理和验收等。政府在全过程要进行适当的监管，切实保障公共利益的实现和满足。在订约阶段，政府的责任是寻求合适的合作者，以及决定如何在合同签订时保持公平、公正，保证财政资金使用具有公平性和效率性；在合同管理阶段，政府要监管合同的履行，保证合同实施进度，并应对突发事件；在验收阶段，政府要评估公共服务的质量，一旦生产者没能提供应有的体育公共服务，政府需追究其责任并承担体育公共服务的担保给付责任。

第三节　适时、适度扩展政府购买体育公共服务的范围

确定政府购买体育公共服务的范围是推行政府购买体育公共服务的核心任务和关键所在。从目前政府购买体育公共服务现状来看，虽然各地地方政府非常重视政府购买在体育方面的应用，经过不断努力已经取得了一定效果，但总体仍然处于试水与探索阶段，政府购买体育公共服务还没有达到常态化、制度化的层面。与居民日益增长且呈多样化的体育公共服务需求相比，政府购买在范围与数量上存在明显不足。当前各地政府购买体育公共服务实际案例中，政府购买的范围主要集中在体育场馆健身服务类、群众性体育活动的组织与体育赛事服务类以及健身指导培训服务类等满足人们基本体育需求层面上的服务，所购买项目也大多是一些单一的、操作相对简单的项目，并没有政府购买的大规模实践。随着居民生活水平的提高，在生存类公共服务得到满足的基础上，必然对发展类公共服务的需求扩大，政府购买体育公共服务的数量和范围也应出现逐步扩大的趋势。

如公共体育规划和政策研究、体育相关行业标准制定等制度类的体育公共服务，公共体育资讯收集、体育咨询、体育评价等信息类的体育公共服务，体育设施和场所养护与管理，俱乐部的管理服务等，都可以列入政府购买范围，扩大政府购买服务范围，以增加体育公共服务的供给。

一、保证购买范围的适宜性

在购买范围的确定时要遵循以下一些标准：①遵循政府职能重要性标准，购买项目限于政府职能部门可提供的体育公共服务范围。②遵循民生标准，依据体育公共服务与民生密切程度来判定，如果密切就购买，否则就不购买。③突出公益性标准，以符合公共利益为核心目标，满足公众体育需求。④遵循成本效益标准，加强政府内部供给成本核算，选择合适的购买内容。⑤遵循可操作性标准，如对开展时间不长、实践项目较少的地方，建议按照先行试点、稳步实施的原则确定购买范围和目录；在试行阶段范围不宜太宽，以已有实践项目为基础，由财政部门与体育部门每年制定一次，以此作为政府采购目录的一部分一并公布；根据地方财政能力，经济水平高的地区购买范围广些，经济水平低的地区购买范围窄些等；目前政府购买体育公共服务主要通过项目购买方式实现，如确实不宜通过项目购买的内容，也可以吉林长春、辽宁阜新、安徽马鞍山等地开展的购买体育指导员公益性岗位服务内容的方式实现。

二、保证购买范围确定过程中的规范性

要建立配套的程序规制，遵循政府在界定购买范围时基本的工作流程。

(1) 拟定项目，政府职能部门依据《政府采购法》及相关规范性文件的规定，考虑影响购买内容的因素，进行需求调查，充分听取社会各界的意见，根据科学的购买标准初步列举购买公共服务的项目范围。

(2) 项目申报与审核，职能部门将初步编制的购买计划以书面形式上报主管部门，主管部门组织专家评审，进行可行性与必要性研究，在充分论证后对购买项目予以核定。

(3) 公开项目，在审核项目之后政府部门编制购买公共服务的指导性目录，通过网站等形式向社会公开目录等相关文件，接受公众的评议。

(4) 动态调整，政府加强对项目实施过程的监督管理，对提供服务的质量、效益、执行情况等进行考核评估，听取公众的反馈，及时改进方案，作为之后调

整购买公共服务范围的参考。在界定购买范围的过程中行政机关应当严格遵循程序规定，通过程序规制政府的购买行为，保障公民的程序权利，实现程序正义化。

第四节　发展和完善政府购买体育公共服务的基本方式

一、合理确定提升购买方式竞争性

基于项目组的调研，综合目前我国几大城市的政府购买体育公共服务的实践及其效果可见，所采用的岗位购买、形式性购买、定向委托购买、直接资助式购买、补贴式服务券购买、竞争性招标购买等较为典型的实践方式，都是购买方式的一种零星尝试，并不意味着某种特定方式是最适合主流发展方向的方式。同时，在购买方式竞争性方面，也并非竞争性越强越好。影响政府选择购买方式和购买对象的因素是多元的。虽然政府购买这一制度安排就是希望利用竞争来提升服务效率，但即使存在多家可供选择的体育社会组织，竞争性购买也不一定会成为政府首选的购买方式。政府在购买方式的选择上除了考虑竞争性外，还会考虑体育社会组织的注册地、体育社会组织有无官办背景等因素。同时竞争性购买可能会诱发体育社会组织重视竞标过程但轻视服务质量的发展困境。由此可知，政府在选择采取哪种购买方式时需要平衡竞争性和服务质量之间的关系，平衡竞争性与社会力量。因此，购买方式多元化，针对不同的政策环境，采取最适合的购买方式，特别需要考虑：财政资金、提供此类体育公共服务的社会力量的活跃程度、消费者需求 3 个方面因素。

（1）建议对于存在竞争性市场、受益群体众多的体育场馆服务、赛事服务适合采用公开招标的购买方式。

（2）建议对于服务领域需要复杂技术或特殊要求的，且潜在投标人数量极少

的项目或服务，如学校体育场馆向社会开放服务可采用独立非竞争性的定向委托方式购买。

(3) 建议对专业性有较高要求的无法由市场提供的特殊服务，采用非独立性和非竞争性的形式购买较为妥当。

(4) 建议对于生产主体具有竞争性，受益群体特定且具有积极性的，如公益性社会体育指导员的指导服务、培训国民体质测试等生产特定体育公共服务的体育社会组织，可尝试进行政策性补贴。

(5) 建议对于确实不宜通过项目购买的内容，如社会体育指导员服务可以购买岗位的方式购买。以购买项目与购买岗位相结合的政府购买服务方式，在较长一段时期内将普遍存在，但会逐步向整体项目购买方向发展。

二、强化购买方式独立性

购买方式独立性越强越好，越强越有利于政社分离，转化政府职能。如果承接服务的体育社会组织缺少独立性，发展将会受到制约。因此，建议从以下两个方面强化购买方式的独立性。

(1) 淡化政府购买中体育社会组织身份的差异。为此，首先应在政府购买中禁止关联交易，以杜绝政府创立体育社会组织以承接服务项目的现象。其次，应加强购买的公平性，当可承接服务的“官办”和民办体育社会组织并存时，政府应给予两种体育社会组织平等竞争的机会；当只存在官办体育社会组织时，须在定向委托前对该组织情况进行正式评估并公示评估结果。最后也是最重要的，民办体育社会组织也须认识到政府向能力强的组织购买物美价廉的服务是政府购买的发展趋势，因此应加强自身服务能力建设，提高服务质量，以增强竞争力。

(2) 建立体育社会组织评估机制。我国政府购买体育社会组织服务尚处于起步阶段，购买流程中没有将体育社会组织评估和选择作为选择购买方式之前的必经环节，也没有规定在竞争性购买中应如何选择购买对象。在具体购买中，政府通常只是通过排摸、走访等方式了解体育社会组织信息，对体育社会组织的选择主要基于项目方案能否做出，有没有严格的评估标准，难以避免选择的主观性与选择失误。建立体育社会组织评估机制，制定评估指标体系，既能使政府选择有根有据，也能使体育社会组织有针对性地完善治理、提高服务水平。

三、完善购买方式的制度

目前的制度仅对政府采购的方式进行了安排，在对《政府采购法》规定公开招标、邀请招标、竞争性谈判、单一来源采购、询价5种方式的具体适用上，只规定了购买规模，少数地方有鼓励公开招标的政策，对购买中如何评估体育社会组织则完全没有规定。制度的不完善为政府选择留下了较大空间，也使违背公平竞争精神的购买现象时有发生。因此，亟须加强制度建设，为政府选择提供指引和规范。比如：制定政府购买体育社会组织服务的实施细则，明确不同购买方式的适用范围。政府购买体育公共服务的具体方式应当按照上述法律的制度设计来扩充现有的购买方式，在节约政府购买成本、提高资金利用率的同时，实现对体育社会组织市场竞争力的培育，满足体育社会组织公平竞争的发展要求，激励体育社会组织提高其服务质量和效率。

第五节 完善政府购买体育公共服务的评估和监督体系

一、积极引入第三方评估机制

为了平衡各方利益主体的诉求，更好地推进政府购买体育公共服务工作，确保服务目标最终得以实现，引入第三方评估机制，可以充分利用第三方机构独立性和专业性优势，对体育社会组织服务的综合绩效进行监测和评估，及时发现问题、改进问题，确保政府委托体育社会组织开展的各项服务能实现既定目标。从而保障政府购买体育公共服务在有序的轨道上健康运行，更好地回应社会公众对

体育公共服务多样化的需求，切实改善政府治理，有效达成行政目标的实现。政府购买体育公共服务项目的评估，是一个贯穿项目从开始到结束的全程的、系统的评估。

体育公共服务项目的全程评估，就是把体育公共服务看作是包括需求—供给—结果的一个体育公共服务过程，而对体育公共服务需求、体育公共服务供给和体育公共服务结果进行的全面评估。完善第三方评估机制要做到：

（一）以需求评估为前提

在购买之前，通过引入第三方评估机构对体育公共服务是否需要提供、提供什么样的体育公共服务和体育公共服务的消费边界等一系列问题进行评估。尤其是对政府购买之前如何区分公共需求与私人需求。只有这样，才能保证政府不越位也不缺位。

（二）以供给评估为核心

在购买服务过程中，引入第三方评估机构，对服务方案的可行性等问题进行专业评估。

（三）以结果评估为方向

通过第三方评估机构对生产过程和生产结果进行监督和评估，确保服务目标最终得以实现。

二、建立多元主体的监督机制

建立政府职能部门监督、承接主体自身监督、社会监督多元主体监督机制，充分发挥政府监督的权威性、承接主体监督的时效性、社会监督的客观性，形成3种监督方式的优势互补。

（一）政府职能部门监督

政府职能部门监督包括政府购买公共服务管理部门监督和财政部门监督，属

于内部监督。政府购买体育公共服务管理部门监督的主要内容是购买项目的立项、购买方式的确定、承接主体的履约能力、提供服务的质量数量以及资金支付情况等。财政部门监督，主要是指财政部门对项目资金管理使用情况的监督，如购买项目是否属于预算目录、资金是否被挪用以及是否按合同规定支付款项等。为有效提高政府购买体育公共服务的公平性和有效性，在由各级政府财政部门进行内部监督的基础上，有条件的地方政府可以在财政部门或体育行政部门下建立专门的体育公共服务监督机构。专门的体育公共服务监督机构行使的监督行为更具有专业性，对体育公共服务的市场运行现状更加了解，一旦出现体育专业性问题可以做到具体问题具体分析，快速解决。

（二）承接主体自身监督

体育公共服务承接主体在政府购买活动中是最主要的要素，它的行为规范与否以及履约情况如何，直接决定购买活动有无成效。因此，在政府购买体育公共服务监督机制中，承接主体是主要的被监督对象。但是，仅对其进行这种外部监督是不够的，必须从其自身内部也开展监督，及时修正工作中的不足，制定健全的规章制度，严明工作要求，确保生产提供的体育公共服务符合服务对象的需求和利益。

（三）社会监督

政府购买体育公共服务的社会监督包括媒体监督和公众监督。媒体监督具有公开性和广泛性，能够增强政府购买体育公共服务的外部监督。但媒体监督也是一把“双刃剑”，既能正确地引导群众监督视线，也能传播错误的不实之言，因此要正确引导媒体对政府购买体育公共服务的监督；公众作为体育公共服务的受益者，对政府购买活动感受最深，关注程度最高。因此，政府购买体育公共服务的监督部门要密切关注和听取体育公共服务消费者的意见和建议，并及时调整工作安排和部署；同时，要建立体育公共服务对象反映诉求的工作机制程序，特别是投诉和质疑程序，通过这些程序及时处理购买活动中出现的问题。

三、建立评估与监督的法治环境

我国至今没有专门针对政府购买公共服务的法律法规，政府购买公共服务的工作主要以《政府采购法》为依据，评估与监管也依《政府采购法》第五十七条开展。但是，公共服务不在《政府采购法》所规定的“服务”范围之内，公共服务的特殊性也使它难以适用政府采购中的监管规则。《关于政府向社会力量购买服务的指导意见》虽然在一定程度上弥补了一直缺乏中央层面政策的不足，但仍然存在效力层级不高、针对性不强、操作性不足等问题。

一些地方政府已经在有意识地开展政府购买公共服务的制度化建设，尤其认识到了加强评估与监管工作规范化建设的重要性。但这些规范性文件具有明显的地域性特征，且效力层次较低。因此，亟须加强政府购买的制度化进程。

（1）建议尽快制定出台政府购买公共服务的全国性法律或法规，或者修订《政府采购法》，将公共服务纳入政府采购的范围，并针对公共服务的特殊性制定实施细则。

（2）建议制定出台评估与监管的全国性指导意见或实施办法。通过文件明确政府购买公共服务的评估与监管原则、主体结构、职责权限、工作流程、责任机制等内容，使各地的评估与监管工作有法可依、有章可循。

（3）建议针对体育公共服务领域，国家体育总局与财政部门等部门尽快颁发关于做好政府购买体育公共服务的指导意见，其中要细化监督条款，对监督主体和客体、方式和程序、原则和标准、评估和奖惩等做详细说明。建议地方政府也要尽快出台《政府购买公共体育服务实施办法》《政府购买公共体育服务指导性目录》等规范性文件，对政府购买体育公共服务的内容、方式和流程进行规范，使评估和监管工作做到有章可循。

（4）建议进一步完善配套的评估监督制度。健全政府购买体育公共服务的决策预警、预算和财务管理、信息公开、绩效评价度、追究问责、多元主体协同评估监督等配套制度。

第六节　促进体育社会组织的发展，增强体育社会组织的承接能力

一、营造良好的政府购买体育社会组织服务体制机制环境

（一）捋顺管理体制，引导体育社会组织多元化发展

体育社会组织多元化发展是指在政府购买的不同领域均有相应的体育社会组织发挥作用。体育社会组织的多元化程度与政府对待体育社会组织的态度息息相关。因此，政府首先应该捋顺管理体制，明确划分各级政府、各个部门在政府购买体育公共服务方面的权责边界，成立专门的政府购买体育公共服务管理机构，负责制定与之相关的法律法规，界定购买范围和购买方式；其次，通过适时扩大政府购买服务的范围、规模和方式，在条件成熟时将职业体育的经营管理、休闲健身俱乐部的经营管理、高水平竞技表演、公共体育设施的建设、社会体育指导员的培训、国民体质监测、学校体育设施的建设、学生体质监测、学校高水平运动队建设等各类群众体育公共服务、竞技体育公共服务和学校体育公共服务纳入政府购买服务范围，使之与政府传统供给服务领域相契合；通过分类指导、精准施策，引导体育社会组织多元化发展。

（二）健全竞争机制，引导体育社会组织有序发展

竞争促进发展，有序的竞争促进有序的发展。针对政府购买体育公共服务竞争不足的问题，政府需要加快职能转移，通过政社分开改革体制内成长起来的体育行业协会、运动项目协会等体育社会组织，通过在财政、税收等方面提供优惠

政策来提高体制外成长起来的民间体育社会组织的能力，通过探索建立以项目为导向的政府购买体育社会组织服务的制度，引入体育社会组织的适度竞争机制，以此释放体育社会组织的竞争空间。对同类体育公共服务供给重复和过剩的体育社会组织进行项目调整，逐步使体育社会组织在地区之间实现平衡，把同一项目种类的体育社会组织数量控制在合理范围内，有效规避竞争过度现象的发生，引导体育社会组织有序发展。

（三）完善监督评估机制，引导体育社会组织规范发展

首先，要不断完善监督机制，政府购买体育社会组织服务的预算、拨款、税收、评估、监控等制度要公开透明，搭建全方位监督平台；其次，要不断完善绩效评估机制。通过公众接触、公开听证、民意调查、利益代表协商等方式，拓展社会参与评估的途径，保证评估的客观公正和可信度。

二、构建体育社会组织承接政府购买体育公共服务能力体系

（一）增强体育社会组织公共服务意识

增强体育社会组织公共服务意识可以从激励和约束两个方面入手。从激励的角度来说，一是对体育社会组织工作人员进行责任、服务意识的教育和传播，将培养服务意识作为体育社会组织的重要任务。二是建立“以奖代补”和多样化的奖励机制，对服务工作突出的体育社会组织进行名誉、物质等多方面的激励。从约束的角度来说，要建立事后追踪制度并制定相关的失责追究机制，要切实追踪体育社会组织提供服务后公众的反应，以此评估实际社会效果如何，以便为制定改进措施提供依据，对没有履行职责的体育社会组织要依据合同约定追究其责任，并将监测结果计入“体育社会组织成绩单”，作为日后政府筛选承接主体的依据。

（二）制订体育社会组织发展战略规划

现代社会瞬息万变的外部环境使得体育社会组织要想可持续发展必须进行战

略管理。战略管理是涉及组织未来 3~5 年中期发展目标的战略性计划或规划的管理。落实到操作层面，战略管理包括战略分析、战略制定与实施以及战略评估与调整。战略目标的确定是组织最为首要的事情，也是凸显组织特色和组织凝聚力的核心要素。体育社会组织应该依据战略管理过程制定战略目标，并运用战略分析工具分析战略目标是否明确，能否得以实施，并在不断的动态调整中找到组织发展与体育公共服务需求的结合点。

（三）完善体育社会组织内部治理结构

体育社会组织应参照现代组织管理经验，健全内部治理结构，提高协同治理能力和自律水平。除了来自外部的制度建设和政策扶持，体育社会组织的发展还需要良好的内部治理结构，不仅要有一个合理的组织目标，而且要在财务、人员、法律事务等诸多方面实现规范化和专业化。同时，体育社会组织要强化社会责任意识，增强自身公信力，提高自律水平，不断创新内部管理模式，将其建成协调运转、权责清晰的社团或者企业法人实体，成为合法的、有能力的承接主体。

（四）提高体育社会组织专业能力水平

首先，加强体育社会组织领导者能力建设，优化体育社会组织人员配备，建立起层次高、专业强、服务优的理事会。大力吸纳社会各界有影响、有实力、热爱体育、乐于奉献的企业家和社会知名人士进入理事会或担任领导职务，充分发挥理事会的领导核心作用。其次，加强体育社会组织基层成员专业能力的培养，增强体育社会组织核心力量。积极吸纳各项目社会体育指导员、业余教练员和裁判员等一批具有专业技能和经验的从业人员，提高组织人员的专业化水平，致力于体育公共服务的提供。

后　记

在书的结尾，我想简要地回顾一下为何能怀着执着又深厚的兴趣来研究“政府购买体育公共服务”这个议题，以及为何要从理论和实证的视角去研究政府购买体育公共服务的主体结构和运行方式等一系列理论和实践问题。

2005 年，我参与了由苏州大学董新光先生主持的国家体育总局《“十一五”群众体育发展研究》课题的研究工作，在课题研究过程中，董新光先生向作为课题组成员的我提出了政府购买体育公共服务的想法，用以“解决公共体育设施严重欠缺问题”，并最终成为 2006 年 7 月 11 日国家体育总局印发的《“十一五”群众体育事业发展规划》中的一个重要政策措施，从此引发了我对这一问题的关注。《“十一五”群众体育事业发展规划》是我国《“十一五”体育事业发展规划》的一个重要组成部分。遗憾的是，这一政策措施在当时并没有引起重视，在实践中也没有很好地被执行。政府购买服务当时在我国养老领域、公共卫生领域、环卫领域等已开始了试点工作，并取得了一些较好的成效。体育领域中上海静安区、广州市佛山禅城也开始了购买体育场馆服务的尝试。作为一种新的公共服务提供方式，我坚信今后在体育领域一定是一个可以去推广的供给方式。

2008 年，我和所带的硕士研究生高斌开始商量研究这一新的体育公共服务供给方式，并进行了开题和研究工作，2010 年，高斌以《政府购买体育公共服务的可行性研究》为题完成了硕士毕业论文，成为国内最早对政府购买体育公共服务进行专门研究的论文，又有 3 位硕士研究生专注于本领域的研究工作，相继完成了各自的学位论文。为了进一步探索政府购买体育公共服务这一领域的有关问题，我也专门撰文《政府购买体育公共服务的行为分析》，探讨了政府购买体育公共服务行为的有关问题。

2013 年 1 月，我们以“政府购买体育公共服务的理论与实证研究”为题申报了教育部人文社会科学研究规划基金项目并获得立项。

2013 年 9 月，国务院《关于政府向社会力量购买服务的指导意见》以及一系列宏观政策的出台，促进了政府购买体育公共服务在体育领域的全面推广。

《政府购买体育公共服务的理论与实证研究》一书，就是希望能够回答目前最迫切的政府购买体育公共服务有关购买主体结构和运行方式等一系列理论与实践问题，建立起政府购买体育公共服务的理论分析框架，并力图提出具有原创性的见解，丰富我国政府购买体育公共服务理论，更好地指导我国政府购买体育公共服务的实践。

从 2013 年本研究立项开始，4 年多来，我们调查了 10 多个城市的体育行政部门、民政部门和体育社会组织，为了能够参与政府购买体育活动的实践，获得一手资料，我的 4 位硕士研究生每人在苏州市体育局或张家港市体育局实习了一年。在本书即将付梓之际，回首项目的研究过程和点点滴滴，心头涌动的是内心深处那句句感谢之言。

首先要感谢的是董新光先生，他长期从事我国社会体育发展理论研究，先后参与研究并执笔起草了《全民健身计划纲要》及其 5 个阶段性实施计划和《全民健身条例》，是他对我国体育政策的高度敏感性，才开启了我今天的这个研究领域！

其次要感谢的是调研过程中给予我们帮助的人们。在本研究的实地考察、访谈过程中得到了张家港市体育局、苏州市体育局、常州市体育局、无锡市体育局、南通市体育局、上海市体育局、长春市体育局、长沙市体育局、安徽省体育局、宣城市体育局等单位领导与相关工作人员的大力支持与帮助，并提供了许多有价值的资料。尤其是要感谢张家港市体育局和苏州市体育局为调研的硕士研究生提供的实习机会。

同时感谢我的师弟——湖南城市学院的胡科博士撰写了第五章的部分初稿，并为全文整理了框架；感谢淮北师范大学李显国副教授、安徽科技学院的高斌老师为综述和现状部分进行的资料整理；感谢我的硕士研究生石伟伟、张晓薇完成了部分案例的调研，并坚持在张家港市体育局实习一年，张晓薇还参与了张家港案例初稿的撰写；感谢我的硕士研究生王应、董行、云言灵、沈德欢、周剑、翁羽、马龙润等在资料收集、书稿整理等方面给予的帮助！是他们的工作，支撑了本研究理论观点的提出和研究任务的完成。

还要感谢我们参阅过的所有书籍、论文的作者们，是你们的智慧和研究积累，为我们奠定了研究的基础，开启了我们对研究政府购买体育公共服务的探索。对于我国刚刚开始的政府购买体育公共服务的实践，作为一本研究政府购买体育公共服务的专著，尽管我们想把本研究做到尽量完美，也为之做出了不懈努力，但我们知道，由于可借鉴的成果非常有限，加之认识水平有限，本书中仍然存在一些不足甚至是错误的地方。今天我们有勇气把书稿呈现出来，也是希望能够起到一个抛砖引玉的作用，并诚恳地期待您的批评和指正！

最后要感谢的是我的家人，我的先生程红义、我的爱女程安心，你们永远是我努力的原动力和最坚强的后盾！

戴俭慧